财经法学系列教材

劳动法学

（第二版）

主　编　林清高

副主编　朱　晔　赵德淳　戚伟平

中国财政经济出版社

图书在版编目（CIP）数据

劳动法学／林清高主编．—2版．—北京：中国财政经济出版社，2008.10

（财经法学系列教材）

ISBN 978－7－5095－0948－7

Ⅰ．劳…　Ⅱ．林…　Ⅲ．劳动法－法的理论－中国－教材

Ⅳ．D922.501

中国版本图书馆CIP数据核字（2008）第139406号

责任编辑：杨　静　　　　责任校对：黄亚青

封面设计：天女品牌　　　　版式设计：兰　波

中国财政经济出版社出版

URL：http：//www.cfeph.cn

E－mail：cfeph@cfeph.cn

社址：北京市海淀区阜成路甲28号　邮政编码：100142

发行处电话：88190406　财经书店电话：64033436

北京财经印刷厂印刷　　各地新华书店经销

787×960毫米　16开　19.5印张　329 000字

2008年10月第2版　2008年10月北京第1次印刷

印数：1—5000　定价：29.00元

ISBN 978－7－5095－0948－7/D·0043

（图书出现印装问题，本社负责调换）

本社质量投诉电话：010－88190744

前　言

（2002年版——第一版）

《劳动法教程》自1998年5月出版以后，我国的劳动法制建设得到了进一步健全，最近几年国家颁布了许多新的劳动行政法规，同时，我国的劳动法学理论研究工作也有了长足的发展。这些新法规的内容和理论研究成果需要及时地在教材中得到反映，为此，根据《财经法学系列教材编辑委员会》的要求，我们对《劳动法教程》进行了全面修订，并更名为《劳动法学》。这次修订，一是体现国家法律、法规的最新规定；二是根据经济体制改革的最新成果和实际需要，在内容上有所增删；三是对错漏之处进行补正。

参加本教材修订的有（以撰写章次先后为序）：

东北财经大学林清高　第一、三、七章

东北财经大学赵德淳　第二、八、十一章

上海财经大学戚伟平　第四、十四章

江西财经大学朱　晔　第五、六章

湖南大学　　刘　琦　第九章

江西财经大学喻晓玲　第十章

中央财经大学张　喆　第十二、十三章

本修订教材，由林清高任主编，朱晔、赵德淳、戚伟平任副主编。本教材虽经修订，但由于水平所限，书中的缺点、错误仍难以避免，诚望读者批评、指正。

作　者

2002年3月于大连

前　言

（2008年版——第二版）

随着《中华人民共和国劳动合同法》、《中华人民共和国就业促进法》、《中华人民共和国劳动争议调解仲裁法》等一系列重要的劳动法律、法规的相继出台，我国的劳动法律体系更加健全和完善。为了使本教材更好地适应形势发展的需要，体现与时俱进的精神，将这些法律、法规的内容及时地反映到教材中，我们根据中国财政经济出版社和读者要求，对《劳动法学》进行了全面修订。

参加本教材修订的是（以撰写章次先后为序）：东北财经大学赵德淳副教授（第一、二、三、四、五、十、十三、十四章）和东北财经大学林清高教授（第六、七、八、九、十一、十二章）。在此，我们对多年来使用本教材的院校及其师生表示由衷的谢意，并诚恳欢迎大家对书中存在的缺点和错误提出批评、指正。

作　者

2008年7月于大连

目 录

第一章 劳动法概述

第一节 劳动法的概念和调整对象

一、劳动法的概念

劳动法是调整劳动关系以及与劳动关系密切联系的其他社会关系的法律规范总称。在社会主义和谐社会建设中，劳动关系作为最基本的社会关系之一，其稳定有序与否直接制约着和谐社会的建设。从这个意义上说，以劳动关系为主要调整对象的劳动法成为我国法律体系中一个重要的法律部门，在和谐社会的建设中发挥着独特的基础性作用。

劳动法有广义和狭义之分。广义的劳动法是指调整劳动关系以及与劳动关系有密切联系的其他关系的法律规范总称。具体包括：（1）国家《宪法》中有关劳动内容的规定；（2）全国人民代表大会及其常委会通过的劳动法律和其他有关劳动问题的法律；（3）国务院制定的劳动行政法规；（4）国务院各部委制定颁布的有关劳动规章以及地方性劳动法规等。此外，国际劳工组织制定的国际劳动公约和建议书属于国际劳动法的范畴，其中，经过我国批准的国际劳工公约在我国具有法律效力，也是我国劳动法的组成部分。狭义的劳动法专指劳动法典，即1994年7月5日第八届全国人民代表大会常务委员会第八次会议通过，并自1995年1月1日起施行的《中华人民共和国劳动法》（以下简称《劳动法》）。本书所称的劳动法，如果不作特别说明，是指广义上的劳动法。

劳动法学是以劳动法及其发展规律作为研究对象的一门法学学科，它主要是以劳动法的基本理论、我国现行的劳动法律制度、劳动法的历史发展规律、外国劳动法的发展和国际劳动立法等为研究对象。由于劳动法是我国社会主义市场经济条件下一个重要的法律部门，因此，劳动法学在我国的法学体系中占有重要的地位，劳动法学的研究越来越受到国家和社会的重视。在当前，加强对社会主义市场经济条件下的劳动关系特点研究，建立、健全适应社会主义市场经济体制的劳动法体系，协调劳动关系，为我国的改革开放提供稳定的社会环境，是我国劳动法学研究的重要任务。同时，随着我国加入世界贸易组织，我国的劳动关系和劳资冲突问题也必将成为国际劳工问题的一部分。如何按照国际劳工标准的要求，加强我国的劳动法制建设，使我国的劳动法制环境与国际劳工标准接轨，从而妥善处理好我国的劳动关系，也将成为我国劳动法学研究的新课题。

二、劳动法的调整对象

劳动法的调整对象是指劳动法的作用范围。我国劳动法具有自己特定的调整对象，与其他法律部门的调整对象有着严格的区别。劳动法的调整对象是劳动关系以及与劳动关系有密切联系的其他社会关系。其中，劳动关系是劳动法调整的最基本社会关系。

（一）劳动关系

1. 劳动关系的概念。劳动关系是人们在劳动过程中彼此形成的一种社会关系。它反映了人类劳动的社会属性。劳动是人们为了创造社会财富所进行的有意识、有目的的活动，劳动对于人类的生产与人类社会的发展具有重要的意义。在劳动过程中，人们不仅同自然界发生密切的关系，而且人们彼此之间也必然发生一定的关系。人们要进行有意识、有目的的活动，就必须联合起来；即使在个体生产的条件下，人们也必须相互交换劳动成果。人们在劳动过程中这种相互联系，使劳动具有社会性质，劳动关系是极其重要的一种社会关系。

劳动关系相当复杂，它包括劳动者在劳动过程中相互之间的关系、劳动者与用人单位之间的关系等。劳动法并不能调整所有的劳动关系，只能调整一种特定的劳动关系，即劳动者与用人单位之间的劳动关系，这种劳动关系又称为狭义的劳动关系。劳动法调整的劳动关系包括：劳动报酬方面的关系、工作时间与休息休假方面的关系、劳动安全卫生方面的关系、职业培训方面的关系、劳动纪律方面的关系、社会保险和福利方面的关系、劳动争议的解决所涉及的关系等。上述各种关系是我国劳动关系的基本内容，也是劳动法调整的主要对象。

2. 劳动关系的特征。为了确定劳动法调整的劳动关系的范围，必须明确劳动关系的特征。我国劳动法调整的劳动关系具有以下特征：

（1）劳动关系的双方当事人是特定的。在劳动法调整的劳动关系中，一方是劳动者，另一方是劳动者所在单位，即用人单位，如企业、事业单位，国家机关、社会团体等。在劳动关系中，劳动者是借助于用人单位提供的生产资料来实现劳动的，如果劳动者借助于自有的生产资料来实现劳动，或者某些家庭成员之间的共同劳动产生的关系，则不属于劳动法调整的特定劳动关系。

（2）劳动关系的一方当事人从属于另一方当事人。在劳动关系中，劳动者属于用人单位内部的一名成员，劳动者有义务接受用人单位的管理和指挥，劳动者和用人单位之间在行政上是一种从属关系。如果劳动者没有成为用人单位内部的一名成员，即使劳动者为某个用人单位提供了劳动，也不能成为特定的劳动关系，不属于劳动法的调整对象，而应当由民法加以调整。

（3）劳动关系是基于劳动而产生的一种特定社会关系。劳动关系是劳动者在参加用人单位的某种劳动过程中产生的，劳动关系的产生与劳动者为用人单位提供某种劳动密不可分，这种劳动既包括物质生产领域，又包括非物质生产领域。

劳动法调整的劳动关系与其他法律所调整的社会关系有严格的区别。如劳动法调整的劳动关系与民法调整的劳务关系，有着本质的区别。区别劳动关系与劳务关系，对于做好劳动管理工作，正确适用法律、妥善处理各类纠纷，显得特别重要。具体来说，两者的区别主要表现在：

第一，主体不同。劳动关系的主体是确定的，即一方是用人单位，另一方是劳动者。而劳务关系的主体是不确定的，可能是两个平等主体，也可能是两个以上的平等主体；可能是单位之间的关系，也可能是自然人之间的关系，还可能是单位与自然人之间的关系。

第二，性质不同。劳动关系两个主体之间不仅存在财产关系即经济关系，还存在着人身关系，即行政隶属关系。也就是说，劳动者除提供劳动之外，还要接受用人单位的管理，服从其安排，遵守其规章制度等。劳动关系双方当事人，虽然法律地位是平等的，但实际生活中的地位是不平等的。这就是我们常说的用人单位是强者，劳动者是弱者。而劳务关系两个主体之间只存在财产关系，或者说是经济关系，即一方提供劳务服务，另一方支付劳务报酬，彼此之间不存在行政隶属关系，而是一种相对于劳动关系当事人主体地位更加平等的关系。

第三，劳动主体的待遇不同。劳动关系中的劳动者除获得工资报酬外，还有保险、福利待遇等；而劳务关系中的自然人，一般只获得劳动报酬。

第四，适用的法律不同。劳动关系适用《劳动法》调整，而劳务关系则适用《合同法》调整。

第五，确立形式不同。劳动关系用劳动合同来确立，其法定形式是书面的。而劳务关系须用劳务合同来确立，其形式是不确定的，可以是书面形式，还可以是口头和其他形式。

（二）与劳动关系有密切联系的其他关系

劳动法的调整对象主要是劳动关系，同时还调整与劳动关系有密切联系的其他关系。这些关系本身虽不属于劳动关系，但是与劳动关系有着密切的联系。因此，劳动法将这些关系也纳入其调整范围之内。劳动法调整的与劳动关系有密切联系的其他关系包括以下几种：

1. 处理劳动争议而发生的关系。我国《劳动法》规定，劳动者与用人单位发生劳动争议后，当事人可以向本单位劳动争议调解委员会申请调解；调解不成，当事人一方要求仲裁的，可以向劳动争议仲裁委员会申请仲裁。当事人也可以直接向劳动争议仲裁委员会申请仲裁。对仲裁裁决不服的，可以向人民法院提起诉讼。劳动争议双方当事人与劳动争议调解委员会、劳动争议仲裁委员会、人民法院之间并不存在劳动关系，但是与劳动关系有着密切的联系。劳动法调整上述各种劳动争议关系的目的，是为了及时地解决劳动争议，以保障劳动争议双方当事人的合法权益。

2. 劳动管理方面的关系。我国《劳动法》规定，国务院劳动行政部门主管全国劳动工作。县级以上地方人民政府劳动行政部门主管本行政区域内的劳动工作。劳动行政部门与用人单位和劳动者之间因招聘、职业教育和培训等问题而发生的关系由劳动法加以调整，其目的是为了加强对劳动工作的管理，保障劳动者的合法权益。

3. 社会保障方面的关系。劳动法调整的有关社会保障方面的关系，包括社会保险关系和社会福利关系。我国《劳动法》规定，国家发展社会保险事业，建立社会保险制度，设立社会保险基金，使劳动者在年老、患病、工伤、失业、生育等情况下获得帮助和补偿；国家发展社会福利事业，兴建公共福利设施，为劳动者休息、休养和疗养提供条件；用人单位应当改造条件，改善集体福利，提高劳动者的福利待遇。在上述社会保障制度的实施过程中，自然会发生社会保障关系。社会保障关系是依附于劳动关系而发生的，与劳动关系有着密切的联系，因此，社会保障关系也由劳动法进行调整。

4. 监督劳动法执行方面的关系。监督劳动法执行方面的关系，即国家有关机构因监督、检查劳动法的执行情况而与用人单位之间发生的关系。我国《劳动法》规定，县级以上人民政府劳动行政部门依法对用人单位遵守劳动法律、法规的情况进行监督检查，对违反劳动法律、法规的行为有权制止，并责令改正。同时，《劳动法》又规定了劳动行政部门监督检查人员在对用人单位进行监督检查时的权利和义务。上述关系由劳动法加以调整，是为了维护劳动关系的合法性，保证劳动法在每个用人单位得到贯彻执行。

5. 工会组织与用人单位行政之间的关系。《劳动法》规定，劳动者有权依法参加和组织工会。工会代表应维护劳动者的合法权益，依法独立自主地开展活动。劳动法之所以将工会组织与用人单位行政之间的关系纳入自己的调整范畴之内，是为了发挥工会组织在维护职工合法权益方面的积极作用，对保证劳动法的贯彻实施起到保证监督作用。

从上述内容可以看出，劳动法调整对象的范围是很广泛的，它不仅包括劳动关系，而且包括与劳动关系有密切联系的其他各种社会关系。劳动法的调整对象不仅涉及劳动者与用人单位，而且涉及有关国家机关、各种社会机构、工会组织等，劳动法在很广泛的领域发挥着它特有的作用。

三、我国《劳动法》的适用范围

我国《劳动法》第二条规定："在中华人民共和国境内的企业、个体经济组织（以下统称用人单位）和与之形成劳动关系的劳动者，适用本法。国家机关、事业组织、社会团体和与之建立劳动合同关系的劳动者，依照本法执行。"《劳动法》从我国的实际情况出发，对其实施范围作了专门规定。关于《劳动法》的适用范围，主要包括了以下方面的内容：

（一）我国《劳动法》适用于在中华人民共和国境内的所有企业、个体经济组织和与之形成劳动关系的劳动者

我国《劳动法》关于适用范围的规定打破了所有制的界限，即凡在我国境内依法登记成立的企业、个体经济组织和与之形成劳动关系的劳动者，都统一适用劳动法。就个体经济组织而言，必须是请帮工，带学徒，或者有雇工经营并与劳动者形成劳动关系的，才属于我国《劳动法》的适用范围。另外，在农村设立的乡镇企业也属于《劳动法》的适用范围之内。

（二）国家机关、事业单位、社会团体和与之建立劳动合同关系的劳动者，依照我国《劳动法》执行

国家机关、事业单位、社会团体的劳动关系有其特殊性，国家对这些劳动

关系有特殊规定。同国家机关、事业单位、社会团体已建立劳动合同关系的工勤人员，依照《劳动法》的规定执行。

从劳动法对劳动者的适用范围来看，包括四个方面：（1）所有企业、个体经济组织内的劳动者；（2）国家机关、事业组织、社会团体的工勤人员；（3）实行企业化管理的事业组织的劳动者；（4）其他通过劳动合同与国家机关、事业单位、社会团体建立劳动关系的劳动者。

2005 年 4 月 27 日，第十届全国人民代表大会常务委员会第十五次会议通过了《中华人民共和国公务员法》（以下简称《公务员法》），自 2006 年 1 月 1 日起施行。该法对国家公务员的条件、义务与权利、职务与级别、录用、考核、职务任免和升降、奖励、惩戒、培训、交流与回避、工资福利保险、辞职辞退、退休、申诉控告、职位聘任、法律责任等都做了明确的规定。因此，国家公务员不适用我国《劳动法》。另外，法律、法规授权的具有公共事务管理职能的事业单位中除工勤人员以外的工作人员，经批准参照《公务员法》进行管理，不适用《劳动法》。

此外，从我国《劳动法》对人的适用范围来看，《劳动法》不适用于非农场的农业劳动者、现役军人、家庭保姆等。

从现代各国《劳动法》的适用范围来看，大体上有两种模式：（1）将所有的劳动关系都纳入《劳动法》的调整范围之内，如朝鲜。（2）《劳动法》只适用企业内部的劳动关系，不适用公务员劳动关系，公务员劳动关系由《行政法》调整，如美国、日本等西方国家。我国《劳动法》关于适用范围的规定，基本上适应了现代劳动法的发展趋势。

四、劳动法与其他相关法律部门的区别

第九届全国人大常委会将我国的法律部门划分为七个门类，分别是：宪法及宪法相关法、民法商法、行政法、经济法、社会法、刑法、诉讼与非诉讼程序法。劳动法属于社会法。从广义上讲，我国劳动法既包括劳动法典，又包括一系列调整劳动关系的各种单行法律、法规等。如前所述，劳动法的调整对象是劳动关系以及与劳动关系有密切联系的其他关系，劳动法调整的特定社会关系的性质、范围、内容，决定了它与某些邻近的法律部门有着明显的不同。

（一）劳动法与民法的区别

1. 两者的调整对象不同。劳动法主要调整劳动关系，同时还调整与劳动关系有密切联系的其他社会关系。民法的调整对象包括平等主体间的财产关系

和人身关系。民法调整的上述两部分关系，就内容范围而言，是以财产关系为主，人身关系为辅。

2. 两者在法律关系主体方面有所不同。劳动法律关系的主体一方是劳动者，即自然人，另一方是用人单位，并且，双方在地位上存在着行政上的隶属关系，即劳动者隶属于用人单位，在行政上必须服从用人单位的管理和指挥。而民事法律关系的主体可以双方都是公民，或者都是法人或其他组织，也可以一方是公民，另一方是法人或其他组织。民事法律关系主体间的地位是平等的。

（二）劳动法与经济法的区别

1. 两者的调整对象不同。劳动法主要调整劳动者和用人单位之间的劳动关系。经济法的调整对象是在国家干预经济运行过程中发生的社会关系。经济法的调整对象的范围要比劳动法广泛得多。

2. 两者的立法宗旨不同。劳动法的立法宗旨是保护劳动者的合法权益，调整劳动关系，建立和维护适应社会主义市场经济体制的劳动制度，以促进经济发展和社会进步。经济法的立法宗旨是为了维护经济秩序，保障我国市场经济的有序运行，特别是在社会主义市场经济体制下，经济法更能弥补市场调节的不足，保证国民经济持续、快速、健康发展。

（三）劳动法与行政法的区别

1. 两者的调整对象不同。劳动法的调整对象主要是劳动者和用人单位之间的劳动关系。行政法的调整对象主要是国家行政机关参与的、在行政管理过程中发生的各种社会关系，具体包括行政机关与公民、法人或其他组织之间，行政机关相互之间，行政机关与公务员之间，行政机关与其他国家机关之间因行政管理职能或法律监督职能而发生的各种社会关系。行政法律关系的主体一方必须是国家行政机关，另一方可以是国家机关、企业事业单位和社会团体，也可以是公民个人。

2. 法律关系产生的方式不同。劳动法律关系的产生是劳动者和用人单位在平等自愿、协商一致的基础上产生的，劳动法律关系的产生体现了劳动者和用人单位双方的意志。而行政法律关系的产生，一般都是由于国家行政机关单方面采取行政行为而形成的。

五、我国劳动法律制度的主要内容

我国自市场经济体制建立以来，劳动关系发生了很大变化，劳动关系双方的主体地位逐步确立，劳动关系日益复杂，劳动争议逐渐增多。针对劳动关系的变化，国家着眼于建立和维护和谐稳定的劳动关系，围绕培育和发展劳动力市场，积极探索符合建立社会主义市场经济体制要求的新型劳动关系调整机制，已初步建立起了以劳动政策基准、劳动合同管理、集体协商和集体合同、劳动争议处理为主要内容的劳动关系调整体制，并形成了以《劳动法》为主体的一系列相配套的调整劳动关系法律、法规体系，初步实现了劳动关系调整的法治化，为建立稳定和谐的劳动关系，促进社会主义市场经济发展发挥了重要作用。

我国劳动法律制度的主要内容包括以下几个方面：

（一）调整劳动关系的法律制度

这是调整劳动关系最基础的法律制度，主要是指劳动合同和集体合同法律制度。在市场经济条件下，劳动关系主要通过劳动者与用人单位订立劳动合同来建立。由于劳动者个人相对于企业而言总是处于弱势地位，在劳动合同中容易出现一些对劳动者不利的条款，这就需要通过集体合同来矫正，以提高企业的整体劳动条件和职工的工资福利待遇。集体合同一旦签订，对企业及劳动者都具有法律效力，个人与企业签订的劳动合同与集体合同条款相冲突的，以集体合同为准。

（二）确定劳动标准的法律制度

主要指国家制定的关于劳动者最基本劳动条件的法律法规，包括最低工资、工作时间、劳动安全与卫生等法律制度。其目的是改善劳动条件，保障劳动者的基本生活，避免伤亡事故的发生。劳动标准属于强制性规范，用人单位必须遵照执行。

（三）规范劳动力市场方面的法律制度

主要是指调节劳动力市场、促进劳动就业的法律制度，包括就业促进、职业培训、就业服务等法律制度。就业是民生之本，促进就业是现代国家的基本责任。国家必须采取各种宏观调控手段，创造就业机会，实现劳动者充分就业。

（四）社会保险方面法律制度

主要对劳动者基本生存条件的保障以及生活质量的提高进行规定，具体包括养老保险、医疗保险、失业保险、工伤保险、生育保险等法律制度。

（五）劳动权利保障与救济方面的法律制度

主要包括劳动监察和劳动争议处理等法律制度。由于劳动关系具有身份属性，劳动者与用人单位之间形成了管理与被管理的关系，用人单位往往会忽视甚至侵犯劳动者的劳动权利。因此，劳动监察对劳动法律制度的实施和劳动者劳动权的实现起着至关重要的作用。在劳动关系存续中，劳动争议是难以避免的，关键是要建立起有效地解决劳动争议的制度，以此作为解决纠纷、保障当事人合法权益的最后屏障。目前，我国劳动争议处理包括调解、仲裁和诉讼三种方式。

第二节　我国劳动法的基本原则和作用

一、我国劳动法的基本原则

（一）劳动法基本原则的含义

任何独立的法律部门，都有自己的基本原则。劳动法的基本原则是指从始至终贯穿在劳动法律规范之中起指导作用的基本准则，是在调整劳动关系以及与劳动关系有密切联系的其他关系时必须遵循的基本准则。劳动法的基本原则是劳动法的核心和灵魂，它集中体现了劳动法的本质和基本精神。

宪法是我国的根本大法，宪法在整个国家法律体系中具有最高的法律地位和法律效力，它是制定一般法律的依据。劳动法同其他法律部门一样，都必须以宪法为依据，宪法中有关劳动问题的规定是确定我国劳动法基本原则的法律根据。

（二）劳动法基本原则的内容

根据我国《宪法》和《劳动法》中有关劳动问题的原则性规定，我国《劳动法》的基本原则主要包括以下几个方面的内容：

1. 保障劳动者合法权益的原则。劳动法的立法目的首先在于保护劳动者的合法权益，这主要是基于保护弱者的客观需要。因为在劳动关系中，劳动者与用人单位相比，始终处于弱者的地位，为了平衡劳动关系，保障劳动者的合法权益，就成为劳动法的首要宗旨和原则。关于劳动关系和劳动者的权利保护，在《宪法》中就提出了一系列原则性要求。我国《宪法》规定，中华人民共和国公民有劳动的权利和义务；国家对就业前的公民进行必要的劳动就业训练；国家通过各种途径，创造劳动就业条件，加强劳动保护，改善劳动条件，并在发展生产的基础上，提高劳动报酬和福利待遇；中华人民共和国劳动者有休息的权利；中华人民共和国公民在年老、疾病或者丧失劳动能力的情况下，有从国家和社会获得物质帮助的权利；国家发展为公民享受这些权利所需要的社会保险、社会救济和医疗卫生事业。《宪法》所作的上述保障劳动者合法权益的原则性规定，自然也是作为部门法的劳动法的指导方针和根本原则，并且有待劳动法典的具体落实。因此，我国《劳动法》第一条开宗明义地指出："为了保护劳动者的合法权益，调整劳动关系，建立和维护适应社会主义市场经济的劳动制度，促进经济发展和社会进步，根据宪法，制定本法。"

既然劳动法的首要原则是保障劳动者的合法权益，劳动法典就应当成为一切劳动者的权利保障书。以此为出发点，我国《劳动法》确立了劳动者应当享有的各项权利，规定了用人单位和有关部门的相应义务，并建立了全面而具体的权利保障制度。其中包括促进就业制度、劳动合同和集体合同制度、工作时间和休息休假制度、工资制度、劳动安全卫生制度、职业培训制度、社会保障制度、女职工和未成年工特殊保护制度、劳动法执行的监督检察制度、法律责任制度以及劳动争议的处理制度等。其他劳动行政法规和规章，也都是在遵循劳动者权益保障这一原则的前提下制定的。

2. 三方协调劳动关系原则。三方协调劳动关系原则是指政府、工会组织、企业组织代表三方共同参与劳动关系的协调。他们是协调劳动关系的主体。关于三方原则在西方国家早有提出，全称是三方协商决定劳动标准和处理劳动关系的原则，具体是指在劳动标准的确定和劳动关系的处理上由政府、雇主和工人的代表在平等的基础上协商解决。这一原则是由国际劳工组织确立的，世界上实行市场经济的国家普遍实行这一原则。三方原则对于解决劳动问题、协调劳动关系、避免社会动荡的发生有着积极的意义。国际劳工组织在 1976 年通过了《三方协商以促使实施国际劳工标准公约》和《三方协商以促使实施国际劳工标准建议书》，即国际劳工组织第 144 号公约和 152 号建议书。1990 年 9 月 7 日，我国全国人民代表大会常务委员会批准了这一公约，这就为我国实行"三方原则"提供了法律依据。

在我国社会主义市场经济初级阶段，贯彻三方协调劳动关系原则，具有稳定、协调劳动关系的特殊意义。如在立法活动中应体现三方原则，在制定重要的劳动法律、法规时，应由政府、工会和企业组织代表共同参与，政府在立法活动中处于主导地位，政府在立法时必须听取工会和企业组织的意见和建议，采纳其合理建议。工会和企业组织代表参与立法，不仅能够及时地反映劳动关系参与者的意愿，使立法内容更切合实际，更具有可执行性，而且也能够使政府的劳动政策和重大决策对工会和企业组织的活动产生更为直接的影响，便于劳动法律、法规的执行。三方对劳动关系的协调正是通过制定劳动法律、法规、劳动政策，规定劳动条件、劳动标准来实现的。

签订集体合同，进行集体协商谈判要体现三方原则。集体合同的签订、集体协商谈判一定要体现由政府宏观指导和调控，这是对劳动者在权益上的一个保证。在劳动行政部门指导下，集体合同双方当事人自行协商签订集体合同，劳动行政部门依法审查集体合同。集体协商谈判由政府进行指导、协调，能够及时化解集体合同双方当事人的纠纷，避免集体争议的出现。

在监督劳动法的执行方面也要体现三方原则。政府通过劳动行政部门监督劳动执法，依法进行劳动监察和劳动仲裁，正是其国家权力的体现；工会通过三方协调机制，监督劳动法律、法规的具体执行情况；企业组织代表通过三方机制也可监督劳动法的执行情况。

3. 维护劳动生产秩序的原则。维护健康、和谐的劳动生产秩序，既是宪法的基本要求，也是劳动法的基本原则。劳动法的很多规定，都是围绕建立适应于社会经济发展水平的劳动秩序、协调劳动者和用人单位之间的劳动关系而作出的。一方面要保障劳动者的合法权益，一方面要提高劳动生产效率，劳动法必须在两者之间最大限度地实现平衡，追求一种有利于改革开放、有利于现代市场经济发展的劳动生产秩序。例如，《劳动法》关于劳动合同和集体合同的规定，目的之一就是在于建立劳动秩序、预防劳资纠纷；《工会法》的立法宗旨，则在于沟通劳动关系双方当事人的对话渠道，寻找协调两者关系的理性中介；有关解决劳动争议的法律，则旨在妥善处理劳动关系双方已经发生的争议，及时修复和发展良好的劳动关系，以维护正常的劳动生产秩序，促进现代化建设的顺利进行。

4. 平等原则。我国《宪法》第四十八条规定：“中华人民共和国妇女在政治的、经济的、文化的、社会的和家庭的生活等各方面享有同男子平等的权利。国家保护妇女的权利和利益，实行男女同工同酬，培养和选拔妇女干部。”《宪法》第四条规定：“中华人民共和国各民族一律平等。”为了贯彻和体现在劳动方面男女平等、民族平等的原则，《劳动法》对此都作出了相应的具体规定。例如，在劳动就业方面、工资分配方面，都体现了男女平等、民族平等的原则。贯彻男女平等、民族平等的原则，对于调动广大妇女的劳动积极性、增进民族团结，具有十分重大的意义。

二、我国劳动法的作用

《劳动法》第一条规定：“为了保护劳动者的合法权益，调整劳动关系，建立和维护适应社会主义市场经济的劳动制度，促进经济发展和社会进步，根据宪法，制定本法。”这既确立了我国劳动法的立法宗旨，也指出了我国劳动法的作用。概括起来，劳动法的作用主要表现在以下几个方面：

（一）保护劳动者的合法权益，调动劳动者的生产积极性

劳动法从根本上说是保护劳动者的法律，这一点从劳动法产生之日起就已被证明。我国是社会主义国家，我国《宪法》明确规定了劳动者所应享受的各项基本权利，诸如劳动就业权、劳动报酬权、休息休假权、劳动保护权、社会保障权、民主管理权等。这些权利需要通过劳动法以及其他有关法律法规的制定和实施，才能予以保证。除宪法规定的基本权利外，劳动者还有其他各种各样的合法权益，需要劳动法和其他法律提供保护。改革开放以来，随着我国经济体制改革和劳动制度改革的深入，我国劳动关系愈加多样化和复杂化。但由于我国目前劳动法制尚不健全，对劳动法的监督执行也不够得力，使得一些劳动者的合法权益被严重侵犯。尤其是在一些私营企业、外商投资企业、个体经济组织，随意延长工时、克扣工资、拒绝提供必要的劳动保护，甚至侮辱和体罚工人的现象时有发生，以至酿成重大恶性事件，这些现象都严重侵犯了劳动者的利益。

在劳动关系中，劳动者作为自然人，对劳动关系的另一方当事人——用人单位来说，在经济上总是处于相对弱小的地位，必须通过制定劳动法来调整劳动者与用人单位之间的劳动关系，尤其是通过劳动法对劳动合同某些内容作强制性规定，以达到保护劳动者利益的目的。例如，通过最低工资的规定，用人单位支付给劳动者的工资不得低于法定最低工资；通过工作时间的规定，劳动者周工时不得超过40小时，需要延长工时的也不得超过法定限度，而且必须依照法定标准支付延长工时的工资；通过劳动保护的规定，保障劳动者享受必要的劳动保护条件和标准，女职工和未成年工享受特殊的劳动保护；通过社会保险的规定，保障劳动者享受各种社会保险待遇等。

在社会主义制度下，社会生产的目的是为了满足整个社会不断增长的物质文化生活的需要。坚决维护劳动者的合法权益，使其不受侵犯，必将有力地调动广大劳动者的生产积极性，使劳动者真正感受到社会地位的提高，增强其主人翁责任感。劳动法的首要任务是保护劳动者的合法权益，在各种各样的劳动

关系中，维护劳动者的合法权益和正当要求，使社会主义劳动关系能够同社会主义的基本制度相一致，才能够使劳动者在生产领域中的地位和在国家以及社会中的主人翁地位相一致。

（二）调整劳动关系，保证社会的安定团结

经济体制改革以来，我国的劳动关系发生了很大的变化，由过去单一的行政调整手段为主的劳动关系发展为现在多样化的以法律调整手段为主的劳动关系。由于各种所有制经济的迅速发展，我国已形成了目前以公有制为主体、多种所有制经济共同发展的局面，劳动关系随之也呈现出多样化。在非公有制劳动关系中，存在雇佣性质的劳动，而在国有企业中，正在加快转换经营机制，由此也带来了劳动关系的复杂化。在社会主义市场经济条件下，对于劳动关系双方当事人的用人单位和劳动者来说，其劳动关系的性质有了很大的变化。作为劳动者和用人单位，两者的根本利益是一致的，但在用人单位内部利益分配上，两者又会出现矛盾。一些用人单位从局部利益考虑，为了降低成本，采取了压低工人工资，延长工作时间，或者不提供必要的劳动条件和劳动保护的做法，从而引起了劳动关系双方的矛盾。

如何正确调整和维护劳动关系双方的合法权益，解决用人单位和劳动者之间的矛盾，这就需要通过劳动法调整用人单位和劳动者之间的劳动关系，明确双方当事人的权利和义务，包括劳动报酬、工作时间、劳动保护、劳动纪律、社会保险、双方违反劳动合同的责任等。另外，还必须建立和健全劳动监察制度，监督检查劳动法律、法规的执行情况，督促和帮助劳动关系双方履行劳动合同，规范劳动行为，对违法行为给予必要的处罚。同时，建立劳动争议处理制度，及时处理和解决劳动争议，减少劳动者和用人单位的矛盾和纠纷。只有这样，才能建立和健全适应社会主义市场经济要求的劳动制度，形成国家立法规范劳动关系，劳动者和用人单位自主建立、自行协调劳动关系，工会和企业代表参与协调劳动关系，政府指导协调劳动关系，行政监察维持劳动关系，司法仲裁保障劳动关系的机制，从而维护和发展稳定和谐的劳动关系，保证社会的安定团结。

（三）建立和维护适应社会主义市场经济的劳动制度，促进经济发展和社会进步

一个国家劳动制度的建立和实行，要以劳动法律为依据。同时，劳动制度的实行也要以劳动法律为实现形式。因此，要建立完善的劳动制度，就必须有健全的劳动法律体系。党的十四大提出，我国经济体制改革的目标是建立社会主义市场经济体制。这实际也明确了我国的劳动制度要同市场经济体制相适应。可以说，劳动制度不仅是实现市场经济体制的重要手段，也是市场经济体制的重要组成部分。因此，需要建立适应和推动社会主义市场经济的新的社会主义劳动制度体系，由此便提出了制定和实施适应社会主义市场经济客观规律的劳动法律的要求，我国的劳动法正是在这种要求下出台的。

在过去的一段很长时期内，我国的劳动制度是适应计划经济体制并为其服务的。经济体制的重大变革相应地要求劳动制度的重大改革。在建立适应社会主义市场经济的劳动制度时，就要破除劳动制度中同市场经济不相符合、不相适应的内容。在计划经济体制下，劳动关系按所有制性质划分，限制劳动者的跨所有制流动，劳动力资源的使用完全按照计划，而不是按照社会劳动的客观需要，劳动者的权利得不到应有的保护，这些现象同社会主义市场经济的要求格格不入。《劳动法》的颁布和实施为新的劳动制度的建立指出了方向，使得我们能够按照社会主义市场经济的原则和方法，建立与之相适应的新型的劳动制度。

《劳动法》的实施在很大程度上起着解放生产力的作用，因为生产力中的第一要素是劳动者，劳动关系的主体按市场经济规律组合起来，劳动者的权利受到真正保护，必将极大地促进劳动生产力的提高，使得劳动力资源的使用达到最佳程度，进而推动我国经济的健康发展。

第三节 劳动者与用人单位的基本权利和义务

一、劳动者的权利和义务

（一）劳动者的劳动权利

依照我国《劳动法》的规定，劳动者享有的劳动方面的权利包括：

1. 平等就业和选择职业的权利。平等就业权是指公民在劳动就业方面的地位和权利一律平等。用人单位不得在招工上实行就业歧视，对任何人都要一视同仁，依照法律和政策对劳动者进行平等选择。选择职业权是指劳动者自主决定从事何种职业，任何单位和个人不得强迫劳动者的职业选择。劳动和工作是由劳动者从事的，所以，劳动者选择自己愿意和喜欢的职业，有利于调动劳动者的工作积极性，提高劳动效率。因此，在就业问题上，要尊重和保护劳动者选择职业的权利，特别是在市场经济条件下，更要求劳动者有充分的择业自主权，打破统包统配的就业政策，劳动者自主择业、自主流动，用人单位自主用人，劳动力供求主体之间通过公平竞争，双向选择确立劳动关系。

2. 取得劳动报酬的权利。劳动报酬是指劳动者从事各种劳动而取得的收入，是劳动者取得生活资料的主要来源。劳动者在按工作要求付出劳动后，就享有取得劳动报酬的权利。我国在分配制度上实行按劳分配为主体、多种分配方式并存的制度。按照劳动者提供的社会劳动量分配个人消费品，是社会主义的客观经济规律，它是提高劳动生产率、发展生产力的有利杠杆。所以，保障劳动者取得劳动报酬的权利，就是对按劳分配原则的贯彻和执行。劳动者取得报酬权还含有反对平均主义的意义。平均主义的思想和习惯在目前还有很大的市场，它不承认劳动表现和贡献，在分配上吃“大锅饭”，客观上阻碍了生产力的发展。实行按劳分配，将有助于提高劳动者的劳动积极性。我们要在经济发展的基础上逐步提高劳动者的工资水平，完善工资分配制度，保障劳动者生活水平逐步提高。

3. 休息休假的权利。休息休假权是劳动者依法享有的在法定工作时间以外充分休息的权利。保障劳动者的休息休假权，能够使劳动者解除疲劳，恢复体力，精力充沛地劳动和工作。同时，也能使劳动者更好地安排学习和工作，参加各种社会活动，有利于劳动者的身心健康，提高劳动者的素质，从而促进生产的发展。目前我国实行 8 小时工作日、40 小时工作周的工时制度，并规定劳动者享有公休假、法定节假日和年休假制度，这些制度为劳动者享有休息休假权提供了法律保障。

4. 获得劳动安全卫生保护的权利。劳动安全卫生保护权是指劳动者在劳动生产过程中，自己的生命安全和身体健康能够得到有效保护的权利。劳动安全卫生保护权是劳动者实现劳动权的保证。只有重视对劳动者的人身保护，才能激发劳动者的积极性，促进生产的发展。如果不重视对劳动者的安全卫生保护，不及时消除劳动环境中不安全、不卫生因素，劳动者在自己的生命健康时时受到威胁的情况下，当然不可能集中精力搞好生产。当前，强调劳动者的劳动安全卫生保护权有着十分重要的现实意义。

5. 参加职业技能培训的权利。参加职业技能培训的权利是指准备就业和已经就业的劳动者有权要求进行技术业务知识和实际操作技能的教育和训练。职业技能培训是社会生产本身的客观要求，是保障生产正常进行的不可缺少的一环。现代化大生产要求劳动者掌握一定的技术业务知识，并不断提高自身的技能素质。因此，劳动者有权要求参加培训活动。培训活动同样是实现劳动权的重要的相关条件。科学技术的迅速发展客观上也要求不断加强职业培训工作。同时，经济体制改革的不断深入，大量的劳动力需要重新组合，进入新的产业，这也对职业培训工作提出了新的要求。国家将通过各种途径，采取各种措施，发展职业培训事业，开发劳动者的职业技能，全面提高劳动者的思想和业务素质，改善劳动力结构，促进劳动力充分就业。

6. 享受社会保险和福利的权利。享受社会保险和福利的权利包括两方面的内容：一是劳动者在年老、患病、工伤、失业、生育等情况下，有权从社会保险事业获得帮助和补偿；二是劳动者有权享受国家和集体兴办的各种福利事业。我国正在开展的社会保险事业，为丧失劳动机会和劳动能力的劳动者提供了一定的物质帮助，解除了劳动者的后顾之忧。社会福利事业又为劳动者提供了休息和娱乐的条件，有助于改善劳动者的物质文化生活水平。

7. 提请劳动争议处理的权利。劳动争议是指劳动关系当事人双方因劳动权利和劳动义务发生分歧而产生的纠纷。发生劳动争议后，劳动者有权向有关部门提出处理的要求。这项权利是劳动者享有的保障自身合法权益的一种程序性权利。按照有关法律规定，当劳动者与用人单位发生劳动争议时，当事人可以向企业劳动争议调解委员会申请调解，也可以向劳动争议仲裁委员会申请仲裁，对仲裁裁决不服的，也可以向人民法院起诉。

除上述各项劳动权利外，劳动者还享有法律法规规定的其他权利，如劳动者依法享有参加和组织工会的权利，参加职工民主管理的权利，提出合理化建议的权利，从事科学研究、技术革新、发明创造的权利，依法解除劳动合同的权利，对用人单位管理人员违章指挥、强令冒险作业有拒绝执行的权利，对危害生命安全和身体健康的行为提出批评、检举和控告的权利，对违反劳动法的行为进行监督的权利等。

（二）劳动者的义务

劳动者在享有劳动权利的同时，必须承担相应的劳动义务。依照我国《劳动法》的规定，劳动者的劳动义务包括：

1. 完成劳动任务的义务。完成劳动任务是劳动者最基本的义务，是劳动合同的主要内容。劳动者同用人单位形成劳动关系后，就要承担劳动合同规定的义务。劳动者在劳动岗位上应当按照规定完成本职工作。只有自觉主动地完成劳动任务，才能获得领取劳动报酬的权利。只有劳动者努力工作，完成劳动任务，履行劳动合同的义务，才能促进社会生产力的发展。

2. 提高职业技能的义务。不断提高自身的职业技能，是现代化大生产对劳动者提出的最基本的要求之一。要做一个合格的劳动者，就必须使自己符合劳动生产的要求，而要达到这个目的，就必须不断学习，增强自身的职业技能。我国劳动力资源丰富，但劳动力素质偏低，劳动者必须通过职业技能培训，全面提高自身的素质，以适应现代化大生产的客观需要。

3. 执行劳动安全卫生规程的义务。劳动安全卫生规程是国家制定的保护劳动者在劳动过程中的生命安全和身体健康的重要的法律保证。只有劳动者认真遵守劳动安全卫生规程，才能创造出安全卫生的环境。同时，劳动安全卫生规程，也是保证企业正常生产的必要条件，劳动者有义务和责任严格地予以执行。

4. 遵守劳动纪律和职业道德的义务。劳动纪律是人们在劳动过程中必须遵守的行为准则和规章制度，是组织集体劳动不可缺少的条件。凡是有集体劳动的地方，都必须有劳动纪律，否则，集体劳动和社会化大生产就无法正常进行。所以，每一个劳动者都应当遵守劳动纪律，自觉地维护劳动纪律。劳动纪律一旦被破坏，生产就不能有序地进行，劳动者的合法权益也得不到切实有效的保护。劳动纪律和劳动者的切身利益息息相关。职业道德是指一种职业特定的道德要求，一般包括一系列与职业特点密切相关的行为准则。职业道德要求劳动者认真遵守，不得违反。劳动者必须在用人单位组织领导下，自觉遵守劳动纪律和职业道德，积极劳动和工作，为国家和社会作出贡献。

二、用人单位的基本义务和职责

我国《劳动法》第四条规定："用人单位应当依法建立和完善规章制度，保障劳动者享有劳动权利和履行劳动义务。"这就明确规定了用人单位在保护劳动者利益方面的基本义务和职责。其主要内容包括：

（一）对本单位劳动者享有的劳动权利提供保障

劳动者与用人单位订立劳动合同后，双方即形成了劳动法律关系，享有权利和承担义务。作为劳动者一方享有劳动法规定的权利以及劳动合同、集体合同中约定的权利并承担相应的义务。用人单位必须依法对劳动者享有的劳动权利提供保障。例如，用人单位必须根据实际情况确定企业内部分配制度，贯彻按劳分配原则，根据职工的劳动技能、劳动强度、劳动条件、劳动贡献支付工资，以实现劳动者取得劳动报酬的权利；要严格按照国家的工作时间规定安排本单位的生产，保证职工有充分的休息时间和休假，不得随意延长工作时间，确需延长工时的，应依照法律规定办理，并需支付高于正常工作时间工资的报酬，以保证劳动者享有休息休假的权利；用人单位要积极发展各种职工福利事业，为劳动者享受社会保险和福利提供保障；要建立和完善企业劳动争议调解制度，认真处理和解决劳动争议，协调好劳动关系等等。用人单位应严格遵照法律规定，采取有力措施，为劳动者实现其劳动权利提供保障。

（二）建立和完善本单位的规章制度

在社会化大生产条件下，必须有统一的劳动规则。用人单位要有效地组织劳动者劳动，就必须制定合理的规章制度，使每个劳动者有章可循。用人单位应当依法建立和完善的劳动规章制度，主要包括劳动报酬、工作时间、休息休假、劳动安全卫生、保险福利、职工培训、劳动纪律以及劳动定额管理等直接涉及劳动者切身利益的规章制度。

（三）督促劳动者履行劳动义务

劳动不仅是公民的权利，也是公民的义务，劳动是一切有劳动能力的公民的光荣职责。劳动是国家富强、社会进步的基础。但是，在目前的条件下，轻视劳动的思想和不自觉劳动的态度不同程度地存在着，这就要求国家制定法律法规，企业制定各种规章制度，鼓励先进，督促后进，使劳动者积极工作，努力完成各项劳动任务，为国家和社会创造更多财富。

我国《劳动法》在规定了用人单位的基本义务和职责的同时又规定了国家在发展劳动事业方面的主要职责。《劳动法》第五条规定：“国家采取各种措施，促进劳动就业，发展职业教育，制定劳动标准，调节社会收入，完善社会保险，协调劳动关系，逐步提高劳动者的生活水平。”这就明确了国家在发展劳动事业方面的主要职责。在具体劳动关系构成上，当事人是用人单位和劳动者，国家并不参与，国家的职责就是制定法律和采取相应措施，维护劳动秩序，创造条件，促进我国劳动事业的繁荣，从而达到促进生产力发展的目的。

思考题

1. 劳动法的调整对象包括哪些方面？
2. 劳动法调整的劳动关系有什么特征？
3. 我国劳动法适用于哪些用人单位和劳动者？
4. 我国劳动法律制度主要包括哪些内容？

5. 我国劳动法的基本原则包括哪些？

6. 我国劳动法的主要作用是什么？

7. 劳动者有哪些劳动权利和义务？

8. 用人单位的基本义务和职责包括哪些主要内容？

第二章　劳动法的产生和发展

第一节　资本主义国家劳动法的产生和发展

一、资本主义萌芽时期的“劳工法规”

任何一个独立的法律部门的产生，都以社会中出现新的社会关系为前提。劳动法作为一个独立的法律部门，同样需要有其产生的前提。根据现代劳动法学理论，劳动法的产生是以特定的劳动关系存在为前提的。劳动关系是与人类社会同时出现的，它是生产关系的重要组成部分。劳动法作为一个独立的法律部门，则是在人类社会发展到一定阶段才出现的。

在人类社会发展的历史进程中，原始社会没有私有制和阶级，也没有国家和法律，当然也不可能存在调整劳动关系的劳动法。在奴隶制社会和封建制社会中，劳动者并没有完全的人身自由，他们无法摆脱对剥削者的人身依附，因而劳动者和剥削者之间的关系并不是单纯的劳动关系，而是一种人身和财产的所有关系。所以，在奴隶制社会和封建制社会中，劳动者和剥削者之间的劳动关系，是作为人身关系和财产关系的附属部分来调整的，有关劳动关系的法律规范并没有形成一个独立的法律部门。专门调整劳动关系的法律，最早产生于资本主义社会。

资本主义制度最早产生于英国。在资本主义萌芽时期，英国的新兴资本家开办了大量的工场手工业，这就需要大批的劳动者从事雇佣劳动，以满足新兴的工场手工业对劳动力的迫切需要。为了强迫大量有人身自由却丧失了一切生产资料的劳动者从事雇佣劳动，新兴的资产阶级颁布过许多强迫劳动的法律，企图用法律手段强迫被剥夺了土地的农民从事雇佣劳动，成为工场手工业的雇佣工人，凡是拒不服从的，都要受到极端残酷的处罚。同时，英国政府为了帮助新兴资产阶级加强对雇佣工人的剥削，还制定了许多强制工人接受苛刻的劳动条件的法律，如延长工作时间、限制最高工资、禁止工人集会结社等规定，如果雇佣工人不接受这些苛刻的条件，将受到更为严厉的处罚。从 14 世纪到 18 世纪中叶长达 400 多年的时间里，除了英国之外，欧洲其他资本主义国家也先后制定了类似的法律，以保证新兴资产阶级对雇佣工人的剥削。当时人们将这一系列血腥恐怖的法律称之为“劳工法规”。

调整资本主义劳动关系的“劳工法规”仍然属于资产阶级民法的范畴。“劳工法规”是以保护雇主利益为宗旨的，是加强对劳动者剥削的法律，它不同于后来出现的以保护劳动者利益为主旨、限制雇佣剥削的劳动法。“劳工法规”同现代意义的劳动法存在着根本性质的不同，因此，它不能作为劳动法的起源。

二、资本主义国家的“工厂立法”

18 世纪产业革命以后，资产阶级的势力更为加强，而大多数的劳动者由于丧失了生产资料，不得不接受资本家规定的苛刻的劳动条件，雇佣工人的劳动条件更加恶劣。在资产阶级势力不断加强的条件下，资本主义国家用法律来强制劳动者劳动已没有必要，于是资本主义国家对于劳动关系采取了不干预政策。资本家为了攫取最大限度的剩余价值，把工作时间延长到更大的极限。英国在 18 世纪后半期到 19 世纪初期，曾将工人的工作时间延长到每昼夜 14、16 甚至 18 小时。过长的工作时间已经远远超过了道德和生理的界限，加上极端恶劣的劳动条件，工人的生命健康受到了严重威胁。伤亡事故和职业病经常发生，工人的死亡率不断提高，平均寿命日趋缩短。

在这种恶劣的条件下，工人阶级为了保护自身的生存权利，进行了长时间的斗争，要求颁布法律限制延长工作时间。由于工人阶级的斗争日趋高涨，加之社会各方面的影响和压力，资本主义国家被迫采取了从法律上限制工作日的方法。1802 年英国议会通过了一项限制工作时间的法律——《学徒健康与道德法》，规定纺织工厂童工的工作时间每天不得超过 12 个小时，并禁止学徒在晚 9 时至翌晨 5 时之间从事夜工。这是第一个限制工作日长度的法律，是资产阶级“工厂立法”的开端，也是现代意义劳动法的起源。在此后的十几年中，英国议会又颁布了几个工厂法，把限制工作时间的范围扩大到女工。

继英国之后，在欧洲其他发达的资本主义国家也先后开始出现了“工厂立法”。德国在1939年颁布了限制童工工作时间的法律，法国在1841年也颁布了类似的法律，瑞士在1841年颁布了第一个限制成年人工作时间的法律。总之，劳动法是起源于19世纪初期的“工厂立法”，是从以英国为首的一些资本主义国家首先开始的。劳动法的产生是工人阶级为维护自身利益进行长期斗争的结果。

三、19世纪后半期资本主义国家的劳动法

19世纪中叶以后，在资本主义社会中自由竞争占据统治地位。自由竞争促进了资本主义经济的发展，社会大生产的程度在自由资本主义时期也得到了很大的提高。当时，工人阶级已经成为资本主义社会一支独立的政治力量，工人阶级要求提高劳动待遇、改善劳动条件的运动日益高涨。在这种情况下，资本主义国家越来越重视对劳动关系的调整，劳动法在各国得到了普遍的重视，先后颁布了许多工厂法，以期改善劳动关系，维持正常的劳动秩序。从颁布工厂法的国家来看，除了西欧几个主要的资本主义国家以外，其他一些资本主义国家，如意大利、比利时、奥地利等国也先后颁布了限制工作时间和改善劳动条件的工厂法。一些附属国和殖民地，如澳大利亚、新西兰、加拿大和印度等，在19世纪末也先后颁布了类似法律。

在19世纪后半期，劳动法的内容和范围有了很大发展。许多资本主义国家进一步缩短了工作时间。英国于1847年颁布了一项法律，进一步缩短了工人工作时间，规定纺织工业的女工和童工每日实行10个小时工作制。1867年和1878年的两项法律又把以前工厂法的规定推广到雇佣50人以上的所有工业企业。以后，法、德等国也颁布了类似的法律。

“工厂立法”的内容除了限制工作时间以外，还增加了改善劳动条件的内容，如规定童工受雇的最低年龄，限制童工和女工从事夜间工作，规定工厂矿山的安全卫生条件，建立工厂检查制度等。在工资立法方面，主要是限制资本家任意罚款和扣发工资。20世纪初，英国开始实行最低工资法，设立劳资协商会来议定某些产业和地方的工人的最低工资标准。一些国家迫于工人运动的强大压力，先后颁布了许多法律承认工会组织和实行社会保险的法律。

在自由资本主义时期，劳动法有了一定的发展，但是发展的进程比较缓慢。有些资本主义国家在这个时期还没有正式颁布过“工厂立法”。如美国只有少数工业比较发达的州，在19世纪末开始制定限制童工和女工的工作日的法律，但美国联邦法院强烈反对，宣布这样的法律是违宪的，因而是无效的。

日本拟定的工厂法草案，经过30年的争论，直到1911年才获得通过。在拉丁美洲、非洲、亚洲的绝大多数国家和殖民地，在20世纪以前，还没有颁布过“工厂法”。同时，这个时期的劳动法效力范围也很有限。许多法律只适用于某一个或几个经济部门，有的只适用于某些种类的工人，有的局限于某些地区。《劳动法》的贯彻实施还缺乏必要的保障措施。

但是，从历史发展的角度来看，自由资本主义时期的劳动法，对于调整劳动关系，改善工人阶级的劳动条件，维护劳动者的劳动权利，起到了一定的作用。

四、20世纪前半期资本主义国家的劳动法

第一次世界大战结束以后，由于资本主义基本矛盾的进一步尖锐化，资本主义经济危机日益频繁，工人阶级的劳动条件日益恶化，劳动者的劳动权利得不到应有的保障。广大工人阶级为了维护自身利益，工人运动日益高涨。资产阶级为了维护其统治，在劳动关系方面被迫作出了一些有利于劳动人民的让步。因此，劳动法在这个时期得到了广泛而迅速的发展。

在这个时期，劳动法不仅在欧洲有了较大的进展，而且在其他地区也有了很大的发展。在劳动法的内容和范围方面，也比以前有了充实和扩大。过去的“工厂立法”多半带有片面性，只包括劳动关系的一些主要方面。在这个时期，劳动法的内容得到了逐步增加，已经包括了劳动关系的一切方面，如劳动合同、集体合同、学徒培训、劳动报酬、工作时间、女工与童工、安全卫生、社会保障、工会组织、劳动纠纷的处理等。劳动立法的范围也扩大到工业、交通、商业、文教等领域。这个时期的劳动法已经成为一个内容比较完备、适用范围比较广阔的独立的法律部门。

但是，在两次世界大战期间，由于资本主义经济危机的不断加剧，资产阶级为了转嫁经济危机所造成的损失，开始降低工人阶级的劳动条件和生活条件，如压低工资、压缩社会保险、延长工作时间、限制工会权利等等。这就造成了工人阶级生活水平降低，失业现象增加，劳动条件不断恶化。特别是在第二次世界大战后，所有资本主义国家的劳动法都遭到了严重破坏，工人阶级的一切自由权利都被剥夺了，还实行了强迫劳动制度，在各地普遍设立了“劳动营”，强迫劳动者从事难以忍受的艰苦劳动，对强征来的战俘和外国工人实行奴隶式的苦役劳动制度。如德国颁布的《国民劳动秩序法》，取消了工会和工厂委员会，公然宣布资本家是企业的领袖，工人和职员都是他们的“仆

从”，工人和职员对他们的“领袖”必须无条件地服从。资本家有权独自规定劳动条件，规定劳动报酬、劳动规则。在两次世界大战时期，一些参战的资本主义国家，也以“战时”、“非常时期”为借口，大大降低了法定的劳动条件，如延长工作时间，取消加班加点限制，实行“冻结工资”，降低工资收入，限制工会活动，禁止工人罢工等等，使工人阶级的劳动状况极为恶劣。

在垄断资本主义时期，劳动法虽然有了很大的发展，但是从其发展过程来看，劳动法受到了很大的冲击，特别是两次世界大战和资本主义总危机，对劳动法造成了很大的影响，劳动法经历了一个非常曲折和反复的发展过程。

五、20世纪后半期资本主义国家的劳动法

第二次世界大战以后，发达资本主义国家处于相对稳定时期，各个资本主义国家根据本国的政治经济情况，先后制定了大量的调整劳动关系的法律，以缓和劳资矛盾，维持正常的劳动秩序和工作秩序。20世纪后半期的劳动法，随着资本主义经济的不断发展，也有了很大的发展。

特别是进入20世纪六七十年代以来，资本主义国家相继制定了一些改善工人阶级劳动条件的劳动法。如1970年，美国国会第一次通过了一个全国性的《职业安全和卫生法》，1977年又通过了《联邦矿山安全与卫生法》。法国议会于1968年通过了关于恢复40小时工作周的法律。英国在1989年重新颁布了《社会保障法》，此后又颁布了《年金计划法》，对老年、残疾和遗属的年金作了全面规定。日本于1974年颁布了《雇用保险法》，1994年又重新颁布了《雇用保险法》。北欧的一些资本主义国家也先后颁布了许多劳动法，扩大社会保障的适用范围，增加社会保障的项目和提高社会保障的待遇。

20世纪以来，特别是第二次世界大战以后，随着人权观念的发展，劳动法作为保障劳动者基本权利的法律得到了空前发展，成为现代国家法律体系中的重要组成部分。纵观各国的劳动立法，主要有以下三种模式：（1）劳动法典模式。这种模式的代表性法典有《法国劳动法典》、《俄罗斯劳动法典》等，其特点是劳动法完全脱离民法而独立，通过法典化建立了一个统一的劳动法律体系。（2）民法典与多部劳动单行法并行的模式。即在民法典中规定雇佣合同或劳动合同，另外制定大量的单行劳动法律。这种模式典型的代表是德国，德国在《德国民法典》中规定了雇佣合同，此外还颁布了许多单行的劳动法律，如《集体合同法》、《工作时间法》、《解雇保护法》等。其特点是法律分散，存在如何统一和协调的问题。（3）多部单行法的模式。即制定大量单行

的劳动法律，英美法系国家大多采取这种模式，如美国有《国家劳资关系法》、《公平劳动基准法》、《同工同酬法》等法律。需要指出的是，在英美法系，法院判例是劳动法重要的法律渊源，同时也具有统一劳动法律体系的功能。

第二节　我国劳动法的产生和发展

一、中华人民共和国成立前的劳动立法状况

1840 年鸦片战争以后，我国开始出现近代工业，产生了无产阶级。我国无产阶级为了争取有关劳动权利，强烈要求制定劳动法。迫于无产阶级的强大压力，在旧中国的不同时期，统治阶级也颁布过一些劳动法规，如 1923 年北洋政府颁布的《暂行工厂规则》，以及后来颁布的《煤矿爆发预防规则》，对“劳动保护”和“安全卫生”做了规定。1927 年，国民党政府建立后，也制定了一些劳动法规，如《劳动契约法》、《团体协约法》、《工会法》、《劳动争议处理法》。这些劳动法规从本质上说，是为了维护封建主义、官僚资本主义在我国的反动统治，维护地主、买办资产阶级的利益。旧中国统治阶级制定的劳动法，是对劳动人民实行资产阶级专政的工具，无产阶级的劳动权利根本得不到保障。

在中国共产党的领导下，曾经在革命根据地制定了一系列劳动法规，这些劳动法规对于发展生产，保护劳动者利益，调整劳动关系具有重要的意义。如土地革命时期，江西革命根据地制定了《赤色工会组织法》，1930 年 6 月全国苏维埃区域代表大会公布了《劳动保护法》。抗日战争时期，陕甘宁边区政府曾经制定《陕甘宁边区劳动保护条例》。解放战争时期也制定了一些有关保护劳动者利益的劳动法规，革命根据地的劳动立法，为新中国成立后劳动立法奠定了基础。

二、中华人民共和国成立以后的劳动立法状况

中华人民共和国成立以后，劳动立法工作得到了党和政府的高度重视，劳动立法工作进入了一个新时期。新中国成立以来的劳动立法工作，大体上可以

分为三个时期：

（一）“文革”前17年的劳动立法

“文革”前17年是我国劳动法立法逐步建立和发展时期。这一时期（1949年10月至1966年5月）为我国整个劳动立法奠定了基础。1949年9月29日中国人民政治协商会议第一届全体会议通过的《中国人民政治协商会议共同纲领》（以下简称《共同纲领》）和1954年9月20日第一届全国人民代表大会通过的《中华人民共和国宪法》（以下简称《宪法》），是这一时期劳动立法的主要法律依据。根据《共同纲领》和《宪法》的有关原则性规定，这一时期制定了大量的劳动法规和规章。主要包括劳动关系立法、劳动标准立法、职业保障立法、工会立法、劳动争议处理立法等。如1949年11月，以全国总工会名义公布的《关于劳资关系暂行处理办法》，该办法规定：“私营企业主（以下简称资方）与被雇佣之工人、职员、店员、学徒及杂务人员（以下简称劳方）之间的关系，凡属本办法未规定者，得由劳资双方协议，签订集体合同或劳动契约规定之。”同时公布的《关于私营工商企业劳资双方订立集体合同的暂行办法》规定了集体合同的内容、订立步骤、审批、废止等。1954年7月，政务院公布的《国营企业内部劳动规则纲要》规定了职工录用、调动的手续。1955年7月，国务院发布《关于企业、事业单位工作人员自今年7月份起全部实行工资待遇的通知》，1955年8月，国务院又发出《关于国家机关工作人员全部实行工资制度和改行货币工资制的命令》，从此全国职工实行工资待遇，全部取消了供给制和包干制。1958年国务院发布了《关于工人、职员退休处理暂行规定》，建立了企业劳动保险制度。总之，“文革”前17年的劳动立法工作取得了很大成就，有力地激发了广大职工建设社会主义的积极性，保证了国家经济建设的不断发展。

（二）“文革”时期的劳动立法

在“文革”时期，由于极左思想的严重影响，劳动法立法工作不仅没有得到发展，反而遭到严重破坏，一些行之有效的劳动法规、规章被废止，劳动者的劳动权利得不到应有的保护。虽然在这一时期国务院也发布了一些劳动法规，如1971年11月国务院颁发的《关于改革临时工、轮换工制度的通知》，1971年11月国务院颁发的《关于调整部分工人和工作人员工资的通知》等，但是从总体上看，“文革”时期劳动立法工作基本上处于停滞状态。

（三）党的十一届三中全会以后的劳动立法

在党的十一届三中全会以后，随着我国经济体制改革的不断深入，劳动立法工作也得到了相应的发展。从1978年以来，国家在劳动就业、职业培训、女职工和未成年工的劳动保护、工资、保险、劳动管理、职工民主管理、劳动争议处理等方面制定了一系列劳动法规、规章。例如，1980年7月，国务院颁发了《中华人民共和国中外合资经营企业劳动管理规定》；1982年4月，国务院颁发了《企业职工奖惩条例》；1983年4月，劳动人事部发布了《关于招工考核择优录用的暂行规定》；1986年7月，国务院颁发了《国营企业招用工人暂行规定》和《国营企业实行劳动合同制暂行规定》；1986年11月，劳动人事部和国家教育委员会联合发布了《技工学校工作条例》；1988年7月，国务院颁发了《女职工劳动保护规定》；1989年9月，劳动部发布了《私营企业劳动管理暂行规定》；1991年4月，国务院颁发了《禁止使用童工规定》（2002年9月国务院对其作了修订）；1993年4月，国务院颁发了《国营企业富余职工安置规定》和《国有企业职工待业保险规定》；1993年7月，国务院颁发了《中华人民共和国企业劳动争议处理条例》；1994年12月，劳动部发布了《集体合同规定》（2003年12月，劳动和社会保障部对其做了修订）、《未成年人特殊保护规定》；2003年12月，劳动和社会保障部发布了《最低工资规定》，等等。

与此同时，1979年初我国开始了《劳动法》的起草工作，历经十几年的努力，该法终于在1994年7月5日获得通过。这部法律的颁布和施行，标志着我国劳动法制建设进入了一个新阶段。在《劳动法》颁布之后，《劳动合同法》、《劳动争议调解仲裁法》和《就业促进法》也相继出台，使我国劳动法律体系更加健全和完善。

第三节 国际劳动立法

一、国际劳动立法运动的兴起和发展

（一）国际劳动立法运动的兴起

采用国际公约的形式，在国家之间订立有关调整劳动关系以及与劳动关系有密切联系的其他关系的行为规范，通常人们称之为国际劳动立法。国际劳动法就其形成来源来说是国际法的一部分。国际劳动法作为国际法的一个独立门

类和重要组成部分，对国际法和各国的劳动立法产生了很大的影响。

通过国际立法来改善各国工人劳动状况的思想，早在19世纪初期就已经在欧洲出现。国际劳动立法的出现有着深刻的社会和经济原因。由于产业革命的影响，西欧各国工业迅猛发展，市场范围不断扩大，国际竞争日趋激烈。商品市场从国内扩大到国外，逐渐形成了国际性劳工问题。在产业革命浪潮的推动下，工人阶级的队伍不断壮大，阶级矛盾也随之尖锐，工人阶级为了改善自己的劳动条件和生活条件，经常和资本家开展斗争。当时欧洲的一些空想社会主义者和社会活动家，为了改善和调整劳资之间的关系，提出了不少社会改革主张和政治方案，其中包括采取国际行动来改善工人劳动条件和生活条件的建议。英国的空想社会主义者欧文，法国亚尔萨斯的企业家勒格朗和布朗吉等人都是这种思想的代表人物。他们由于亲身体察到资本主义的种种弊端，对工人产生了同情心，决心致力于社会改革事业，提倡国际劳动立法就是他们活动的一个重要方面。欧文首先在英国提出缩短童工的工作时间，并在自己开办的工厂里实施。他还要求在改善劳工的劳动条件方面采取一致的国际行动。在这期间，法国的勒格朗也提出不准雇佣10岁以下的童工以及童工工时不得超过10小时的主张。他倡议各国企业主在这方面制定共同的协议，呼吁法、英、瑞士等国当局，采取积极的态度，制定共同的国际劳工标准。

当时，这些空想社会主义者和社会活动家关于国际劳动立法的思想，不但遭到各国政府的拒绝，而且也受到不少学者的非议，响应者为数不多。但是，进行国际劳动立法的思想却由此开始传播。

19世纪后半期，由于各国工人运动日益壮大，无产阶级已经形成一股国际势力，法国革命所倡导的人道主义思想影响扩大，自由放任主义势力开始衰弱，许多政治家和理论家开始对国际劳动立法的必要性有了充分的认识，有些人为此进行了广泛的宣传，制定国际劳动法的思想开始为一些私人的联合会所接受。在19世纪后半期，涌现出不少工人组织和社会团体。为了改善劳动和生活条件，越来越多的人认识到采取国际行动的重要性。1884年美国和加拿大的8个工人组织决定在1886年5月1日举行示威，并开始实行8小时工作日。在这种形势下，越来越多的人主张制定国际劳动法，一些社会团体甚至一些官方机构也提出类似的呼吁。1887年国际慈善代表大会在法兰克福召开，大会要求各国对女工和童工的工作时间制定统一的国际标准。这一行动标志着为制定国际劳动法集体行动的开始。1880年瑞士联邦议会责成联邦政府提出倡议，邀请各工业国开会讨论制定国际劳工标准的问题。由于当时欧洲主要工业国对这一倡议存在严重分歧，很多国家反对召开此类会议，这次会议没有举行。然而这是由官方正式提出国际劳动立法问题的第一次尝试，虽然会议未能如期举行，但是却产生了广泛的影响。

1889 年，瑞士政府首次正式与欧洲一些国家协商，建议于 1890 年 5 月在伯尔尼召开一次讨论制定国际劳动法问题的会议，并草拟了会议的具体内容和议程。后来，德国政府为了转移国内尖锐的阶级矛盾，由首相俾斯麦致信欧洲强国，要求会议在德国柏林召开。俾斯麦在信中指出，由于世界市场的国际竞争以及在竞争中的一致利益，改善工人状况的法律单凭一国难以完成，因此需要采取一致行动。由于欧洲各国惧怕德国势力，不得不表示同意。瑞士也放弃了原拟召开的会议，转而支持这次会议。于是筹备中的国际大会便由伯尔尼移到了柏林。1889 年 3 月 15 日至 29 日，由欧洲 13 个国家参加的柏林会议正式召开。这次会议没有制定出国际公约，只对一些问题进行了技术讨论，通过了星期日休息、童工的最低年龄、限制女工做夜工、保护矿工、禁止女工、童工从事危险工作、实施公约办法等 7 项议案。这次会议只有德国、瑞士倾向于制定国际劳动法，大多数国家不倾向制定国际劳动法。

柏林会议虽然没有取得任何成就，但是由于它是第一次由各国政府正式派出代表讨论国际劳动立法的会议，因此这次会议在国际劳动立法运动的发展史上具有重要的意义。柏林会议以后，一些赞成制定国际劳动法的社会活动家、经济学家和工会领袖决定组织一个国际劳动法协会。该协会于 1900 年在巴黎正式成立。协会的宗旨是：（1）联合一切相信国际劳动法是必要的人；（2）组织国际劳动机关；（3）赞助各国研究劳动法，传播有关劳动法的消息；（4）提倡制定关于劳动状况的公约；（5）召开国际大会讨论劳动法。

国际劳动法协会于 1901 年在瑞士的巴塞尔召开第一次代表大会，讨论柏林会议的决议，特别注意禁止妇女做夜工和取缔妨害健康的工作两项。1902 年又在德国科隆召开了第二次代表大会，讨论禁止使用白磷和白铅的问题。1905 年正式起草了两个公约草案，提交同年由瑞士政府发起召开的伯尔尼国际会议。参加伯尔尼国际会议的国家有德国、匈牙利、意大利、法国、比利时、荷兰、英国、瑞士、瑞典、丹麦、西班牙、卢森堡和保加利亚共 13 个国家。会上根据协会事前准备的议案、说明和调查材料，经过讨论通过了两个公约：一个是《关于禁止工厂女工做夜工的公约》，其中规定凡使用机器和雇佣 10 个工人的工厂，不得让女工在晚 10 时至翌晨 5 时之间工作；另一个是《关于使用白磷的公约》，规定火柴工业不准使用白磷做原料。

这两个公约经国家批准后生效。当时批准这两个公约的约10个国家，对于该公约在批准国家的实施情况，英国曾建议组织监察团到各国检查，但是没有被大会采纳。后来决定以国际抵制的方法来制裁不实施公约的国家，即由各国海关禁止输入违约国家生产的货物，这种办法实际上除意大利外也都没有实行。国际劳动立法协会于1912年召开的第7次代表大会决定另外起草《关于禁止未成年工做夜工公约》和《关于女工和未成年工每日最多工作时间公约》，准备提交1914年国际会议批准，但是因为爆发第一次世界大战，这次会议未能举行。

纵观国际劳动立法的历史，从空想社会主义者的首倡，经过工人领袖、雇主代表、政治家和经济学家的酝酿、讨论、争辩和谈判，历经约100年，才制定了两个公约，国际劳动立法走过了一条曲折而复杂的道路。但是，国际劳动立法的必要性，已经为各方面人士承认，制定有效的国际劳动法，已经成为普遍的要求。第一次世界大战的爆发，虽然暂时中断了国际劳动立法进程，但并不能阻止国际劳动法的发展。第一次世界大战后，国际劳动立法进入了一个新的发展阶段。

（二）国际劳动立法运动的发展

第一次世界大战结束后，参战国于1919年初在巴黎召开和平会议。在该会第一次预备会议上决议组织一个委员会，从国际方面调查工人状况，以便对劳动问题采取一致的行动，并建议成立一个永久性国际机构，继续对劳动问题进行调查研究。根据这个决议，由英、美、法、意等国摊派15人组成委员会，由当时美国劳工联合会主席甘柏斯为委员长。委员会经过讨论和争辩，拟订了一个《国际劳工组织章程草案》和包括9项原则的宣言，经巴黎和会讨论通过，编入《凡尔赛和平条约》第13篇，即所谓《国际劳动宪章》。1919年6月，国际劳工组织正式宣告成立。国际劳工组织由政府、雇主、工人三方代表参加，以制定国际劳工领域的国际公约和建议书作为该组织的中心任务。

国际劳工组织之所以能迅速成立，主要原因是各资本主义国家已经认识到利用国际方法解决劳动问题的重要性。因为日益高涨的工人运动已经严重威胁到资本主义制度的存在。成立劳工组织的目的是利用国际立法的方法来改善各国工人的劳动状况，缓和劳资矛盾，维护资产阶级的统治。在国际劳工组织成立后的70多年中，已经制定出一套相当完备的国际劳动法，内容涉及就业和失业、工作时间和休息时间、工资、职业安全与卫生、女工保护、童工和未成年工保护、社会保障、结社权利、劳动关系、劳工检查等10个方面。国际劳工组织已经成为在社会和劳工方面有着特殊责任的国际机构。

二、国际劳动立法的形式

国际劳动立法的形式主要包括国际劳工公约和建议书。国际劳工公约是指由国际劳工组织会员国代表参加的国际劳工大会，根据《国际劳工组织章程》和《国际劳工大会议事规则》规定的程序制定的，并对有关国家有约束力的行为规范。国际劳工组织建议书是指国际劳工组织提出的对会员国劳动立法的建议性文件。最初的几届国际劳工大会通过的公约和建议书，是相互独立的，即对有些问题采用国际劳工公约的形式，有些问题采用建议书的形式。从以后的历届大会开始，对同一问题往往同时采用公约和建议书两种形式。对一些问题的基本规定采用公约形式，对一些问题的补充规定则采用建议书的形式。两者互相分工又相互配合。国际劳工公约和建议书都是国际劳动立法的形式，但是，国际劳工公约和建议书的效力是不同的。国际劳工公约在提交会员国批准后，会员国必须承担遵守和执行该公约的义务；建议书则是为会员国制定法律和采取其他措施时提供参考的，它不需要会员国批准，因而会员国也没有遵守和执行的义务。

三、国际劳动立法的程序和指导原则

（一）国际劳动立法的程序

随着人类社会的不断发展和进步，国际劳动立法的数量越来越多，内容越来越丰富。国际劳动法的制定过程概括地说，就是首先由国际劳工局通过提出问题，调查研究，提出制定公约的设想，送交国际劳工大会通过，然后由各会员国根据本国情况批准实施。其具体的步骤是：

首先，由国际劳工局提出制定国际劳动法的设想。国际劳工局在制定国际劳动法时，首先要遵循制定国际劳动法的指导原则，同时也要考虑以下几个因素：（1）新公约所影响的工人数量；（2）新公约对劳工世界的重要性；（3）对低层次的劳动者及无组织和得不到保护的劳动者的重要性；（4）该公约有关条款的相对新旧程度；（5）该公约涉及问题的严重性；（6）该公约将使工人的基本权利提高的程度。当国际劳工局的立法设想比较系统化，并已经形成了确定的形式后，即提交国际劳工局理事会讨论是否列入国际劳工大会的议程。为此，劳工局组织法律专家和有关技术人员为理事会准备一份材料，说明各会员与新公约有关的法律规定和实际情况。材料准备好后，由劳工局局长向理事会提出简要的报告，由理事会讨论是否列入国际劳工大会的议程。如果理事会决定将新公约提交国际劳工大会讨论，则国际劳工局再准备一份更加详细的报告，内容包括各国有关法律与实际情况以及标准文本的设想。在提交文本设想时，还应当考虑某些国际气候条件，产业组织发展的完善或其他特殊情况而使产业条件与其他国家有很大差异的情况。因此，需要在草拟条款时提出一些变通办法，例如制定特别条款使公约更具有灵活性以适应某些国家的情况。劳工局在国际劳工大会召开的1年前将立法文本设想分送各会员国，各会员国必须在大会召开前的8个月将本国三方对该标准的意见答复劳工局。劳工局根据各国的答复拟定出这一建议的标准文本的最初草案。这个草案于国际劳工大会召开前的4个月送各会员国政府，准备提交国际劳工大会作第一次讨论。

其次，国际劳工大会任命一个三方性的委员会（政府、雇主、工人），对这些标准草案进行审议，三方性委员会经过讨论后对原建议文本作出必要的修改，再将同意的文本连同一项将此问题列入下届大会议程的决议一并交大会通过。

再次，在国际劳工大会第一次讨论后，劳工局根据大会委员会提出的修改意见，起草一份拟议中的公约或建议书的临时文本，在大会闭幕后的两个月内送交各会员国政府。各会员国政府在3个月内可提出修正案或其他建议交劳工局。劳工局再拟订出最后报告，于下届大会召开前的3个月交各会员国政府。并在下届的大会上将公约或建议书文本草案再交三方性委员会逐条审议，委员会将其同意的文本提交大会讨论通过。根据国际劳工组织的章程规定，在大会对公约或建议书进行最后表决时，必须经出席代表的2/3多数票通过。通过的公约或建议书应各有两份由大会主席和劳工局长签字，其中一份由国际劳工局存档，另一份送联合国秘书长备案。劳工局长应将签署过的公约或建议书副本一份送交每个会员国，由会员国政府代表送交本国主管机关以供该国批准或在制定本国法律时予以参考，由各国根据本国情况决定是否批准实施该公约或建议书。

（二）国际劳动立法的指导原则

制定国际劳工公约和建议书的指导原则，在第二次世界大战以前，是1919年《国际劳动宪章》中提出的9项原则。其内容主要包括：（1）人的劳动不是商品；（2）工人和雇主都有自由结社权；（3）工人应获得足以维持生活的工资；（4）工人的工作时间以每日8小时或每周48小时为标准；（5）工人每周至少有24小时的休息，并尽量把星期日作为公休日；（6）工商业不得雇佣 14 岁以下的童工，并限制 14 ~ 18 岁男女青年的劳动；（7）男女同工同酬；（8）本籍工人与外籍工人待遇平等；（9）设立劳动监察制度，以保证劳动法的实施等。

1944 年国际劳工组织通过的费城宣言又重申和丰富了上述宣言。费城宣言的 10 项原则是：（1）达到充分就业和提高生活标准；（2）使工人受雇于他们得以最充分地发挥技能与成就，并得以为共同福利作出最大贡献的职业；（3）作为达到上述目标的手段，在一切有关方面有充分保证的情况下，提供训练和包括易地就业、易地居住在内的迁移和调动劳动力的方便；（4）关于工资、收入、工时和其他工作条件的政策，其拟订应能保证将进步的成果公平地分配给一切人，将维持最低生活的工资给予一切就业的并需要此种保护的人；（5）切实承认集体谈判的权利，在不断提高生产率的情况下实行劳资双方的合作，以及工人和雇主在制定和实施社会经济措施方面的合作；（6）扩大社会保障措施，以便使所有需要此种保障的人得到基本收入，并提供完备的医疗；（7）充分地保护各业工人的生命和健康；（8）提供儿童福利和产妇保护；（9）提供充分的营养、住宅和文化娱乐设施；（10）保证教育和职业机会均等。

近年来，随着国际社会的发展，联合国大会又通过了一些有关劳动和社会问题的重大宣言和决议，例如关于保护人权、反对种族歧视、反对歧视妇女等，也丰富了国际劳动立法原则。

四、国际劳动法的主要内容

国际劳动法的内容主要来源于国际劳工大会制定的公约和建议书。从 1919 年以来，国际劳工组织制定了许多公约和建议书，这些公约和建议书的内容涉及的领域极其广泛。

（一）基本权利公约

1. 关于结社自由的公约。1921 年国际劳工大会通过了第 11 号《农业工人的集会结社权公约》。这是国际劳工组织制定的第一个有关结社自由的公约。它规定凡批准本公约的会员国应“承允保证使从事农业的工人取得与工业工人同等的集会结社权，并废除限制农业集会结社的一切法令或其他规定”。1948 年第 87 号《结社自由和保护组织权利公约》规定：“工人和雇主应毫无区别地有权不经事先批准建立和参加他们自己选择的组织，其惟一条件是遵守有关组织的规章。”国际劳工组织以后又陆续制定了许多关于结社自由方面的公约，如1949年的第98号《组织权利和集体谈判权利原则的实施公约》、1971年的第135号《对企业工人代表提供保护和便利公约》、1981年的第154号《促进集体谈判公约》等。

2. 关于强迫劳动的公约。1930年第29号《关于强迫劳动公约》规定，逐步地废除各种形式的强迫劳动。在完全废除以前，强迫劳动只能适用于公共目的或作为一种例外的措施。公约规定“作为税收征用强迫或强制劳动，以及由行使行政职责的酋长为建设公共工程而征用的强迫或强制劳动应予逐步废除”。还要求立即废除下列情况的强迫劳动：妇女、18岁以下和45岁以上的男子、残废人、为私人或私营企事业的利益而工作、矿山井下工作、为公共目的而工作但非目前迫切需要者或者非预防饥荒及食物供应匮乏者、作为集体惩罚方法的工作。公约最后还提出有效措施实施本公约。这一公约主要是针对当时殖民地存在的问题而制定的。1957年第105号《废除强迫劳动公约》，对强迫劳动问题又作了新的补充。

3. 关于就业歧视公约和建议书。1958年通过了第111号《关于就业和职业歧视公约》和第111号建议书。公约中所称的“歧视”包括种族、肤色、性别、宗教、政治见解、民族血统或社会出身等原因具有取消或损害就业或职业机会均等或待遇均等作用的任何区别、排斥或优惠。这种歧视既可以是由法律规定的结果，也可以是实际情况或惯例所形成的。公约认为以下三种情况不应认为是“歧视”：一是对一项特定职业基于其内在需要的任何区别、排斥或优惠，不应视为“歧视”；二是针对有正当理由被怀疑为或证实参与了有损国家安全活动的个人所采取的任何措施，不应认为是歧视，只是有关个人应有权向按照国家建立的主管部门提出申诉；三是国际劳工大会通过的其他公约和建议书规定的保护或援助的特殊措施，不应视为歧视。建议书更加具体地规定了每个人应在各方面享有平等的机会和待遇。公约和建议书还规定了消灭歧视的行动措施。

（二）工作条件和工作环境公约

1. 关于8小时工作制的公约。1919年制定了第1号《工业工作时间每日限为8小时及每周限为48小时公约》。公约同时规定了例外情况，如企业中任监督或管理职务者及任机密事务者；一周中一天或几天工时少于8小时，则其余各天工时可多于8小时，但所多工时不得超过1小时。以后又制定了一些公约，扩大了8小时工作制的适用范围，并将工作时间缩短为每周40小时。

2. 关于每周休息的公约。1921年的第14号《工业中实行每周休息公约》

中规定，凡公营或私营的工业或其他任何分部所雇佣的全体职工均应于每 7 日的期间内享有连续至少 25 小时的休息时间；此项休息时间如可能时应与本国或当地的风俗或习惯相符合。公约准许有一些例外，但应在尽可能范围内补偿其休息时间。1957 年的第 106 号《商业和办事处所每周休息公约》，又将每周休息的时间规定扩大到办公室工作人员、私营企业在内。

3. 关于工资照付的假期的公约和建议书。1936 年的第 52 号《工资照付年假公约》，广泛适用于公私营企业事业的受雇佣者。公约规定，凡适用本公约的人员连续服务满 1 年后，有享受工资照付的年假权利，假期至少应有 6 个工作日；未满 16 岁的人，包括学徒工在内，连续服务满 1 年后，此项假期至少有 10 个工作日。公共及惯例假日以及因疾病缺工之日不应包括在工资照付的年假之内。1954 年的第 98 号《工资照付休假建议书》，适用于除海员和农业工人以外的一切受雇佣者。以后又陆续通过了许多公约和建议书，扩大了带薪休假适用范围，又提高了带薪休假的标准。

4. 关于职业卫生与安全的公约和建议书。1919 年通过的第 6 号《禁止在火柴制造中使用白磷建议书》，建议会员国禁止在火柴制造中使用白磷。1919 年通过了第 4 号《保护妇女与儿童免受铅毒建议书》，1921 年通过了第 13 号《油漆中使用白铅公约》，1971 年通过了第 136 号《防苯中毒危害公约》，1977 年又通过了第 148 号《保护工人以防工作环境中因空气污染、噪声和振动引起职业危害公约》。

（三）就业与人力资源开发公约和建议书

1. 关于就业政策的公约和建议书。有关就业政策最重要的标准是 1964 年的第 122 号《就业政策公约》和第 122 号《就业政策建议书》。公约明确规定："应宣布并实行一项积极政策，旨在促进充分的生产性的和自由选择的就业。"这项政策应以保证下列各项就业为目的：为一切有能力工作并寻求工作的人提供工作；此项工作应尽可能是生产性的；有选择职业的自由，每个工人有资格享受最充分可能发挥其技能与才能的机会，获得最适合的工作。公约中规定就业政策应适当考虑经济发展的阶段和水平，以及就业目标同其他经济和社会目标之间的相互关系，并应实行适合国家条件的实际情况的方法。同时，还规定了为达到上述目标所制定的措施，以及实施这些措施应采取的必要步骤。建议书对公约的一般原则做了具体而确切的补充规定。

2. 关于失业的公约和建议书。1919 年第 2 号《失业公约》和第 1 号建议书中主张政府应免费设立职业介绍所帮助失业者，对于失业者应予失业保险，并建议国家在大量工人失业的情况下，应尽可能地组织公共工程。以后又陆续制定了一些公约和建议书，提出了减少失业的具体措施和建议。

3. 关于职业介绍所的公约和建议书。1949 年的第 96 号《收费职业介绍所公约》中规定，要逐步取缔以谋生为目的的收费职业介绍所，并管理其他职业介绍所，或者管理所有的职业介绍所。1919 年的第 2 号公约提出应设置公立免费的职业介绍所。

4. 关于人力资源开发的公约和建议书。人力资源开发是国际劳工组织非常重视的问题，其技术合作资金中的 2/3 以上用于人力资源开发。国际劳工组织制定了许多关于学徒、职业指导和培训方面的一些标准。许多公约和建议书还详细列出了人力资源开发的实施政策和计划办法。

（四）劳动管理、产业关系和工资的公约和建议书

1. 关于劳动管理的公约和建议书。国际劳工组织制定并通过的有关劳动管理方面的标准，目的是为各会员国建立和发展劳动管理体制，改进劳动检查提供依据。在劳动管理方面的标准主要包括劳动监察、劳工行政、劳动统计、劳工标准的三方协商等方面的公约和建议书。如 1926 年的《对海员工作条件一般原则建议书》，1937 年第 54 号《建筑业监察建议书》，1947 年第 81 号《工商业劳工监察公约》等，都在劳动管理方面提出了许多国际劳工标准。

2. 关于产业关系的公约和建议书。国际劳工组织的成立宗旨之一就是加强政府、雇主和工人的三方合作，调节政府、雇主和工人之间的关系。国际劳工组织成立以来，制定了各种劳资关系问题的国际标准。如结社自由方面的公约和建议书；集体协议和集体谈判方面的公约和建议书；调解和仲裁方面的公约和建议书；企业一级的合作的建议书；产业一级和国家一级的协商的建议书；雇主提出终止雇佣的公约和建议书；企业内沟通和对冤屈的审查的公约和建议书等。

3. 关于工资的公约和建议书。这方面的公约主要是确定最低工资方面的公约。如 1928 年第 26 号《确定最低工资办法的制订公约》和第 30 号《实施最低工资确定办法建议书》。公约规定，凡批准本公约的会员国应承允制订或维持一种办法，以便为那些无从用集体协议或其他办法得到工资保障的工人确定最低工资。公约还规定应实行一种监督或制裁的办法，以保证有关的雇主与工人明了现行最低工资率。建议书还补充了有关确定最低工资的一般原则。以后又制定了一些公约和建议书，将实施最低工资的办法推广到工资水平特别低的发展中国家去。

（五）社会保障的公约和建议书

关于社会保障的专门性公约和建议书有50多个。其中1952年制定的第102号《社会保障最低标准公约》是一个基本标准。它确立了社会保障作为一种普遍制度的原则。其中包括得到普遍承认的9个方面：医疗保健、疾病补助、失业补助、老年补助、工伤补助、家庭补助、生育补助、残病补助和遗属抚恤金。国际劳工组织定期审查、更新和补充其社会保障标准。国际劳工组织还专门为移民工人规定了同等待遇。规定了移民工人和本国工人在社会保障制度的9个方面享有平等的待遇。

五、国际劳动法的实施与监督

（一）会员国对国际劳动法应承担的义务

国际劳工组织的章程对每个会员国都有约束力，而且会员国对国际劳工组织要承担一定的义务。会员国对公约和建议书承担不同的义务。会员国如果批准了某一公约，该公约即对批准国产生约束力。对未批准公约的会员国则没有约束力，但必须根据国际劳工组织章程规定在一定时期内向劳工局提交报告，说明该国为什么没有批准该公约。建议书对会员国没有约束力，它不要求会员国批准，只供各会员国制定本国法律时作为参考，同时也应在一定时期向劳工局提交报告。会员国对国际劳动法应承担的义务包括三个方面：

1. 向主管机关提交公约和建议书的义务。在国际劳工大会通过某一公约或建议书之后，各会员国应保证在大会闭幕后1年内将公约或建议书提交主管机关。最迟不得迟于大会闭幕后18个月。各会员国应将公约或建议书提交主管机关的情况及采取的措施通知国际劳工局长。

2. 公约的批准及相关义务。会员国都有通过批准某一公约而承担对它的实施的国际义务。会员国政府应把公约提交本国立法机关，以便本国立法机关作出适当的决定，即批准或不批准某一公约。如果会员国立法机关批准某一公约，会员国应将正式批准书通知国际劳工局长。

凡批准某公约的会员国，在公约生效后应保证采取必要的行动使该公约的各项条款在本国生效。其实施方法根据各国情况有所不同。实施已批准的公约的义务，旨在保证工人在劳动中享有最低的标准，但无论如何不得损害工人在该国享受已有的高于公约规定的任何优越条件。

实施已批准公约的义务还包括每个会员国向国际劳工局提出年度报告，说明采取什么措施实施其批准的公约规定。从1977年起，要求每个会员国每4

年作一次详细的报告，对于一些涉及人权等重要公约要求每2年作一次报告，报告还应抄送本国有代表性的雇主组织和工人组织。

3. 对未批准的公约和建议书提供报告的义务。会员国对未批准的公约和建议书不承担实质性的义务，但根据国际劳工组织章程规定，仍有义务根据劳工局理事会的要求，每隔适当时期对未批准的公约和建议书向劳工局长提交报告。报告的内容包括该会员国与公约所订事项有关的法律及实际情况，说明通过立法、行政措施、集体合同或其他方法使公约的任何条款得到实施或打算付诸实施的程度，并申述有何困难阻碍或推迟该公约的批准。对建议书的报告内容包括该国与建议书所订事项有关的法律及实际情况，说明建议书各项条款已经实施或打算付诸实施的程度，以及在采纳或实施此种规定方面已发现或可能发现有必要进行的修改。各国政府需将公约和报告书的副本抄送本国有代表性的雇主组织和工人组织。

（二）一般的监督体制

1. 经常性监督。国际劳工组织除了对有关基本人权的公约进行特殊监督外，有权对已批准某项公约的会员国进行经常性监督。在劳工组织成立初期，会员国定期向劳工局提交公约的执行情况报告，劳工局再综合上报劳工大会。1926年国际劳工组织成立了两个专门监督机构，即公约和建议书实施专家委员会和国际劳工大会的公约和建议书实施委员会，对会员国执行公约情况进行具体研究和处理。

2. 控诉与申诉。根据《国际劳工组织章程》第26条至第34条规定，控诉是国际劳工组织最正式的监督程序。如一会员国认为任何其他会员国未曾切实遵守双方均已批准的公约时，有权向国际劳工局提出控诉。国际劳工局理事会也可自行或在收到某一代表（政府、雇主和工人）的控诉时，采取上述程序。理事会收到某一控诉时，可任命一个调查委员会来审议该项控诉案。各会员国应提供有关材料。调查委员会审议后提出报告，其中包括该委员会对与各方争执有关的一切事实问题的裁决，关于处理该案应采取的步骤，以及采取这些步骤的期限的建议。各有关政府应在3个月内通知国际劳工局长，表明是否接受该委员会报告中的建议；如不接受，是否拟将该案提交国际法庭。任何会员国如在指定时间内不执行调查委员会报告中的建议或国际法庭的裁决，理事会可提请大会采取其认为明智和适宜的行动，以保证上述建议得到履行。

申诉是国际劳工组织另一种类型的监督程序。雇主或工人的产业团体，可以就某一会员国在其权限范围内在任何一方面未曾切实遵守其所批准的任何公约一事，向国际劳工局提出申诉。国际劳工局理事会将此项申诉送交被诉国政府，请该国政府就申诉作出声明。如果理事会在适当时期内未接到声明，或接到声明后认为不满意，理事会有权公布申诉和公布答复申诉的声明，要求有关政府采取进一步的行动或澄清。

（三）关于基本人权方面的特殊监督体制

对基本人权的监督，国际劳工组织有一套特殊的监督体制。劳工局列出了19个关于基本人权公约，主要包括结社自由、废除强迫劳动、就业机会与待遇平等等。对这些公约不管会员国是否批准，都必须承担义务，接受检查和监督。在审议控诉案的过程中，除少数情节简单性质又不严重的控诉案可以一次审议结案外，一般的审议要拖延2~4次理事会的会议。在审议的各个阶段，均可采取直接接触的方法，在得到有关国家的邀请或至少是同意的情况下，由劳工局长派遣一名代表，与有关政府进行接触，全面了解情况，寻求解决的办法。对于一些重大案件，移交给实地调查和调解委员会解决，原则上经有关政府同意。如果有关国家政府拒绝将案件移交实地调查和调解委员会，或在4个月内不作答复的情况下，委员会应向理事会建议采取“其他适当行动”。

六、国际劳动立法的作用与不足

（一）国际劳动立法的作用

国际劳动立法是劳动法的国际化，它是在国家之间订立的大家共同遵守的调整劳动关系以及其他与之相关的社会关系的准则。国际劳动法的产生、发展，与各国国内劳动法律制度有着密切的联系，各国国内劳动法是国际劳动法的基础，国际劳动法对各国国内劳动法又有重大的影响，两者在对立统一中相互协调、相互促进。国际劳动立法对于推动和巩固各国劳动立法，提供各国立法标准，保护劳动者基本的劳动权利，增进社会共同福利，维护社会公正具有重要的意义。国际劳动法的作用主要体现在以下几个方面：

1. 促进各国国内劳动立法的发展。国际劳工组织成立以来，制定了大量的国际劳动公约和建议书，形成了相当完备的国际劳动法体系，对于各国制定国内劳动法起着指导作用。国际劳工组织把国际劳动公约和建议书统称为国际劳工标准。国际劳工标准几乎已经成为所有发达国家劳动立法的主要依据，也越来越成为大多数发展中国家制定国内劳动法的重要依据。虽然有的国际劳动公约和建议书没有被缔约国批准，但同样对缔约国的国内劳动立法有着重要的影响。

现行的主要的国际劳工标准是在世界上几乎所有国家的政府、雇主和工人代表共同参加的国际劳工大会上讨论通过的，被视为国际公认的劳动标准。这些国际劳动标准已经成为各国国内劳动立法的推动力量和重要依据，容易为大多数国家的政府、雇主和工人三方共同接受。

在国际劳动公约和建议书的制定过程中，由于经过反复讨论和修改，使各会员国政府、雇主和工人更加理解国际劳动立法的基本精神和内容，从而为加强各国国内的劳动立法工作创造了有利的条件。建议书虽然不具有公约的法律效力，不需要经过会员国批准，但由于其内容比较具体，因而对各会员国的劳动立法技术和立法内容具有重要的参考价值。

2. 保障劳动者的权利，维护社会公正。国际劳动立法对各国劳动法的制定和完善具有积极的促进作用，它对改善各国工人的劳动状况和保障各国工人的劳动权利，也产生了一定的积极影响。

国际劳动立法从各个方面对劳动者的劳动权利提供了保护，从最基本的结社自由权、集体谈判权、禁止歧视、禁止雇佣童工，到详细规定了工人的一般工作条件、休息休假等制度。国际劳动公约规定了工人的基本人权和基本待遇，这些对于改善各国工人的工作状况和提高其民主权利具有重大的贡献。国际劳动公约对于保护工人的劳动权利规定了各种救济措施，规范了各国政府的责任，从行政措施、立法政策、司法救济、国际申诉等各个方面切实保障公约的贯彻。

加强对劳动者这一弱势群体的保护，对于促进社会公正也具有重要的意义。人道主义思想和社会公正思想是推动国际劳动立法的理论基础。只有劳动者的合法权利得到切实的保护，社会才能真正进步。应当让劳动者拥有更多的民主权利，更平等的就业机会，不断改善劳动者的劳动条件，只有这样，才能实现社会真正的公正。

3. 促进国际贸易的发展。在资本主义初期，国际贸易发展实际上不利于劳动待遇的改善，往往导致各国降低劳动标准，以增强国际贸易竞争力，最终使劳工状况不断恶化。由于国内劳动立法会使本国经济在国际竞争中处于不利地位，因而需要国际协调来促进各国在平等的条件下参与国际竞争。

随着国际贸易自由化和全球经济一体化的推进，国际劳工标准问题在国际贸易中成为不同利益集团斗争的焦点。发达国家不时援引公平贸易与劳动力倾销等理论，要求在国际贸易中所有国家共同制定统一的国际劳工标准，在国际贸易中，通过推动实施国际劳工标准，防止不公平的贸易竞争。发展中国家对于发达国家的主张，普遍持反对态度，反对发达国家制定统一的国际劳工标准。争论的结果是发达国家和发展中国家各自作出了一定的让步，在避免贸易保护主义的条件下，发达国家和发展中国家承认基本国际劳工标准，从而在国际贸易中达成妥协。

第二次世界大战后，劳动法领域出现了迅速国际化、普遍化和统一化的趋势。自1919年国际劳工组织成立后，先后制定了大量的国际劳工公约和建议书，并大大促进了各国劳动立法的发展。今天，国际劳工组织的国际劳动标准在实现劳动者的劳动权、提高劳动标准、促进国际贸易的公平竞争方面起了重要作用。国际劳工组织制定的国际劳工标准超越了国家的利害关系，其带有普遍性特征为世界各国所认同。

（二）国际劳动立法的不足

国际劳动立法从发展趋势上看，符合社会发展的潮流。但是，在国际劳动立法的发展中，仍然存在着一些不足。

1. 国际劳动立法难以获得会员国的普遍采纳。国际劳动立法的根本作用是制定统一的最低的劳动标准。但是，由于国际劳工组织的各个会员国间的经济和社会发展存在着很大的差异，国际劳工标准很难为大多数会员国接受。对于发达国家来说，国际劳工标准制定得过低；而对于大多数发展中国家来说，国际劳工标准制定得过高，往往难以实现。这种矛盾在当前尤为突出。

2. 国际劳工标准难以获得会员国的普遍批准。国际劳工标准是否会对会员国的国内劳动立法产生实际的影响，完全取决于会员国政府的态度。在现今国际劳工组织制定的公约中，只有少数的几个公约被会员国批准。如果会员国对公约没有批准，则该公约对会员国只具有一定的指导意义，而不产生法律效力。由于有的会员国认为公约的内容不符合本国的国情，本国难以实施；有的会员国担心无法实现公约而承担违反公约的责任等原因，各会员国对于是否批准公约，都持谨慎的态度。国际劳工标准很难获得大多数会员国的普遍批准执行。

3. 国际劳动立法的政治色彩越来越浓。国际劳动公约和建议书本来是想通过统一的最低劳动标准，使会员国的劳动立法标准不低于国际最低标准，以避免因为国际贸易竞争而使保护工人的国内劳动立法无法实施。但是，由于大多数会员国处于不同的经济发展阶段，各国的工业化程度和生活水平相差很大，有些工业发达国家能够保持很高的劳动标准，而有些发展中国家经济技术非常落后，难以实施国际劳动标准。这种处境在国际劳工组织成立的初期就已经遇到，在目前许多发展中国家大量加入国际劳工组织后，这个问题更加突出。

在国际劳工组织内部，存在着发达国家与发展中国家的尖锐分歧，大多数发展中国家强烈要求制定符合发展中国家具体国情和切实利益的国际劳工标准，反对发达国家利用统一的国际劳动立法来阻碍国际自由贸易，剥夺发展中国家比较优势和发展机会，干涉别国内政的行为。发展中国家迫切主张改革国际劳动立法，实现国际劳工标准的多元化。发达国家则利用其在国际劳工组织中形成的历史优势，以人权、社会公正等口号为借口，无视各国不同的经济条件、社会制度和文化传统，企图把统一的国际劳工标准强加于人，干涉他国内政。不同的利益集团在国际劳工组织内部对于国际劳工标准采取不同的政策和立场，双方不断地斗争、妥协，使得在国际劳工标准问题上的政治色彩越来越浓，违背了国际劳工组织建立的初衷和国际合作精神。

七、国际劳工组织

（一）国际劳工组织的产生

国际劳工组织是在第一次世界大战结束后的1919年建立的。它是根据“凡尔赛和约”作为国际联盟的附属机构而成立的。当时的创始国包括中国在内共29个国家。国际劳工组织是当今世界上历史最悠久、规模最大的国际组织之一。从第二次世界大战结束后，国际劳工组织成为联合国的专门机构之一。国际劳工组织章程规定，该组织的宗旨是“促进充分就业和提高生活水平，促进劳资双方合作，扩大社会保障措施，保护工人生活与健康”，主张通过劳工立法来改善劳工情况，“增进劳资双方共同福利”，进而“获得世界持久和平，建立社会正义”。

（二）国际劳工组织的组织机构

1. 国际劳工大会。国际劳工大会是国际劳工组织的最高权力机关。每年召开一次，一般情况下，每年6月在瑞士日内瓦举行。每个会员国的代表团由2名政府代表、1名雇主代表、1名工人代表和若干名顾问组成。大会的主要任务是：听取和讨论国际劳工局长的年度报告；制定国际劳工公约和建议书，审议各成员国执行公约的情况；讨论劳工领域中重大的带有普遍性的问题，并通过一些决议，为劳工组织的总政策和未来的活动提出指导方针。

2. 理事会。理事会是劳工组织的执行机构，每3年进行一次换届选举。理事会每年召开3次会议，为大会和其他重要会议确定议程，并就应该采取的后续行动作出决定。此外，理事会还指导劳工局的各项活动，选举任命劳工局长。理事会是一个三方性机构，由 56 名理事组成，其中包括 28 名政府理事、14 名雇主理事和 14 名工人理事。

3. 国际劳工局。劳工局是国际劳工组织的常设秘书处，也是大会、理事会的秘书处。它负责为大会和其他会议起草文件和报告；征聘和指导在全世界进行技术合作的专家；发行各种刊物；与各成员国劳工部、雇主和工会团体进行密切合作。因此，劳工局也是一个行政机构。

（三）国际劳工组织的主要活动

国际劳工组织的主要活动有两项，即制定国际劳动法和开展技术合作。在该组织成立初期，主要是负责制定公约和建议书，收集、散发有关劳工领域内的情报，并对其进行分析研究，为制定劳工标准提供依据，并为成员国制定本国法律提供咨询服务。

八、我国与国际劳工组织的关系

1919 年在巴黎和会上，北洋政府的代表在《对奥和约》上签字，成为国际联盟的创始会员国，因而也就成了国际劳工组织的创始成员国。从 1944 年开始，中国成为国际劳工组织的常任理事国。

中华人民共和国成立之前，从 1930 年起国民党政府先后批准了《确定准许儿童在海上工作的最低年龄公约》、《工业企业中实行每周休息公约》、《本国工人与外国工人关于事故赔偿的同等待遇公约》、《制订最低工资确定办法公约》、《各种矿场井下劳动使用妇女公约》等 14 个国际劳工公约。1949 年新中国成立后，在一段时间里，台湾当局继续窃据中国在国际劳工组织的席位，并盗用中国政府的名义非法批准了 23 个国际劳工公约。上述公约虽在形式上得到了国民党政府或台湾当局的批准，但由于种种原因，在实际上都没有得以真正实施。

1971 年，联合国大会通过决议恢复我国的合法席位，国际劳工组织随后也决定恢复我国在该组织的合法席位。1983 年 6 月，我国代表团第一次出席第 69 届国际劳工大会，从此正式恢复了在该组织的活动。这次大会以后，我国有关主管部门对旧中国批准的 14 个公约进行了审查，并于 1984 年 5 月经国务院决定予以承认，同时宣布新中国成立后台湾当局用中国名义批准的 23 个公约无效。

我国在正式恢复参加国际劳工组织的活动后，又陆续批准了几个国际劳工公约，它们是：1987年批准的《残疾人职业康复和就业公约》、1990年批准的《男女工人同工同酬公约》和《三方协商以促使实施国际劳工标准公约》、1994年批准的《关于安全使用化学品公约》。

九、国际劳工标准问题

随着我国加入世界贸易组织（WTO），我国的劳动关系和劳资冲突问题也必将成为国际劳工问题的一部分。如何按照国际劳工标准的要求，加强我国的劳动法制建设，使我国的劳动法制环境与国际劳工标准接轨，从而妥善处理好我国的劳动关系，将是社会各界共同关注的问题。

（一）世界贸易组织成员国劳动关系规则——社会条款或劳工标准问题

社会条款，即所谓有关社会权利的条款，其内容主要包括劳工权利、环境保护、人权等，其中劳工权利是其基本的核心内容，或者说，社会条款问题主要是劳工标准问题。工人权利又称劳工权利和劳工权益，是指法律所规定的处于现代劳动关系中的劳动者，在履行劳动义务的同时所享有的与劳动有关的社会权益，它是以劳动权利为核心，以经济权利为基础，同时还应包括与劳动有关的政治权利及其他社会权利。而社会条款之所以成为问题，是因为提出者的意图在于要求将社会条款与国际贸易直接挂钩，即凡是违反社会条款者可以予以经济制裁。

国际劳工标准，又称国际劳动标准，一般是指国际劳工大会通过的公约和建议书，以及其他达成国际协议的具有完备系统的关于处理劳动关系和与之相关的一些关系的原则、规则。国际劳工公约的核心和宗旨是确立和保障世界范围内的劳工权利。劳工标准之所以在世界贸易组织成员中成为热点问题，是由于发达国家企图将劳工标准与国际贸易直接挂钩，对违反国际劳工标准者予以经济制裁；而发展中国家则认为，这是发达国家实行贸易保护和非关税壁垒的工具，因而坚决反对。这种矛盾在1999年西雅图会议上表现得最为充分，导致会议无果而终。

社会条款中所涉及的劳工标准，是指所谓“核心劳工标准”或称“工人的基本权利”，这一概念是1995年召开的社会发展问题世界首脑会议首先提出的。1998年国际劳工大会通过的《基本劳工权利原则宣言》将其明确地规定为4个方面的权利，即结社自由并有效承认集体谈判权利、消除一切形式的强迫劳动、有效废除童工、消除就业歧视。这4项基本劳工权利，主要体现在以下8项《国际劳工公约》中：（1）《1948年结社自由与保护组织权公约》

（第 87 号公约）；（2）《1949 年组织权与集体谈判权公约》（第 98 号公约）；（3）《1930 年强迫劳动公约》（第 29 号公约）；（4）《1957 年废除强迫劳动公约》（第 105 号公约）；（5）《1951 年男女工人同工同酬公约》（第 100 号公约）；（6）《1958 年就业与职业歧视公约》（第 111 号公约）；（7）《1973 年最低就业年龄公约》（第 138 号公约）；（8）《1999 年禁止最恶劣形式童工劳动公约》（第 182 号公约）。

根据国际劳工组织《基本劳工权利原则宣言》规定："即使尚未批准的有关公约，仅从作为劳工组织成员这一实际出发，所有成员国都有义务真诚地并根据《章程》要求，尊重、促进和实现关于作为公约之主题的基本权利的各项原则。"但是，国际劳工标准作为世界贸易组织成员国处理劳资关系的行为规则，在国际劳工组织成员国之间表现为一般国际法，这些规则的约束力只有在批准国按照本国的法律制度和惯例，采取执行公约的必要措施后，才在该国具有直接的法律效力。这种必要措施，可以采取国内立法的形式，也可以直接执行被批准的国际劳工公约，还可以依习惯法默视国际劳工公约对于国内法的约束力。

（二）我国劳动法制对国际劳工公约的认同与接轨

尽管发达国家和国际劳工组织要求将社会条款与国际贸易挂钩的出发点是不一样的，发达国家是想通过社会条款来实现贸易保护，而国际劳工组织则希望通过将两者挂钩来维护劳工利益。但是，由于在直接的要求上两者是一致的，所以双方必然形成互相援引和支持的局面。这就迫使我国在加入世界贸易组织以后要正确看待国际劳工标准问题。我国作为国际劳工组织成员，不仅有责任和义务遵守和实现国际劳工公约规定的劳工基本权利的各项原则，而且应该在条件合适的情况下，扩大国际劳工公约特别是核心公约的批准范围。为此，我国政府已经签署了《经济、社会及文化权利国际公约》和《公民权利和政治权利国际公约》。承认这两个国际人权公约，实际上就是承认目前国际劳工组织提出的核心劳工公约，因为这两个国际人权公约已经包括了核心劳工公约的基本内容。但是，从整个国际劳工组织的法律体系来看，到目前为止，我国共批准了 22 个国际劳工公约（包括承认旧中国政府批准的 14 个），仅占全部 128 个国际劳工公约的 17%，不及各会员国平均批准数目的 1/3。这种状况，与我国作为国际劳工组织创始国和社会主义的工人阶级大国的地位和作用很不适应。加入世界贸易组织以后，这一工作显得日益紧迫。从目前我国劳动关系状况来看，随着社会主义市场经济体制的建立，劳动关系矛盾日益增多，劳工权益受侵犯的现象时有发生，迫切需要加强和完善劳工标准立法；从我国劳动立法的进展来看，以《劳动法》及与之配套的法律法规为标志，我国已初步形成了以市场价值为基本取向的劳动法律体系，除了自由结社和强迫劳动问题与国际社会存在一定的分歧外，在其他内容上与国际社会的要求并无大的差别，有些标准如工作时间，甚至超过了一般的国际标准。因此，我国目前已经基本具备批准核心劳工公约的法律环境。

思考题

1. 资本主义国家劳动法的产生和发展经过了哪几个阶段？
2. 国际劳动立法的主要形式是什么？
3. 国际劳动法的监督包括哪些主要内容？
4. 国际劳动立法的作用是什么？
5. 国际劳工组织的组织机构有哪些？

第三章 劳动就业

第一节 劳动就业概述

一、劳动就业的概念和特征

（一）劳动就业的概念

劳动就业是指具有劳动权利能力和劳动行为能力并且有劳动愿望的劳动者，获得有劳动报酬或者经营收入的职业。劳动就业的实质是达到就业年龄的劳动者实现同生产资料的结合形成社会生产力。

（二）劳动就业的特征

劳动法上所指的劳动就业具有以下特征：

1. 劳动者必须有从事劳动就业的资格。劳动者必须在法定劳动年龄内，才能从事劳动。同时，劳动者从事特定的劳动还必须具有一定的从业资格。这是劳动者取得劳动权利能力和劳动行为能力的基本条件。如果其不具有劳动权利能力和劳动行为能力，即使其从事有一定报酬的活动，也不得被称为劳动就业。

2. 劳动者本人要有进行劳动的愿望。国家的劳动就业政策是出于保护劳动者的就业权而制定的。如果劳动者根本不想就业，那么国家也就没有必要去保障其劳动权利。因此没有劳动愿望的劳动者不在劳动法调整的范围之内。劳动者办理失业登记或者求职登记，就是劳动者有劳动愿望的体现。

3. 劳动者从事的劳动必须是有报酬、有收入的劳动。如果劳动者与生产资料进行了某种程度的结合，并创造出了物质财富，但是其从事的劳动没有获得报酬，这种情况也不属于劳动就业。这就把义务劳动排除在劳动就业的范围之外。

4. 劳动者从事的是合法劳动。劳动者必须从事符合法律、行政法规规定的劳动和符合社会公共利益的劳动，才属于劳动就业。凡是从事不合法的劳动和损害社会公共利益的劳动，不能视为就业。

劳动者从事的劳动，只有符合上述特征，才能视为劳动法上的就业，才能享有因就业而产生的其他一系列权利。

劳动就业是劳动者最关心、最直接、最现实的利益问题之一，是构建和谐社会的前提和基础。我国劳动力供大于求格局将长期存在，就业结构性矛盾突出，统筹城乡就业、解决新成长劳动力和下岗失业人员就业任务艰巨，使得就业形势严峻、就业压力巨大。为了将劳动就业工作纳入法制化轨道，依法保障劳动者的公平劳动就业权，2007 年 8 月 30 日经第十届全国人大常委会第二十九次会议表决通过了《中华人民共和国就业促进法》（以下简称《就业促进法》），自 2008 年 1 月 1 日起施行。《就业促进法》是一部促进就业，发展和谐劳动关系，推动经济发展同扩大就业良性互动，实现社会和谐稳定的重要法律，对促进就业的各个方面作出了明确而具体的规定，为解决就业问题提供了积极有力的法律保障。

二、劳动就业人员的范围

根据国际劳工组织规定的通用就业标准，凡是在规定年龄以上，具有下列情况的都可以作为就业人员：（1）正在工作中的人。即在规定的时期内，正在从事有报酬或经营收入的工作人员。（2）有职业但是临时没有工作的人。例如，由于疾病、事故、劳动争议、休假、旷工或因气候不良、机器故障等原因而临时停工的人员。（3）雇主和个体经营者，或正在家庭经营企业或农场劳动或经营其他手工业、商业等不领取报酬的家庭成员，在规定的时期内，从事其工作的时间为正常工作时间的 1/3 以上者。在我国，凡年满 16 周岁以上的公民，从事有劳动报酬或经营收入的职业，都属于就业。

劳动就业的范围，一般只包括在国民经济各部门从事劳动的劳动者。在校学生利用业余时间勤工助学、已经达到离退休年龄的劳动者继续在原单位被续聘、返聘、用人单位聘用离退休的劳动者，不视为劳动就业。

三、失业

失业，我国在计划经济时期又称待业，是一个与就业对称的概念。它是指在法定劳动年龄范围内并且有劳动能力和就业愿望的公民未能实现就业的状态。失业作为一个法律概念，具有下述特征：

1. 失业者仅限于依据有关法律、法规和政策应当保证其就业的公民。不满或超过法定劳动年龄者、完全丧失劳动能力者和无就业愿望者，以及在校学生、现役军人和其他依法无需保障其就业的人员，均不存在失业问题。

2. 失业必须是处于未获得就业岗位的状态。既包括从未获得就业岗位，也包括失去原有就业岗位后未获得新就业岗位。已有就业岗位确因故暂时未能在岗劳动的状态则不属于失业；但是，虽有就业岗位，却在较长时间只能得到非全日工作从而未能领取全额劳动报酬的，也应视为失业。

3. 失业的表现形式仅以显性失业为限。经济学意义上的隐蔽性失业不包括在内。在我国，失业人员仅指城镇中的非农业人员，不包括农村人口。

国际劳工组织在1988年的《促进就业和保护失业公约》中把失业划分为全失业和半失业两种。全失业是指凡能够工作、可以工作并确实在寻找工作的劳动者不能得到适当职业而没有收入的状态。全失业必须具备如下条件：（1）劳动者必须能够工作并且愿意工作。（2）正在寻找工作并为寻找工作尽到了努力。寻找工作是指通过合适的途径得到就业信息并前去应召而遭到拒绝，或者在得到的全部就业信息中就没有适合自己条件的工作。（3）不能得到适当的职业而没有收入。对于适当的职业应做广义解释，即对社会有益的自己能够得到适当报酬的工作。半失业是指因暂时停工引起临时解雇而使收入中止，尤其是由于经济、技术结构和类似性质的原因中止收入而没有中断就业关系的状态。如果一个社会中半失业情况存在比较普遍，则说明社会劳动力配置处于不合理的状态。自从现代国家产生以后，失业问题就是整个经济生活中不可避免要存在的一个现象。特别是我国正处于经济转轨时期，失业问题已成为日益严重的社会问题之一。

在市场经济条件下，竞争机制使失业成为必然。劳动力市场是市场经济体系中非常重要的一个要素市场。市场经济条件下的劳动力市场要求劳动力能在市场中流动，并有合理的劳动力资源配置；要求劳动力从各方面来考虑工作的选择。市场必然意味着竞争，劳动者必然会面临被淘汰的危险。因此，失业是社会化大生产和市场经济的必然规律，它的出现是不可回避的事实。

尽管从总体上看，我国公开的失业率与其他经济发达国家相比一直处于较低的水平上，失业似乎并不构成一个严重的社会问题，然而，事实上人们感受到的却是失业的严重、就业的压力。这是由于：一是我国的公开失业率具有统计上的局限性。多年来，政府有关部门的城镇失业率统计，不能反映全社会劳动力的失业水平，因为这一统计仅限于城镇地区，而未涉及农村地区。二是城市内隐蔽性失业的问题被掩盖了。我国城市经济部门中存在着非公开失业，这种非公开失业的主要形式，就是企事业单位中充斥着大量冗员。在改革开放以前，我国的计划经济并非没有失业，只不过由于种种原因使得大量的失业以一种隐蔽的状态存在，以往所实行的就业机制，并未实现真正意义上的劳动力充分就业，恰恰相反，它阻碍了劳动力资源的最优配置。从某种意义上说，我国今天庞大的失业和半失业队伍，正是过去的就业政策和人口政策的偏差长期积淀而成的。随着经济增长和技术进步，社会各产业对非技术劳动者需求的降低，将是不可避免的趋势。

当前，我国国有企业出现大量的职工“下岗”现象。国有企业下岗职工是指实行劳动合同制以前参加工作的国有企业的正式职工（不含从农村招收的临时合同工）以及实行劳动合同制以后参加工作且合同制未满的合同制职工中，因企业生产经营等原因而下岗（无工作岗位），但尚未与企业解除劳动关系，没有在社会上找到工作的人员。虽然“下岗”与失业还不能等同起来，但“下岗”很容易转化成失业。下岗是在国有企业改革过程中出现的一种不可避免的现象，但如果不加以妥善解决，就会影响职工生活，阻碍经济体制改革和市场经济健康发展。为此，党和政府对就业问题高度重视，采取了积极措施，依靠社会各方面的力量，关心和安排好下岗职工的生活，搞好职业培训，拓宽就业门路，推进再就业工程。同时，广大职工也要转变就业观念，提高自身素质，努力适应改革和发展的新要求。

四、我国劳动就业方针

国家为了保障劳动者的劳动权，积极采取各种有效措施促进就业。促进就业是国家的重要职责。在新中国成立初期，针对旧社会遗留下来的严重失业问题，国家提出了“政府介绍就业和群众自行就业相结合”的方针，为解决旧社会遗留下来的失业问题发挥了积极作用。在“文革”期间，劳动就业问题再一次日趋尖锐，失业又成为严重的社会问题。党的十一届三中全会以后，国家实行改革开放的政策，针对新形势下的失业问题，国家制定了“三结合”的就业方针，即在国家统筹规划和指导下，实行劳动部门介绍就业、自愿组织起来就业和自谋职业相结合的就业方针。“三结合”就业方针是适应以公有制为主体、多种所有制经济共同发展需要而产生的，因而它为解决我国失业问题作出了巨大的贡献。

在市场经济条件下，国家把扩大就业放在经济社会发展的突出位置，实施积极的就业政策，坚持劳动者自主择业、市场调节就业、政府促进就业的方针，多渠道扩大就业。自主就业是指劳动者进入劳动力市场，通过各种渠道自谋职业。在劳动力市场上，劳动者是劳动就业的主体，有《宪法》、《劳动法》和《就业促进法》赋予的平等就业和自主择业的权利。国家倡导劳动者树立正确的择业观念，提高就业能力和创业能力，鼓励劳动者自主创业、自谋职业。市场调节就业是指通过培育与发展劳动力市场，以市场为配置劳动力资源的基础性调节手段，实现劳动者与用人单位的双向选择。政府促进就业是指政府通过发展经济和调整产业结构、规范人力资源市场、完善就业服务、加强职业教育和培训、提供就业援助等措施，创造就业条件，扩大就业。政府促进就业不仅符合市场经济的要求和通常的国际惯例，也符合我国批准和执行的国际劳工组织《就业政策公约》的精神。

五、国家在促进劳动就业方面的职责

促进劳动就业是指国家为了保障公民实现劳动权，自主地从事各种有报酬或经营收入的劳动而采取相应措施的行为。劳动就业权是宪法赋予公民的一项基本权利，《劳动法》专章规定了促进就业，《就业促进法》在保障劳动者的就业权方面作出了一系列具体的规定。就业问题关系到所有劳动者及其家庭的切身利益，促进就业和治理失业是政府的重要职责，这不仅是国际社会的共识，也是世界各国政府执政的重要目标，在我国，更是各级政府执政为民的重要体现。《就业促进法》对政府在促进就业中的职责作出了明确规定，包括八个方面：

（一）建立劳动就业工作目标责任制度

县级以上人民政府应当把扩大劳动就业作为经济和社会发展的重要目标，纳入国民经济和社会发展规划，并制定促进就业的中长期规划和年度工作计划。各级人民政府和有关部门应当建立促进就业的目标责任制。县级以上人民政府按照促进就业目标责任制的要求，对所属有关部门和下一级人民政府进行考核和监督。

（二）制定实施有利于就业的经济和社会政策

县级以上人民政府通过发展经济和调整产业结构，实行有利于促进就业的产业政策、投资政策、财政政策、税收优惠政策、金融政策、城乡统筹、区域统筹和群体统筹的就业政策等，多渠道扩大就业、增加就业岗位。

（三）推进公平就业

各级人民政府依法保证劳动者享有平等就业和自主择业的权利，创造公平的就业环境，消除就业歧视。规定劳动者就业，不因民族、种族、性别、宗教信仰等不同而受歧视；残疾人、传染病病原携带者和进城就业的农民等群体享有与其他劳动者平等的劳动权利。用人单位招用人员、职业中介机构从事职业中介活动，应当向劳动者提供平等的就业机会和公平的就业条件，不得实施就业歧视。

（四）加强就业服务和管理

县级以上人民政府应当培育和完善统一开放、竞争有序的人力资源市场，促进劳动力供给与需求的有效匹配；建立健全公共就业服务体系，强化公共就业服务，为劳动者免费提供就业政策法规咨询、职业指导和职业介绍等服务；制定政策并采取措施，建立健全就业援助制度，对困难人员给予扶持和帮助。

（五）大力开展职业培训

国家依法发展职业教育，鼓励开展职业培训，并通过制定实施职业能力开发计划，鼓励和支持培训机构和用人单位开展就业前培训、在职培训、再就业培训、职业技能培训和创业培训，以及建立健全劳动预备制度和实行职业资格证书制度等措施，促进劳动者提高职业技能，增强就业能力和创业能力。

（六）建立健全失业保险制度

国家建立健全失业保险制度，依法确保失业人员的基本生活，并促进其实现就业；县级以上人民政府建立失业预警制度，对可能出现的较大规模的失业，实施预防、调节和控制。

（七）开展就业和失业调查统计工作

国家建立劳动力调查统计制度和就业登记、失业登记制度，开展劳动力资源和就业、失业状况调查统计，并公布调查统计结果，以加强就业的基础管理工作。

（八）发挥社会各方面促进就业的作用

各级人民政府和有关部门应当对在促进就业工作中作出显著成绩的单位和个人，给予表彰和奖励，发挥工会、共青团、妇联、残联、用人单位以及其他社会组织在促进就业工作中的作用。

六、劳动就业的原则

（一）公平就业的原则

《劳动法》第十二条规定：“劳动者就业，不因民族、种族、性别、宗教信仰不同而受歧视。”《劳动法》第十三条规定：“妇女享有与男子平等的就业权利。在录用职工时，除国家规定的不适合妇女的工种或者岗位外，不得以性别为由拒绝录用妇女或者提高对妇女的录用标准。”从上述规定可以看出，国家保障劳动者享受公平的就业权，任何用人单位不得以任何借口在就业方面歧视劳动者。同时，对于特殊群体（如妇女、残疾人等）的就业，国家要给予特别的保护，保障他们能够公平地实现就业权。贯彻公平就业原则，是发展社会主义市场经济的客观要求。

实行公平就业，反对就业歧视，保障劳动者的平等就业权利，既是促进就业工作的一项重要原则，也是社会关注的一个重要问题。为此，《就业促进法》规定，劳动者就业，不因民族、种族、性别、宗教信仰等不同而受歧视；规定残疾人、传染病病原携带者和进城就业的农村劳动者等群体享有与其他劳动者平等的劳动权利。要求用人单位招用人员、职业中介机构从事职业中介活动，应当向劳动者提供平等的就业机会和公平的就业条件，不得实施就业歧视。违反《就业促进法》规定实施就业歧视的，劳动者可以向人民法院提起诉讼。这些规定，将《劳动法》防止就业歧视的有关规定进一步具体化，为解决当前存在的就业歧视突出问题，提供了有力的法律保障。

为了保障公平就业原则的实现，《就业促进法》对公平就业做了具体规定：（1）各级人民政府创造公平就业的环境，消除就业歧视，制定政策并采取措施对就业困难人员给予扶持和援助。（2）用人单位招用人员、职业中介机构从事职业中介活动，应当向劳动者提供平等的就业机会和公平的就业条件，不得实施就业歧视。（3）国家保障妇女享有与男子平等的劳动权利。用人单位招用人员，除国家规定的不适合妇女的工种或者岗位外，不得以性别为由拒绝录用妇女或者提高对妇女的录用标准。用人单位录用女职工，不得在劳动合同中规定限制女职工结婚、生育的内容。（4）各民族劳动者享有平等的劳动权利。用人单位招用人员，应当依法对少数民族劳动者给予适当照顾。（5）国家保障残疾人的劳动权利。各级人民政府应当对残疾人就业统筹规划，为残疾人创造就业条件。用人单位招用人员，不得歧视残疾人。（6）用人单位招用人员，不得以是传染病病原携带者为由拒绝录用。但是，经医学鉴定传染病病原携带者在治愈前或者排除传染嫌疑前，不得从事法律、行政法规和国务院卫生行政部门规定禁止从事的易使传染病扩散的工作。（7）农村劳动者进城就业享有与城镇劳动者平等的劳动权利，不得对农村劳动者进城就业设置歧视性限制。

（二）相互选择的原则

相互选择的原则是指劳动者有根据个人主观愿望和自身条件，自由选择职业的权利，用人单位有权根据本单位的实际需要自主选择劳动者。在劳动力市场中，劳动者和用人单位的法律地位是平等的，劳动者有自由选择职业的权利，用人单位有选择劳动者的权利。相互选择的原则体现了劳动者的竞争式就业，它有利于提高劳动者整体素质，优化劳动力结构。随着社会主义市场经济的不断发展，劳动者和用人单位相互选择的范围和余地将会越来越大，以最大限度地满足劳动者的择业需要和用人单位的用工需求。

（三）照顾特殊群体人员就业的原则

特殊群体人员是指因某种原因致使在劳动就业方面存在一定困难的人员，包括妇女、残疾人、少数民族人员、退出现役的军人等。我国法律规定妇女在就业上享有同男子平等的权利。国家保护妇女的权利和利益，实行男女同工同酬。由于妇女的政治、经济、文化等方面的社会实际地位不能与男子平等，使妇女在就业方面存在一定的困难。针对妇女就业中存在的困难，国家颁布了一系列就业规定，对妇女的就业问题给予了高度的重视。如 1983 年 2 月，劳动人事部发布的《关于招工考核择优录用的暂行规定》，1986 年 7 月，国务院颁发的《国营企业招用工人暂行规定》，1983 年 7 月，国务院颁发的《女职工劳动保护规定》等，都对妇女的劳动就业给予了特殊的保护。对残疾人和退出现役的军人就业，我国制定的《残疾人保障法》、《兵役法》等法律法规做了具体的规定。《就业促进法》规定了就业援助制度，对就业困难人员实行就业援助。

（四）禁止未满 16 周岁的未成年人就业的原则

我国《劳动法》第十五条规定："禁止用人单位招用未满 16 周岁的未成年人。文艺、体育和特种工艺单位招用未满 16 周岁的未成年人，必须依照国家有关规定，履行审批手续，并保障其接受义务教育的权利。"按照我国《劳动法》规定，我国公民就业的最低年龄为 16 周岁，用人单位不得招用未满 16 周岁的未成年人、招用未满 16 周岁的未成年人就业，严重影响了少年儿童的人身安全和身体健康。1991 年全国人大通过的《中华人民共和国未成年人保护法》第二十八条明确规定："任何组织和个人不得招用未满 16 周岁的未成年人，国家另有规定的除外。"1991 年 4 月和 2002 年 9 月，国务院两次颁发了《禁止使用童工规定》，对禁止用人单位使用童工做了具体规定。贯彻禁止未满 16 周岁的未成年人就业的原则，对于保护未成年人的身心健康，促使他们在德、智、体各方面健康成长，保证少年、儿童接受规定的义务教育具有重要意义。

七、特殊群体人员劳动就业的有关规定

我国《劳动法》第十四条规定："残疾人、少数民族人员、退出现役的军人的就业，法律、法规有特别规定的，从其规定。"这里着重介绍一下法律、法规对残疾人、退出现役的军人在就业方面的特别规定。另外，从某种意义上讲妇女也属于特殊群体，其就业方面国家也有一些特殊规定，对此，本书第八章专门作了介绍。

（一）残疾人劳动就业规定

残疾人是指在心理、生理、人体结构上，某种组织、功能丧失或者不正常，全部或部分丧失以正常方式从事某种活动能力的人。保障残疾人的劳动就业权，是劳动就业的重要组成部分。我国政府高度重视残疾人的劳动就业权，对残疾人给予特别扶持和保护，以减轻其残疾影响和外界障碍，保障残疾人各项权利得以实现。《中华人民共和国残疾人保障法》对残疾人劳动就业作了明确规定，其主要内容有：

1. 残疾人的劳动权利和就业方针。国家保障残疾人劳动的权利。各级人民政府应当对残疾人劳动就业统筹规划，为残疾人创造劳动就业条件。

国家对残疾人就业实行集中与分散相结合的方针，采取优惠政策和扶持保护措施，通过多渠道、多层次、多种形式使残疾人劳动就业逐步普及、稳定、合理。

2. 残疾人的劳动就业途径。国家和社会举办残疾人福利企业、工疗机构、按摩医疗机构和其他福利性企业事业组织，集中安排残疾人就业。国家鼓励各单位吸收残疾人就业，各级人民政府和有关部门应当做好组织、指导工作。机关、团体、企业事业组织、城乡集体经济组织，应当按一定比例安排残疾人就业，并为其选择适当的工种和岗位。政府有关部门鼓励、帮助残疾人自愿组织起来从业或者个体开业。地方各级人民政府和农村基层组织，应当组织和扶持农村残疾人从事种植业、养殖业、手工业和其他形式劳动。

国家对残疾人福利性企业事业组织和城乡残疾人个体劳动者，实行税收减免政策，并在生产、经营、技术、资金、物资等方面给予扶持。对于申请从事个体工商业的残疾人，有关部门应当在各方面给予帮助。

3. 残疾人劳动权益保护。在职工的录用、聘用、转正、晋级、职称评定、

劳动报酬、生活福利、劳动保险等方面，不得歧视残疾人。

残疾职工所在单位，应当为残疾职工提供适应其特点的劳动条件和劳动保护。残疾职工所在单位应当对残疾职工进行岗位技术培训，提高其劳动技能和技术水平。

（二）退出现役的军人劳动就业规定

1. 义务兵退出现役劳动就业规定。《中华人民共和国兵役法》（以下简称《兵役法》）第五十六条规定："义务兵退出现役后，按照从哪里来，回哪里去的原则，由原征集的县、自治县、市、市辖区的人民政府接收安置：（1）家居农村的义务兵退出现役后，由乡、民族乡、镇的人民政府妥善安排他们的生产和生活。机关、团体、企业事业单位在农村招收职工时，对他们给予适当照顾。（2）家居城镇的义务兵退出现役后，由县、自治县、市、市辖区人民政府安排工作。入伍前是机关、团体、企业事业单位正式职工的，允许复工、复职。（3）义务兵退出现役后，报考高等院校和中等专业学校，在和其他考生同等条件下，优先录取。"

1993年7月，国务院、中央军委批转了民政部、原劳动部、总参谋部《关于退伍义务兵安置工作随用工单位改革实行劳动合同的意见》，对符合安排工作的退伍义务兵实行合同制等问题提出了如下主要意见：（1）退伍义务兵随同用工单位实行劳动合同制。（2）依法保障退伍义务兵的第一次就业。符合安排工作条件的义务兵退出现役后，应按照《兵役法》和《退伍义务兵安置条例》的规定，由当地政府负责安排工作，保证退伍义务兵的第一次就业。同时，对自愿到劳动市场竞争就业和自谋职业的应予支持和鼓励。（3）在签订劳动合同、培训等方面给予优待。分配到实行劳动合同制企事业单位的退伍义务兵，与用工单位签订无固定期限的劳动合同。如果退伍义务兵自愿签订有期限劳动合同，则用工单位应当允许。在劳动合同期内，用工单位不得随意辞退。用工单位应给予退伍义务兵1年以上熟悉业务、技术的时间，在此期间，用工单位不得以优化劳动组合为由使其离岗。退伍义务兵的工资、福利和其他待遇不得低于他们入伍时参加工作的同工龄、同工种职工的平均水平。退伍义务兵自愿终止劳动合同或劳动合同期满后需要再就业时，劳动部门在同等条件下应优先介绍就业。（4）妥善安置伤病残退伍义务兵。对伤病残退伍义务兵，要按照《退伍义务兵安置条例》等规定为他们安排力所能及的工作，他们的工资、福利和其他待遇应视同本单位因公致残的职工，无特殊理由不得辞退。对拒不接收伤病残退伍义务兵的单位，当地政府要依法追究其领导者的责任。

2. 志愿兵退出现役劳动就业规定。我国《兵役法》第五十八条规定："志愿兵退出现役后，由原征集的县、自治县、市、市辖区的人民政府安排工作；遇有特殊情况，也可以由上一级或者省、自治区、直辖市的人民政府统筹安排；自愿回乡参加农业生产的，给予鼓励，增发安家补助费。志愿兵在服现役期间，参战或者因公致残、积劳成疾基本丧失工作能力的，办理退休手续，由原征集的县、自治县、市、市辖区的人民政府或者其直系亲属所在地的县、自治县、市、市辖区人民政府接收安置。"

《志愿兵退出现役安置暂行办法》规定，退出现役的志愿兵，原则上转业回原籍，由县（市）人民政府安排工作。在安置转业志愿兵时，应尽量按专业技术对口分配，转业的志愿兵参加工作后，其军龄合并计算为所在单位的连续工龄。

3. 军官退出现役劳动就业规定。《兵役法》第五十九条规定："军官退出现役后，由国家妥善安置。"按照有关规定，转业干部原则上由本人原籍或入伍的省、自治区、直辖市根据当地实际情况进行分配，主要充实到各行各业的基层。他们的职务主要根据实际需要和干部的具体条件并参照他们原在军队的职务予以适当安排。专业技术干部按所学专业尽量对口安排。

第二节 劳动就业服务和管理

一、劳动就业服务和管理的概念

劳动就业服务和管理是指政府为促进就业，为劳动者提供的就业服务和加强对各种就业服务机构的指导和监督工作。市场经济条件下，政府通过培育和发展各种市场机制，为劳动者就业提供服务，同时，政府还要加强对各种劳动力市场的监督管理，以维护劳动者的劳动就业权。为此，我国《就业促进法》规定，县级以上人民政府培育和完善统一开放、竞争有序的人力资源市场，为劳动者就业提供服务。县级以上人民政府鼓励社会各方面依法开展就业服务活动，加强对公共就业服务和职业中介服务的指导和监督，逐步完善覆盖城乡的就业服务体系。县级以上人民政府加强人力资源市场信息网络及相关设施建设，建立健全人力资源市场信息服务体系，完善市场信息发布制度。

二、公共就业服务机构

公共就业服务机构是各级劳动行政部门或者其他有关部门举办的，承担公共就业服务职能的公益性服务机构。我国《就业促进法》对公共就业服务机构的设立、职责、服务范围等作了规定。县级以上人民政府培育和完善统一开放、竞争有序的人力资源市场，为劳动者就业提供服务。县级以上人民政府鼓励社会各方面依法开展就业服务活动，加强对公共就业服务和职业中介服务的指导和监督，逐步完善覆盖城乡的就业服务体系。县级以上人民政府加强人力资源市场信息网络及相关设施建设，建立健全人力资源市场信息服务体系，完善市场信息发布制度。

县级以上人民政府建立健全公共就业服务体系，设立公共就业服务机构，为劳动者免费提供下列服务：（1）就业政策法规咨询；（2）职业供求信息、市场工资指导价位信息和职业培训信息发布；（3）职业指导和职业介绍；（4）对就业困难人员实施就业援助；（5）办理就业登记、失业登记等事务；（6）其他公共就业服务。

公共就业服务机构应当不断提高服务的质量和效率，不得从事经营性活动，公共就业服务机构是公益性的就业服务机构。公共就业服务经费纳入同级财政预算。县级以上地方人民政府对职业中介机构提供公益性就业服务的，按照规定给予补贴。国家鼓励社会各界为公益性就业服务提供捐赠、资助。地方各级人民政府和有关部门不得举办或者与他人联合举办经营性的职业中介机构。地方各级人民政府和有关部门、公共就业服务机构举办的招聘会，不得向劳动者收取费用。

三、职业中介机构

职业中介结构是由社会力量依法成立的，从事职业介绍工作的专门机构。我国《就业促进法》规定了职业中介机构的设立条件包括：（1）有明确的章程和管理制度；（2）有开展业务必备的固定场所、办公设施和一定数额的开办资金；（3）有一定数量具备相应职业资格的专职工作人员；（4）法律、法规规定的其他条件。设立职业中介机构，应当依法办理行政许可。经许可的职业中介机构，应当向工商行政部门办理登记。未经依法许可和登记的机构，不得从事职业中介活动。国家对外商投资职业中介机构和向劳动者提供境外就业服务的职业中介机构另有规定的，依照其规定。县级以上人民政府和有关部门加强对职业中介机构的管理，鼓励其提高服务质量，发挥其在促进就业中的作用。

职业中介机构的职业介绍，直接涉及广大劳动者的切身利益。因此，《就业促进法》规定，从事职业中介活动，应当遵循合法、诚实信用、公平、公开的原则。用人单位通过职业中介机构招用人员，应当如实向职业中介机构提供岗位需求信息。禁止任何组织或者个人利用职业中介活动侵害劳动者的合法权益。职业中介机构不得有下列行为：（1）提供虚假就业信息；（2）为无合法证照的用人单位提供职业中介服务；（3）伪造、涂改、转让职业中介许可证；（4）扣押劳动者的居民身份证和其他证件，或者向劳动者收取押金；（5）其他违反法律、法规规定的行为。

四、失业预警机制

失业建立预警机制是我国《就业促进法》的首创。我国《就业促进法》规定，县级以上人民政府建立失业预警制度，对可能出现的较大规模的失业，实施预防、调节和控制。比如因职工人数较多的大型企业的破产、企业的注销或者企业经济性裁员达到一定人数的，都需要纳入失业预警机制的范围之内。同时，国家建立劳动力调查统计制度和就业登记、失业登记制度，开展劳动力资源和就业、失业状况调查统计，并公布调查统计结果。统计部门和劳动行政部门进行劳动力调查统计和就业、失业登记时，用人单位和个人应当如实提供调查统计和登记所需要的情况。

五、外国人在中国就业与境外就业服务

（一）外国人在中国就业管理规定

外国人在中国就业是指没有取得定居权的外国人在中国境内依法从事社会劳动并获取劳动报酬的行为。随着我国对外开放的不断扩大，外国人在我国就业人数不断增多，为了加强对外国人在中国就业的管理，劳动部、公安部、外交部、对外贸易经济合作部联合颁发了《外国人在中国就业管理规定》的通知，对外国人在中国就业作出了具体的管理规定。在中国境内就业的外国人和聘用外国人的用人单位，都应当遵守该规定。

1. 就业许可。用人单位聘用外国人必须为该外国人申请就业许可，经获准并取得《中华人民共和国外国人就业许可证书》后方可就业。用人单位不

得聘用外国人从事营业性文艺演出，但经文化部批准持《临时营业演出许可证》进行营业性文艺演出的外国人除外。我国的台湾、香港、澳门地区居民在内地就业按《台湾和香港、澳门居民在内地就业管理规定》执行。对违反规定未申领就业证擅自就业的外国人和未办理许可证书擅自聘用外国人的用人单位，由公安机关按《中华人民共和国外国人入境出境管理法实施细则》的规定处理。

外国人在我国就业必须具备下列条件：（1）年满18周岁，身体健康；（2）具有从事其工作所必需的专业技能和相应的工作经历；（3）无犯罪记录；（4）有确定的聘用单位；（5）持有有效护照或能代替护照的其他国际旅行证件。在中国就业的外国人应持职业签证入境（有互免签证协议的，按协议办理），入境后取得《外国人就业证》和外国人居留证件，方可在中国境内就业。

凡符合下列条件之一的外国人可免办就业许可证和就业证：（1）由我政府直接出资聘请的外籍专业技术和管理人员，或由国家机关和事业单位出资聘请，具有本国或国际权威技术管理部门或行业协会确认的高级技术职称或特殊技能资格证书的外籍专业技术和管理人员，并持有外国专家局签发的《外国专家证》的外国人；（2）持有《外国人在中华人民共和国从事海上石油作业工作准许证》从事海上石油作业、不需要登陆、有特殊技能的外籍劳务人员；（3）经文化部批准持《临时营业演出许可证》进行营业性文艺演出的外国人。

2. 外国人在中国就业的申请与审批。用人单位聘用外国人，必须填写《聘用外国人就业申请表》（以下简称申请表），向其与劳动行政主管部门同级的行业主管部门（以下简称行业主管部门）提出申请，并提供下列有效文件：（1）拟聘用的外国人履历证明；（2）聘用意向书；（3）拟聘用外国人原因的报告；（4）拟聘用的外国人从事该工作的资格证明；（5）拟聘用外国人的健康状况证明；（6）法律、法规规定的其他文件。行业主管部门依照规定的条件进行审批。经行业主管部门批准后，用人单位应持申请表到本单位所在地区的省、自治区、直辖市劳动行政部门或其授权的地市级劳动行政部门办理核准手续。省、自治区、直辖市劳动行政部门或其授权的地市级劳动行政部门应指定专门机构具体负责签发许可证书工作。发证机关应根据行业主管部门的意见和劳动力市场的需求状况进行核准，并在核准后向用人单位签发许可证书。

外商投资企业聘雇外国人，无须行业主管部门批准，可凭合同、章程、批准证书、营业执照和其他申请文件直接到劳动行政部门发证机关申领许可证书。用人单位应在被聘用的外国人入境后15日内，持许可证书、与被聘用的外国人签订的劳动合同及其有效护照或能代替护照的证件到原发证机关为外国人办理就业证，并填写《外国人就业登记表》。就业登记证只在发证机关规定的区域内有效。

3. 外国人在中国就业的劳动管理。用人单位与被聘用的外国人应依法订立劳动合同。劳动合同的期限最长不得超过5年。劳动合同期满时，其就业证即行失效。如需续订，该用人单位应在原合同期满前30日内，向劳动行政部门提出延长聘用时间的申请，经批准并办理就业证延期手续。

用人单位支付所聘用的外国人的工资不得低于当地最低工资标准。在中国就业的外国人的工作时间、休息休假、劳动安全卫生以及社会保险按国家有关规定执行。

禁止个体经济组织和公民个人聘用外国人。

（二）境外就业服务

随着我国到境外就业人数的不断增多，为了加强境外就业服务与管理，保护我国境外就业人员的合法权益，劳动部经公安部等部门同意，于1992年11月颁发了《境外就业服务机构管理规定》，对境外就业服务机构的资格认定、服务职能、管理与监督、罚则等做了明确规定。境外就业服务机构的主要服务职能包括：（1）为中国公民提供境外就业信息、咨询；（2）接受境外雇主的委托，为其推荐、招聘所需人员；（3）检查境外雇主的营业执照、资信证明、境外雇主所在国家或地区移民部门（劳工部门或其他主管机关）批准的招聘境外人员的许可证明、聘用合同文本等有关资料；（4）协助、指导境外就业人员同雇主签订聘用合同，并提供合同样本；（5）为境外就业人员提供条件，协助其在出境前接受必要的技能、语言培训，介绍所到国家或地区的法律法规及其他有关情况；（6）协助境外就业人员办理出国所需的护照、签证、公证材料、专业或技能测试、体检、防疫注射等各种手续和证件；（7）接受境外就业人员委托，为其代办在国内的养老保险；（8）为境外就业人员代存人事档案；（9）境外雇主不履行聘用合同、损害我境外就业人员权益时，协助境外就业人员通过调解、仲裁、诉讼等程序维护自身利益；（10）境外就业人员因合同期满或其他原因终止境外就业时，为其尽早回国提供服务；（11）按照国家的就业方针、政策，为回国的境外就业人员提供就业服务，帮助其再就业。

第三节 就业援助

一、就业援助的概念

就业援助是国家采取各种措施，对就业困难人员实行优先扶持和重点帮助。在市场经济条件下，国家实行公平就业的劳动就业原则，同时，为了照顾就业困难人员的劳动就业，国家采取各种就业援助措施，以体现照顾特殊群体人员就业的原则。国家建立健全就业援助制度，对就业困难人员给予扶持和帮助，对困难群体实施就业援助，是保障公民实现劳动就业权，维护和改善劳动者生存状况，促进社会公平与和谐的基本要求。就业援助是从根本上解决就业困难人员家庭困难的措施，它与计划经济时期的安置就业不同，是通过税收等经济政策扶持，既能够促进就业困难人员的就业，又能够减轻企业的经济负担，增强企业的经济活力，促进经济发展。我国《就业促进法》规定，各级人民政府建立健全就业援助制度，采取税费减免、贷款贴息、社会保险补贴、岗位补贴等办法，通过公益性岗位安置等途径，对就业困难人员实行优先扶持和重点帮助。

二、就业困难人员的范围

就业困难人员的范围大小，直接关系到国家援助就业的成本支出。因此，就业困难人员的范围必须有明确的界定标准。我国《就业促进法》规定，就业困难人员是指因身体状况、技能水平、家庭因素、失去土地等原因难以实现就业，以及连续失业一定时间仍未能实现就业的人员。

由于我国各地经济发展情况不同，面临的就业压力也不同，我国《就业促进法》规定，就业困难人员的具体范围，由省、自治区、直辖市人民政府根据本行政区域的实际情况规定。

三、就业援助的措施

为了切实保障就业困难人员的劳动就业，我国《就业促进法》规定了就业援助的具体措施，包括：（1）政府投资开发的公益性岗位，应当优先安排符合岗位要求的就业困难人员。被安排在公益性岗位工作的，按照国家规定给予岗位补贴。(2) 地方各级人民政府加强基层就业援助服务工作，对就业困难人员实施重点帮助，提供有针对性的就业服务和公益性岗位援助。地方各级人民政府鼓励和支持社会各方面为就业困难人员提供技能培训、岗位信息等服务。(3) 各级人民政府采取特别扶助措施，促进残疾人就业。用人单位应当按照国家规定安排残疾人就业，具体办法由国务院规定。(4) 县级以上地方人民政府采取多种就业形式，拓宽公益性岗位范围，开发就业岗位，确保城市有就业需求的家庭至少有一人实现就业。法定劳动年龄内的家庭人员均处于失业状况的城市居民家庭，可以向住所地街道、社区公共就业服务机构申请就业援助。街道、社区公共就业服务机构经确认属实的，应当为该家庭中至少一人提供适当的就业岗位。(5) 国家鼓励资源开采型城市和独立工矿区发展与市场需求相适应的产业，引导劳动者转移就业。对因资源枯竭或者经济结构调整等原因造成就业困难人员集中的地区，上级人民政府应当给予必要的扶持和帮助。

思考题

1. 什么是就业？劳动就业具有哪些特征？
2. 我国不同时期的劳动就业方针是什么？
3. 国家在促进就业方面负有哪些主要职责？
4. 我国劳动就业的原则有哪些？
5. 公共就业服务机构的就业服务范围是什么？
6. 设立职业介绍机构应当具备哪些条件？
7. 就业援助包括哪些具体措施？

第四章　劳动合同与集体合同

第一节　劳 动 合 同

一、劳动合同概述

（一）劳动合同的概念

劳动合同是指劳动者与用人单位之间为了确立劳动关系、明确双方权利和义务而达成的协议。《劳动法》第十六条规定："建立劳动关系应当订立劳动合同。"劳动合同是劳动者与用人单位建立劳动关系的法律形式。为了完善劳动合同制度，明确劳动合同双方当事人的权利和义务，保护劳动者的合法权益，构建和发展和谐稳定的劳动关系，2007 年 6 月 29 日，第十届全国人民代表大会常务委员会第二十八次会议通过了《中华人民共和国劳动合同法》（以下简称《劳动合同法》），自 2008 年 1 月 1 日起施行。《劳动合同法》的施行，对于促使稳定的劳动关系的建立，预防和减少劳动争议的发生具有重要意义。

劳动合同是合同的一种，它除了具有合同的一般特征以外，还具有自己的特征：

1. 主体具有特定性。劳动合同的主体一方必须是用人单位，包括企业、个体经济组织、民办非企业单位、国家机关、事业单位、社会团体等；劳动合同的另一方当事人是劳动者，即必须是 16 周岁以上，具有一定劳动能力的公民。

2. 内容是劳动法上规定的权利和义务。订立劳动合同的目的，是将劳动关系用法律形式加以明确，以保护双方当事人，特别是劳动者一方的合法权利。劳动合同所要明确和保护的权利，不是民法或行政法上的权利，而是劳动法上的权利，即与劳动过程密切有关的权利，并且主要是劳动者一方的权利。劳动者享有的就业权、报酬权、休息休假权、劳动安全卫生保护权、职业技能培训权、社会保险和福利权等劳动权利，绝大部分都应在劳动合同中得到具体体现。同时，在劳动合同中还要具体约定劳动者和用人单位的义务。

3. 双方当事人具有职责上的从属关系。劳动者在劳动合同中的地位与劳动法上劳动的含义密切相关。在某个有劳动能力的公民成为劳动者之前，其与用人单位的民事法律地位是平等的，根据择业自由的劳动法原则，可以选择就业单位。但是一旦劳动合同订立后，劳动者就成为用人单位的一员，在劳动管理上存在依附关系，即用人单位与劳动者有着管理与服从、领导与从属的关系。劳动者应当接受用人单位的行政管理，对内享受本单位职工的权利并承担本单位职工的义务，对外以单位的名义从事生产经营的管理活动。这也是劳动合同与民事合同在合同存续期间当事人地位的重大差别。

4. 是双务有偿合同。在劳动合同履行过程中，劳动者的基本义务是完成合同约定或用人单位指定的劳动，用人单位的基本义务是向劳动者支付劳动报酬，劳动者在用人单位根据劳动合同完成的劳动是有偿的。劳动者与用人单位签订了劳动合同，即视为实现了劳动就业，而劳动法所指的劳动就业是有偿的。

（二）劳动合同的分类

《劳动合同法》第十二条规定，劳动合同分为固定期限劳动合同、无固定期限劳动合同和以完成一定工作任务为期限的劳动合同。

1. 固定期限的劳动合同。固定期限的劳动合同，又称定期劳动合同，是指劳动合同当事人双方明确约定了具体终止时间的劳动合同。用人单位与劳动者协商一致，可以订立固定期限劳动合同。劳动合同期限届满，劳动关系即告终止。经劳动合同当事人同意，可以续订劳动合同。在实践中，按照劳动合同期限的长短，固定期限的劳动合同又可以分为短期劳动合同、中期劳动合同和长期劳动合同。短期劳动合同一般是指 2 年以下的劳动合同，主要适用于临时工、季节工等短期性劳动，避免用人单位形成劳动力积压，最大限度地利用劳动力。其不足之处是劳动关系具有不稳定性。中期劳动合同一般是指 3 年至 5 年的劳动合同。长期劳动合同一般是指 5 年以上的劳动合同。中长期劳动合同有利于劳动关系的稳定，适用于工作相对稳定的劳动岗位。

2. 无固定期限的劳动合同。无固定期限劳动合同，是指用人单位与劳动者约定无确定终止时间的劳动合同。根据《劳动合同法》的规定，用人单位与劳动者协商一致，可以订立无固定期限劳动合同。有下列情形之一，劳动者提出或者同意续订、订立劳动合同的，除劳动者提出订立固定期限劳动合同外，应当订立无固定期限劳动合同：（1）劳动者在该用人单位连续工作满10年的；（2）用人单位初次实行劳动合同制度或者国有企业改制重新订立劳动合同时，劳动者在该用人单位连续工作满10年且距法定退休年龄不足10年的；（3）连续订立两次固定期限劳动合同，且劳动者没有《劳动合同法》第三十九条和第四十条第一项、第二项规定的情形，续订劳动合同的。用人单位自用工之日起满1年不与劳动者订立书面劳动合同的，视为用人单位与劳动者已订立无固定期限劳动合同。

3. 以完成一定工作任务为期限的劳动合同。以完成一定工作任务为期限的劳动合同，是指用人单位与劳动者约定以某项工作的完成为合同期限的劳动合同。用人单位与劳动者协商一致，可以订立以完成一定工作任务为期限的劳动合同。如建筑单位经常使用这种劳动合同。

（三）《劳动合同法》的适用范围

根据《劳动合同法》的规定，中华人民共和国境内的企业、个体经济组织、民办非企业单位等组织（以下称用人单位），与劳动者建立劳动关系，订立、履行、变更、解除或者终止劳动合同，适用本法。国家机关、事业单位、社会团体和与其建立劳动关系的劳动者，订立、履行、变更、解除或者终止劳动合同，依照本法执行。《劳动合同法》在《劳动法》的基础上，扩大了适用范围，即增加了民办非企业单位等组织作为用人单位，并且将事业单位聘用制工作人员也纳入《劳动合同法》的适用范围。

1. 企业、个体经济组织、民办非企业单位等组织。企业是用人单位的主要组成部分，是《劳动合同法》的主要调整对象。个体经济组织是指雇工7个人以下的个体工商户。民办非企业单位是指企业事业单位、社会团体和其他社会力量以及公民个人利用非国有资产举办的，从事非营利性社会服务活动的组织。如民办学校、民办医院、民办图书馆、民办博物馆、民办科技馆等。除上述列举的三类组织外，其他组织如会计师事务所、律师事务所等，它们的组织形式比较复杂，它们招用助手、工勤人员等，也要签订劳动合同，因此，也需要适用《劳动合同法》。

2. 国家机关、事业单位和社会团体。国家机关、事业单位、社会团体和与其建立劳动合同关系的劳动者，订立、履行、变更、解除或者终止劳动合同，依照《劳动合同法》执行。（1）国家机关。国家机关录用公务员和聘任制公务员，适用《公务员法》，不适用《劳动合同法》，国家机关招用工勤人员，需要签订劳动合同，适用《劳动合同法》。（2）事业单位。事业单位可以分为三种情况：一是具有管理公共事务职能的组织，如证券监督管理委员会、保险监督管理委员会等，其录用工作人员是参照《公务员法》进行管理，不适用《劳动合同法》；二是实行企业化管理的事业单位，这类事业单位与职工签订的是劳动合同，适用《劳动合同法》的规定；三是非实行企业化管理的事业单位，如医院、学校、科研机构等，有的劳动者与单位签订的是劳动合同，签订劳动合同的，按照《劳动合同法》的规定执行；有的劳动者与单位签订的是聘用合同，事业单位与实行聘用制的工作人员订立、履行、变更、解除或者终止劳动合同，法律、行政法规或者国务院另有规定的，依照其规定；未作规定的，依照《劳动合同法》的有关规定执行。（3）社会团体。社会团体的性质不同，有的社会团体如党派团体，除工勤人员外，其工作人员是公务员，按照《公务员法》管理；有的社会团体如工会、共青团、妇联等社会团体，这些社会团体虽然《公务员法》没有明确规定是否适用《公务员法》，但实践中对列入国家编制序列的社会团体，除工勤人员外，其工作人员是比照《公务员法》进行管理的。除此以外的多数社会团体，如果作为用人单位与劳动者订立的是劳动合同，就按照《劳动合同法》进行管理。

二、劳动合同的订立

（一）劳动合同订立的概念和范围

1. 劳动合同订立的概念。劳动合同的订立，是指劳动者与用人单位依法就劳动方面的权利义务协商一致、达成协议的法律行为。订立劳动合同不仅要求双方当事人必须意思表示一致，而且合同的内容、形式、订立程序等都必须符合法律、法规的规定。依法订立的劳动合同对双方当事人具有法律约束力。

2. 劳动合同订立的范围。我国《劳动法》规定，建立劳动关系应当订立劳动合同。1995 年 8 月 4 日，劳动部发布的《关于贯彻执行〈中华人民共和国劳动法〉若干问题的意见》对有关问题作了以下规定：（1）用人单位应当与其富余人员、放长假的职工签订劳动合同，这种劳动合同在内容上可以和在岗职工劳动合同有所区别。（2）用人单位应当与长期被外单位借用的人员、带薪上学人员、其他非在岗但仍保持劳动关系的人员签订劳动合同，这种劳动合同的某些条款在外借或上学期间经协商可以变更。（3）用人单位应当与请长病假但保持劳动关系的人员签订劳动合同。（4）党委书记、工会主席等党群专职人员一般也应当与用人单位签订劳动合同。（5）经理由上级主管部门聘（委）任的，应当与聘（委）任部门签订劳动合同；经理由董事会聘任的，应当与董事会签订劳动合同。

（二）劳动合同订立的原则

劳动合同订立的原则，是指劳动合同双方当事人在订立劳动合同过程中必须遵循的准则。《劳动合同法》规定，订立劳动合同，应当遵循合法、公平、平等自愿、协商一致、诚实信用的原则。

1. 合法原则。合法是劳动合同有效的前提条件。合法包括劳动合同的形式和内容符合法律、法规的规定。首先，劳动合同的形式要合法，如除非全日制用工外，劳动合同必须以书面形式订立。如果是口头合同，当双方发生争议，法律不承认其效力，用人单位要承担不订立书面合同的法律后果。其次，劳动合同的内容要合法。用人单位和劳动者必须在法律规定的限度内作出具体约定，如工作时间、劳动报酬、劳动保护等问题，不得违反国家的强制性规定。如果劳动合同的内容违法，劳动合同不受法律保护，当事人还要承担相应的法律责任。

2. 公平原则。公平原则是指劳动合同的内容应当公平、合理。在符合法律规定的前提下，劳动合同双方应公正、合理地确立双方的权利和义务。有些劳动合同内容，相关劳动法律、法规往往只规定了一个最低标准，在此基础上双方自愿达成协议即合法，但合法的未必公平、合理。如同一个岗位，两个资历、能力都相当的人，工资收入差别很大，或者能力强的收入比能力差的还低，就是不公平。再比如用人单位提供少量的培训费用培训劳动者，却要求劳动者订立较长的服务期，而且在服务期内不提高劳动者的工资或者不按照正常工资调整机制提高工资。这些都不违反法律、法规的强制性规定，但不合理，不公平。此外，还要注意的是用人单位不能滥用优势地位，迫使劳动者订立不公平的合同。公平原则是社会公德的体现，将公平原则作为劳动合同订立的原则，可以防止劳动合同当事人尤其是用人单位滥用优势地位损害劳动者的权利，有利于平衡劳动合同双方当事人的利益，建立和谐稳定的劳动关系。

3. 平等自愿原则。平等自愿原则包括两层含义，一是平等原则，二是自愿原则。平等原则就是劳动者和用人单位在订立劳动合同时在法律地位上是平等的，没有高低、主从之分，不存在命令和服从、管理和被管理关系。只有地位平等，双方才能自由表达真实的意思。当然在订立劳动合同后，劳动者成为用人单位的一员，受用人单位的管理，处于被管理者的地位，用人单位和劳动者的地位是不平等的。平等是法律上的平等、形式上的平等，在我国劳动力供大于求的形势下，多数劳动者和用人单位的地位实际上做不到平等。但用人单位不得利用优势地位，在订立劳动合同时附加不平等的条件。自愿原则是指订立劳动合同完全是出于劳动者和用人单位双方的真实意思，是双方协商一致达成的，任何一方不得把自己的意志强加给另一方，任何单位和个人不得强迫劳动者订立劳动合同。

4. 协商一致原则。协商一致就是用人单位和劳动者要对合同的内容达成一致意见。合同是双方意思表示一致的结果，劳动合同也是一种合同，也需要劳动者和用人单位双方协商一致，达成合意，一方不能凌驾于另一方之上，不得把自己的意志强加给对方，也不能强迫命令、胁迫对方订立劳动合同。在订立劳动合同时，用人单位和劳动者都要仔细研究合同的每项内容，进行充分沟通和协商，解决分歧，达成一致意见。

5. 诚实信用原则。在订立劳动合同时要诚实，讲信用。如在订立劳动合同时，双方都不得有欺诈行为。用人单位招用劳动者时，应当如实告知劳动者工作内容、工作条件、工作地点、职业危害、安全生产状况、劳动报酬，以及劳动者要求了解的其他情况；用人单位有权了解劳动者与劳动合同直接相关的基本情况，劳动者应当如实说明。双方都不得隐瞒真实情况等。以欺诈手段使对方在违背真实意思的情况下订立的劳动合同，属于无效劳动合同。

（三）劳动合同订立的程序

劳动合同订立的程序，是指双方当事人订立劳动合同时应当经过的步骤。《劳动合同法》第十六条规定："劳动合同由用人单位与劳动者协商一致，并经用人单位与劳动者在劳动合同文本上签字或者盖章生效。劳动合同文本由用人单位和劳动者各执一份。"这里对劳动合同订立程序并没有作出具体的规定。但是，劳动合同作为合同的一种，合同订立程序中要约、承诺的规定也应当适用于劳动合同的订立。

劳动者与用人单位就建立劳动关系订立劳动合同时，双方当事人须就具体的工作任务、工资报酬、福利待遇、劳动保护等事项认真磋商，必然要经过要约、新要约……最终承诺的过程。用人单位与劳动者签订劳动合同时，劳动合同可以由用人单位拟定，也可以由双方当事人共同拟定，一般情况下，劳动合同草案由用人单位拟定，但劳动合同必须经过双方当事人协商一致后才能签订。目前，各地、各行业制定并向企业推荐的劳动合同文本，对于用人单位和劳动者双方有一定的指导意义，但这些劳动合同文本只能供用人单位和劳动者参考。劳动者被迫签订的劳动合同或未经协商一致签订的劳动合同为无效劳动合同。

（四）劳动合同订立的形式

《劳动合同法》第十条规定："建立劳动关系，应当订立书面劳动合同。"由此可以看出，我国的劳动合同强制性地采用书面形式。之所以要求以书面形式订立劳动合同，是因为劳动合同具有履行期限较长、内容复杂的特征。一方面，书面形式便于证明双方当事人的权利和义务关系，有利于劳动合同管理机关实施监督；另一方面，劳动合同双方当事人之间一旦发生劳动争议，也有据可查，便于有关部门查明事实，辨明是非，分清责任、及时处理。

用人单位未与劳动者签订书面形式的劳动合同，将对用人单位产生不利的后果。对此，《劳动合同法》作出以下规定：（1）已建立劳动关系，未同时订立书面劳动合同的，应当自用工之日起1个月内订立书面劳动合同；（2）用人单位自用工之日起超过1个月不满1年未与劳动者订立书面劳动合同的，应当向劳动者每月支付2倍的工资；（3）用人单位自用工之日起满1年不与劳动者订立书面劳动合同的，视为用人单位与劳动者已订立无固定期限劳动合同；（4）用人单位未在用工的同时订立书面劳动合同，与劳动者约定的劳动报酬不明确的，新招用的劳动者的劳动报酬按照集体合同规定的标准执行；没有集体合同或者集体合同未规定的，实行同工同酬。

实践中，用人单位不与劳动者订立书面合同的现象仍然比较严重，造成大量事实劳动关系的产生。事实劳动关系的形成一般有两种情况：一种情况是双方当事人在劳动关系形成时，未依《劳动法》和《劳动合同法》规定签订书面劳动合同而产生的事实劳动关系；另一种情况是原劳动合同期满后，原用人单位与劳动者既未续订劳动合同，又没有终止劳动合同，从而形成事实劳动关系。

根据有关规定，事实劳动关系是受法律保护的：（1）劳动部《关于贯彻执行〈中华人民共和国劳动法〉若干问题的意见》第二条规定："中国境内的企业、个体经济组织与劳动者之间，只要形成劳动关系，即在事实上已成为企业、个体经济组织的成员，并为其提供有偿劳动，适用劳动法。"这条规定已明确地对事实劳动关系予以肯定。（2）劳动部《关于实行劳动合同制度若干问题的通知》第十四条规定："有固定期限的劳动合同期满后，因用人单位方面的原因未办理终止或续订手续而形成事实劳动关系的，视为续订劳动合同，用人单位应及时与劳动者协商合同期限，办理续订手续。由此给劳动者造成损失的，该用人单位应当依法承担赔偿责任。”由此可见，劳动行政部门对合同期满未办终止或续订手续而形成的事实劳动关系还是予以承认，并加以保护的。（3）劳动部办公厅《关于劳动争议处理问题的复函》指出，处理事实劳动关系引起的劳动争议，劳动争议仲裁委员会应当首先督促双方当事人依照国家和地方法律法规的规定签订、续订或终止劳动合同，同时要根据具体情况区分双方当事人在形成事实劳动关系过程中各自应承担的责任大小，予以妥善处理。这条规定虽没明确事实劳动关系的合法性，但明确了劳动争议仲裁委员会可受理事实劳动关系引起的争议，使事实劳动关系双方当事人发生劳动争议时不至于投诉无门。

（五）劳动合同的内容

劳动合同的内容，也称劳动合同的条款，是指双方当事人为了建立劳动关系、明确劳动权利义务而在劳动合同中订明的条款。劳动合同内容有法定必备条款和当事人任意约定条款之分。前者是劳动合同中必须订明，否则无法明确劳动权利义务的条款；后者由当事人任意约定，有无并不强制，但一旦订明，对双方当事人有法律约束力的条款。

1. 劳动合同的法定条款。根据《劳动合同法》第十七条规定，劳动合同应当具备以下条款：（1）用人单位的名称、住所和法定代表人或者主要负责人；（2）劳动者的姓名、住址和居民身份证或者其他有效身份证件号码；（3）劳动合同期限；（4）工作内容和工作地点；（5）工作时间和休息休假；（6）劳动报酬；（7）社会保险；（8）劳动保护、劳动条件和职业危害防护；（9）法律、法规规定应当纳入劳动合同的其他事项。

2. 劳动合同的任意约定条款。劳动合同除上述规定的必备条款外，用人单位与劳动者可以约定试用期、培训、保守秘密、补充保险和福利待遇等其他事项。

我国《劳动法》第二十一条规定：“劳动合同可以约定试用期。试用期最长不得超过 6 个月。”所谓试用期，是指劳动者与用人单位在订立劳动合同时，双方协商一致约定的考察期。在这个考察期内，劳动者与用人单位可以考虑自己或对方是否适合建立这种劳动关系，如果认为不适合，可以终止劳动关系。《劳动合同法》对劳动合同的试用期作了具体规定：（1）劳动合同期限 3 个月以上不满 1 年的，试用期不得超过 1 个月；劳动合同期限 1 年以上不满 3 年的，试用期不得超过 2 个月；3 年以上固定期限和无固定期限的劳动合同，试用期不得超过6个月。（2）同一用人单位与同一劳动者只能约定一次试用期。（3）以完成一定工作任务为期限的劳动合同或者劳动合同期限不满3个月的，不得约定试用期。（4）试用期包含在劳动合同期限内。劳动合同仅约定试用期的，试用期不成立，该期限为劳动合同期限。（5）劳动者在试用期的工资不得低于本单位相同岗位最低档工资或者劳动合同约定工资的80%，并不得低于用人单位所在地的最低工资标准。（6）在试用期中，除劳动者有《劳动合同法》第三十九条和第四十条第一项、第二项规定的情形外，用人单位不得解除劳动合同。用人单位在试用期解除劳动合同的，应当向劳动者说明理由。

《劳动合同法》第二十三条规定："用人单位与劳动者可以在劳动合同中约定保守用人单位的商业秘密和与知识产权相关的保密事项。对负有保密义务的劳动者，用人单位可以在劳动合同或者保密协议中与劳动者约定竞业限制条款，并约定在解除或者终止劳动合同后，在竞业限制期限内按月给予劳动者经济补偿。劳动者违反竞业限制约定的，应当按照约定向用人单位支付违约金。"所谓商业秘密，是指不被公众所知悉、能为权利人带来经济利益、具有实用性并经权利人采取保密措施的技术信息和经营信息。所谓竞业限制，又称为竞业禁止，是指劳动者在离开用人单位一定期限内，不得自营或者为他人经营与原用人单位有竞争业务的制度。竞业限制是为保护用人单位的商业秘密应运而生的一种制度，是用人单位对劳动者择业权的限制。同时，竞业限制合同是双务、有偿的合同，用人单位享有约束劳动者选择职业自由的权利，也必须承担因此而给劳动者造成的损失；劳动者应当履行竞业限制的义务，但也应获得相当的经济补偿，保护用人单位的商业秘密不能以损害离职劳动者的生存权为代价。根据《劳动合同法》规定，竞业限制的人员限于用人单位的高级管理人员、高级技术人员和其他负有保密义务的人员。竞业限制的范围、地域、期限由用人单位与劳动者约定，竞业限制的约定不得违反法律、法规的规定。在解除或者终止劳动合同后，上述规定的人员到与本单位生产或者经营同类产品、从事同类业务的有竞争关系的其他用人单位，或者自己开业生产或者经营同类产品、从事同类业务的竞业限制期限，不得超过2年。

根据《劳动合同法》规定，在以下两种特殊情形下用人单位可以与劳动者约定由劳动者承担违约金：（1）用人单位为劳动者提供专项培训费用，对其进行专业技术培训的，可以与该劳动者订立协议，约定服务期。劳动者违反服务期约定的，应当按照约定向用人单位支付违约金。违约金的数额不得超过用人单位提供的培训费用。用人单位要求劳动者支付的违约金不得超过服务期尚未履行部分所应分摊的培训费用。（2）劳动者违反竞业限制约定的，应当按照约定向用人单位支付违约金。这种违约金的约定，只具有补偿性而无惩罚性。违约金原则上对普通劳动者不适用。除上述两种规定的情形外，用人单位不得与劳动者约定由劳动者承担违约金。

三、无效劳动合同

（一）无效劳动合同的概念和种类

无效劳动合同，是指劳动合同双方当事人虽然订立，但没有法律效力的劳动合同。根据《劳动合同法》第二十六条的规定，下列劳动合同无效或者部分无效：

1. 以欺诈、胁迫的手段或者乘人之危，使对方在违背真实意思的情况下订立或者变更劳动合同的。欺诈是指劳动合同当事人一方故意制造假象或隐瞒事实真相，欺骗对方，诱使对方形成错误认识而与之订立劳动合同。如应聘的劳动者提供了虚假的毕业证书与用人单位签订了劳动合同、用人单位提供了伪造的企业注册登记证明与劳动者签订了劳动合同等，采取欺诈手段订立的劳动合同是无效的。威胁是指劳动合同当事人一方以将要发生的损害或者以直接实施损害相威胁，迫使另一方处于恐怖或者其他被胁迫的状态而签订劳动合同，可能涉及生命、身体、财产、名誉、自由、健康等，以此签订的劳动合同都是无效劳动合同。

2. 用人单位免除自己的法定责任、排除劳动者权利的。这种情形通常表现为劳动合同简单化，法定条款缺失，在劳动合同中仅规定劳动者的义务，不规定劳动者的权利，如有的劳动合同规定“用人单位有权根据生产经营变化及劳动者的工作情况调整其工作岗位，劳动者必须服从单位的安排”等霸王条款。该种劳动合同条款与保护劳动者基本劳动权利的劳动法立法宗旨相违背，劳动合同中出现上述条款，即便劳动者出于自愿，也应认定无效。

3. 违反法律、行政法规强制性规定的。该种劳动合同无效，主要是指劳动合同违反了国家制定的关于劳动者最基本劳动条件的法律、行政法规强制性规定，包括劳动合同违反了最低工资保障制度、工作时间制度、劳动安全与卫生制度、社会保险制度等。国家制定上述制度的目的是改善劳动条件，保障劳动者的基本生活，避免伤亡事故的发生，劳动合同违反上述制度的规定，应当归于无效。应当特别注意的是本项的规定只限于法律和行政法规，不能任意扩大范围。

（二）无效劳动合同的确认

根据《劳动法》第十八条规定，无效劳动合同由劳动争议仲裁委员会或者人民法院确认。当事人及其他任何单位或个人，都无权确认劳动合同无效。《劳动合同法》也规定，对劳动合同的无效或者部分无效有争议的，由劳动争议仲裁机构或者人民法院确认。

无效的劳动合同，从订立的时候起，就没有法律约束力。对于劳动合同被确认无效的，其法律后果是：（1）劳动合同被确认无效，劳动者已付出劳动的，用人单位应当向劳动者支付劳动报酬。劳动报酬的数额，参照本单位相同或者相近岗位劳动者的劳动报酬确定。（2）无效劳动合同是由劳动合同当事人一方或者双方的过错造成的，有过错的一方应当承担赔偿责任或者各自承担相应的责任。

四、劳动合同的履行

（一）劳动合同的全面履行

劳动合同依法订立即具有法律约束力，用人单位与劳动者应当履行劳动合同规定的义务。《劳动合同法》规定，用人单位与劳动者应当按照劳动合同的约定，全面履行各自的义务。这是在通常情形下对劳动合同履行的基本要求。

对于用人单位而言，必须按照合同的约定向劳动者提供适当的工作场所、劳动安全卫生条件和相关工作岗位，并按照约定的金额和支付方式按时向劳动者支付劳动报酬。在劳动合同履行过程中，针对某些用人单位不依法履行劳动合同，侵害劳动者合法权益的现象，《劳动合同法》特别强调了用人单位在下列方面要依法履行劳动合同，以维护劳动者的合法权益：（1）用人单位应当按照劳动合同约定和国家规定及时足额支付劳动报酬。用人单位拖欠或者未足额支付劳动报酬的，劳动者可以依法向当地人民法院申请支付令，人民法院应当依法发出支付令。（2）用人单位应当严格执行劳动定额标准，不得强迫或者变相强迫劳动者加班。用人单位安排加班的，应当按照国家有关规定向劳动者支付加班费。（3）劳动者对用人单位管理人员违章指挥、强令冒险作业有权拒绝，不视为违反劳动合同；对危害生命安全和身体健康的劳动条件，有权对用人单位提出批评、检举和控告。上述规定，体现了《劳动合同法》对劳动者的特别保护。

对于劳动者而言，必须遵守用人单位的规章制度和劳动纪律，认真履行自己的劳动职责，并且亲自完成劳动合同约定的工作任务。

（二）特殊情形下劳动合同的履行

《劳动合同法》针对用人单位在劳动合同履行期间发生改制等情形，规定了特殊情形下劳动合同的履行：（1）用人单位变更名称、法定代表人、主要负责人或者投资人等事项，不影响劳动合同的履行。（2）用人单位发生合并或者分立等情况，原劳动合同继续有效，劳动合同由承继其权利义务的用人单位继续履行。

在用人单位变更名称、法定代表人、主要负责人，或者用人单位发生合并、分立等情况时，由于劳动合同必备条款中的用人单位名称、法定代表人、主要负责人等内容发生了变更，用人单位与劳动者应当从形式上变更劳动合同，但是，没有从形式上变更劳动合同的，原劳动合同也应当继续履行。

五、劳动合同的变更、解除和终止

（一）劳动合同的变更

劳动合同的变更是指劳动合同依法成立以后，合同尚未履行或者尚未履行完毕之前，用人单位与劳动者就劳动合同内容作部分修改、补充或者删减的行为。劳动合同的内容是用人单位和劳动者的合意，一经订立即受到法律的保护，任何一方不得随意变更。但是，为适应客观情况的变化，法律规定劳动合同可以有条件地变更，即必须经当事人协商一致。

根据《劳动合同法》及相关的法律法规的规定，变更劳动合同需要注意以下问题：（1）用人单位和劳动者均可提出变更劳动合同的要求，办理劳动合同变更手续。提出变更要求的一方应及时告知对方变更劳动合同的理由、内容、条件等，另一方应及时作出是否同意的答复，否则将承担一定的法律后果。（2）变更劳动合同应当采用书面形式。变更后的劳动合同仍然需要由劳动合同双方当事人签字、盖章生效。劳动合同变更书应由劳动合同双方各执一份，同时，对于劳动合同经过鉴证的，劳动合同变更书也应当履行相关手续。（3）对于特定的情况，不用办理劳动合同变更手续的，只需向劳动者说明情况，从形式上变更劳动合同的某些内容，如用人单位变更名称、法定代表人、主要负责人或者投资人等事项发生变更的，则不需要办理变更手续，劳动关系双方当事人应当继续履行原合同的内容。（4）劳动合同变更应当及时进行。劳动合同变更必须是在劳动合同生效后终止前进行，用人单位和劳动者应当对劳动合同变更问题给予足够的重视，不能拖到劳动合同期满后进行。（5）由于劳动合同的变更给对方造成损失的，提出变更的一方应当承担损害赔偿责任。

（二）劳动合同的解除

1. 劳动合同解除的概念。劳动合同的解除，是指劳动合同在订立以后，尚未履行完毕或者未全部履行以前，由于合同双方或者单方的法律行为导致双方当事人提前消灭劳动关系的法律行为。劳动合同解除可分为协商解除、法定解除和约定解除三种情况。劳动合同解除是一种法律行为，当事人解除劳动合同的条件和程序都应符合法律和行政法规的规定。

2. 劳动合同的双方协商解除。协商解除劳动合同，是指用人单位与劳动者在完全自愿的情况下，互相协商，在彼此达成一致意见的基础上提前终止劳动合同的效力。《劳动合同法》第三十六条规定："用人单位与劳动者协商一致，可以解除劳动合同。"

劳动合同依法订立后，双方当事人必须履行合同义务，遵守合同的法律效力，任何一方不得擅自解除劳动合同。但是，为了保障用人单位的用人自主权和劳动者劳动权的实现，在特定条件和程序下，用人单位与劳动者协商一致且不违背国家利益和社会公共利益的情况下，可以解除劳动合同。在协商解除劳动合同过程中，如果用人单位提出解除劳动合同的，应依法向劳动者支付经济补偿金。

3. 劳动者解除劳动合同。在劳动关系中，劳动者相对于用人单位而言始终处于弱势地位，从保护劳动者权益出发，法律赋予了劳动者单方解除劳动合同的权利。根据《劳动法》和《劳动合同法》的规定，劳动者享有单方面解除劳动合同的权利，不需要征得用人单位的同意，只需通知用人单位即可。按照是否需要提前通知用人单位，劳动者单方解除合同包括提前通知用人单位解除劳动合同和随时解除劳动合同两种情况。

劳动者提前通知用人单位解除劳动合同，要求劳动者按照《劳动合同法》的规定，提前一定的时间通知用人单位解除劳动合同。《劳动合同法》第三十七条规定："劳动者提前30日以书面形式通知用人单位，可以解除劳动合同。劳动者在试用期内提前3日通知用人单位，可以解除劳动合同。"劳动者提前通知用人单位解除劳动合同，应当遵守下列程序的规定：（1）遵守解除预告期。劳动者在享有解除劳动合同自主权的同时，也应当遵守解除合同预告期，即应当提前30天通知用人单位才能有效，便于用人单位及时安排人员接替其工作，保持劳动过程的连续性，确保正常的工作秩序，避免因解除劳动合同影响企业的生产经营活动，给用人单位造成不必要的损失；劳动者在试用期内，发现用人单位的实际情况与订立劳动合同时所介绍的实际情况不相符合，或者发现自己不适合从事该工作，以及存在其他不能履行劳动合同的情况，劳动者无须任何理由，可以通知用人单位予以解除劳动合同，但应提前3日通知用人单位，以便用人单位安排人员接替其工作。劳动者未遵守解除预告期的规定，将会构成违法解除劳动合同，可能承担赔偿责任。（2）书面形式通知用人单位。因为上述时间的确定直接关系到解除预告期的起算时间，也关系到劳动者的工资等利益，所以必须采用慎重的方式来表达。劳动者此种情况提出解除劳动合同的，用人单位可以不给付经济补偿金。

劳动者随时解除劳动合同，主要是针对目前社会上一些用人单位严重侵犯劳动者合法权益的现象，为了保护劳动者的合法权益，《劳动合同法》赋予劳动者享有劳动合同的特别解除权。特别解除权是劳动者无条件单方解除劳动合同的权利，是指如果出现了法定的事由，劳动者无需向用人单位预告就可通知用人单位解除劳动合同。由于劳动者行使特别解除权往往会给用人单位的正常生产经营带来很大的影响，所以，《劳动合同法》在平衡保护劳动者与用人单位合法利益基础上作了具体的规定，只限于在用人单位有过错行为的情况下允许劳动者行使特别解除权。具体包括以下情形：（1）未按照劳动合同约定提供劳动保护或者劳动条件的；（2）未及时足额支付劳动报酬的；（3）未依法为劳动者缴纳社会保险费的；（4）用人单位的规章制度违反法律、法规的规定，损害劳动者权益的；（5）因《劳动合同法》第二十六条第一款规定的情形致使劳动合同无效的；（6）法律、行政法规规定劳动者可以解除劳动合同的其他情形。

4. 用人单位解除劳动合同。根据《劳动合同法》的规定，用人单位单方解除劳动合同分为即时解除、预告解除和经济性裁员。

用人单位即时解除劳动合同又称为过失性辞退。《劳动合同法》在赋予劳动者单方解除劳动合同权利的同时，也赋予用人单位对劳动合同的单方解除权，以保障用人单位的用工自主权，但为了防止用人单位滥用解除权，随意与劳动者解除劳动合同，立法上严格限定用人单位与劳动者解除劳动合同的条件，保护劳动者的劳动权。根据《劳动合同法》的规定，用人单位单方即时解除劳动合同主要有以下几种情形：（1）在试用期间被证明不符合录用条件的；（2）严重违反用人单位的规章制度的；（3）严重失职，营私舞弊，给用人单位的利益造成重大损害的；（4）劳动者同时与其他用人单位建立劳动关系，对完成本单位的工作任务造成严重影响，或者经用人单位提出，拒不改正的；（5）因《劳动合同法》第二十六条第一款第一项规定的情形致使劳动合同无效的；（6）被依法追究刑事责任的。

用人单位预告解除劳动合同又称为无过失性辞退。用人单位有权根据劳动合同履行中客观情况的变化而单方解除劳动合同。这里的客观情况既包括用人单位的原因，也有劳动者自身的原因。对因客观情况变化导致用人单位单方面解除劳动合同，《劳动合同法》规定，有下列情形之一的，用人单位提前30日以书面形式通知劳动者本人或者额外支付劳动者1个月工资后，可以解除劳动合同：（1）劳动者患病或者非因工负伤，在规定的医疗期满后不能从事原工作也不能从事由用人单位另行安排的工作的；（2）劳动者不能胜任工作，经过培训或者调整工作岗位，仍不能胜任工作的；（3）劳动合同订立时所依据的客观情况发生重大变化，致使劳动合同无法履行，经用人单位与劳动者协商，未能就变更劳动合同内容达成协议的。根据《劳动合同法》的相关规定，用人单位因劳动者的非过失性原因而解除合同的，应当给予劳动者相应的经济补偿。

经济性裁员是用人单位行使解除劳动合同权的另一种方式，它是指企业由于经营不善等经济性原因，提前解除与劳动者签订的劳动合同。《劳动合同法》允许在一定条件下用人单位进行经济性裁员，是企业享有经营自主权的具体体现。根据《劳动合同法》的规定，有下列情形之一，需要裁减人员20人以上或者裁减不足20人但占企业职工总数10%以上的，用人单位提前30日向工会或者全体职工说明情况，听取工会或者职工的意见后，裁减人员方案经向劳动行政部门报告，可以裁减人员：（1）依照《企业破产法》规定进行重整的；（2）生产经营发生严重困难；（3）企业转产、重大技术革新或者经营方式调整，经变更劳动合同后，仍需裁减人员的；（4）其他因劳动合同订立时所依据的客观经济情况发生重大变化，致使劳动合同无法履行的。除上述列举的三类情形外，还有一些客观经济情况发生变化需要经济性裁员的情形，如企业整体搬迁需要经济性裁员的，也应允许用人单位进行经济性裁员。

在经济性裁员过程中，为了保护特定的劳动者，裁减人员时，应当优先留用下列人员：（1）与本单位订立较长期限的固定期限劳动合同的；（2）与本单位订立无固定期限劳动合同的；（3）家庭无其他就业人员，有需要扶养的老人或者未成年人的。用人单位裁减人员，在6个月内重新招用人员的，应当通知被裁减的人员，并在同等条件下优先招用被裁减的人员。

5. 用人单位解除劳动合同的限制。为保护一些特定群体劳动者的合法权益，《劳动合同法》四十二条规定在六类法定情形下，禁止用人单位根据《劳动合同法》第四十条、第四十一条的规定单方解除劳动合同。对用人单位不得解除劳动合同规定的理解需要注意以下两个方面：（1）《劳动合同法》四十二条禁止的是用人单位单方解除劳动合同，并不禁止劳动者与用人单位协商一致解除劳动合同；（2）本条禁止的前提是用人单位不得根据《劳动合同法》第四十条、第四十一条解除劳动合同，但劳动者具备了本条规定的六种情形之一，用人单位仍可以根据《劳动合同法》第三十九条的规定解除劳动合同。《劳动合同法》第四十二条规定，劳动者有下列情形之一的，用人单位不得依照本法第四十条、第四十一条的规定解除劳动合同：（1）从事接触职业病危害作业的劳动者未进行离岗前职业病健康检查，或者疑似职业病病人在诊断或者医学观察期间的；（2）在本单位患职业病或者因工负伤并被确认丧失或者部分丧失劳动能力的；（3）患病或者非因工负伤，在规定的医疗期内的；（4）女职工在孕期、产期、哺乳期的；（5）在本单位连续工作满 15 年，且距法定退休年龄不足 5 年的；（6）法律、行政法规规定的其他情形。考虑到有些法律、行政法规中也有不得解除劳动合同的规定，同时为了便于与以后颁布的法律相衔接，规定了一个兜底条款，这有利于对劳动者的保护。

（三）劳动合同的终止

1. 劳动合同终止的概念。劳动合同终止是指劳动合同的法律效力依法被消灭。劳动合同解除与劳动合同终止都会引起劳动合同法律效力的终结，劳动合同终止是劳动合同解除之外的劳动合同法律效力终结的情形。劳动合同解除和劳动合同终止都导致了劳动关系的终结，但两者之间又有明显的区别：（1）劳动合同终止属于劳动合同关系的自然终结，而劳动合同解除是劳动合同关系的提前终结；（2）劳动合同终止的法定条件主要是劳动者和用人单位主体资格的消灭，而劳动合同解除的法定条件是一些违法违纪违规等行为；（3）劳动合同终止一般是可以预见的，而劳动合同解除一般不可预见。

2. 劳动合同终止的情形。《劳动合同法》规定，有下列情形之一的，劳动合同终止：

（1）劳动合同期满。该条件主要适用于固定期限劳动合同和以完成一定工作任务为期限的劳动合同两种情形。劳动合同期满，除依法续订劳动合同的和依法应延期的以外，劳动合同自然终止，双方权利义务结束。根据劳动与社会保障部的规定，劳动合同的终止时间，应当以劳动合同期限最后一日的24时为准。《劳动合同法》规定，劳动合同期满自然终止，原劳动合同消灭。如果劳动者仍在原用人单位工作，用人单位未表示异议的，应视为一个新劳动合同的开始。考虑到用人单位续签劳动合同的实际情况，以及在这种情形下劳动者也有一定责任，所以可依照《劳动合同法》第十条的规定，在前一劳动合同终止之日后劳动者提供劳动的第一天起1个月内订立书面劳动合同，否则用人单位就要承担《劳动合同法》第十四条、第八十一条的法律责任。至于后一劳动合同的内容除了期限以外应视为与原劳动合同一致。

（2）劳动者已开始依法享受基本养老保险待遇。根据法律、行政法规的规定，我国劳动者开始依法享受基本养老保险待遇的条件大致有两个，一是劳动者已退休；二是个人缴费年限累计满15年或者个人缴费和视同缴费年限累计满15年。《劳动法》并没有规定劳动者退休，劳动合同终止。根据《劳动合同法》的规定，劳动者退休并不必然导致劳动合同终止，除非其他法律、行政法规另有规定。

（3）劳动者死亡，或者被人民法院宣告死亡或者宣告失踪的。劳动者死亡、被人民法院宣告死亡或者宣告失踪的，劳动合同签订一方主体资格消灭，劳动合同因为缺乏一方主体而归于消灭，属于劳动合同终止的情形之一。

（4）用人单位被依法宣告破产的。根据《企业破产法》的规定，用人单位一旦被依法宣告破产，就进入破产清算程序，用人单位的主体资格即将归于消灭，因此用人单位一旦进入被依法宣告破产的阶段，意味着劳动合同一方主体资格必然消灭，劳动合同归于终止。

（5）用人单位被吊销营业执照、责令关闭、撤销或者用人单位决定提前解散的。吊销营业执照，是指剥夺被处罚用人单位已经取得的营业执照，使其丧失继续从事生产或者经营的资格。责令关闭，是指行为人违反了法律、行政法规的规定，被行政机关作出了停止生产或者经营的处罚决定，从而停止生产或者经营。被撤销，是指由行政机关撤销有瑕疵的公司登记。用人单位被依法吊销营业执照、责令关闭或者被撤销，已经不能进行生产或者经营，应当解散，以该用人单位为一方的劳动合同终止。用人单位决定提前解散，也使用人单位的主体资格消失，劳动合同终止。

（6）法律、行政法规规定的其他情形。有关劳动终止的情形，除了《劳动合同法》规定的五种情形外，可由法律、行政法规作出规定。

（四）解除或者终止劳动合同的经济补偿

1. 经济补偿的性质。经济补偿是劳动合同制度中的一项重要内容，经济补偿是企业承担社会责任的主要方式之一。在我国失业保险制度建立健全过程中，经济补偿可以有效缓减失业者的焦虑情绪和生活实际困难，维护社会稳定，形成社会互助的良好社会氛围。经济补偿不同于经济赔偿，不是一种惩罚手段。我国实行按劳分配制度，劳动者付出劳动得到劳动报酬，劳动报酬基本能体现劳动者的贡献。同时，经济补偿是国家调节劳动关系的一种经济手段，引导用人单位长期使用劳动者，谨慎行使解除权利和终止权利。用人单位为了减少成本，避免支付经济补偿，就不会随意解除劳动合同，从而达到稳定劳动关系的目的。

2. 经济补偿的适用范围。《劳动合同法》规定，有下列情形之一的，用人单位应当向劳动者支付经济补偿：

（1）劳动者依照《劳动合同法》第三十八条规定解除劳动合同的。用人单位有违法、违约行为的，劳动者可以随时解除劳动合同，并有权取得经济补偿。

（2）用人单位依照《劳动合同法》第三十六条规定向劳动者提出解除劳动合同并与劳动者协商一致解除劳动合同的。用人单位与劳动者可以协商一致解除劳动合同，但由用人单位首先提出解除建议的，应当支付经济补偿。如果劳动者主动提出与用人单位协商解除劳动合同，双方达成解除劳动合同的协议，则用人单位不需要向劳动者支付经济补偿。

（3）用人单位依照《劳动合同法》第四十条规定解除劳动合同的。《劳动合同法》第四十条规定，劳动者患病或者非因工负伤，在规定的医疗期满后不能从事原工作也不能从事由用人单位另行安排的工作的；劳动者不能胜任工作，经过培训或者调整工作岗位，仍不能胜任工作的；劳动合同订立时所依据的客观情况发生重大变化，致使劳动合同无法履行，经用人单位与劳动者协商，未能就变更劳动合同内容达成协议的，用人单位可以在提前 30 日通知或者额外支付 1 个月工资后，解除劳动合同。也就是说，在劳动者有一定不足，用人单位没有过错，且作了一些补救措施，但劳动者仍不符合工作要求的情况下，允许用人单位解除劳动合同，但为平衡双方的权利义务，用人单位必须向劳动者支付经济补偿。

（4）用人单位依照《劳动合同法》第四十一条第一款规定解除劳动合同的。《劳动合同法》第四十一条第一款规定的是经济性裁员，在经济性裁员中，劳动者没有任何过错，用人单位也是迫于无奈，为了企业的发展和大部分劳动者的权益，解除一部分劳动者的劳动合同。为平衡双方的权利义务，经济性裁员中，用人单位应当支付经济补偿。

（5）除用人单位维持或者提高劳动合同约定条件续订劳动合同，劳动者不同意续订的情形外，依照《劳动合同法》第四十四条第一项规定终止固定期限劳动合同的。劳动合同期满时，用人单位同意续订劳动合同，且维持或者提高劳动合同约定条件，劳动者不同意续订的，劳动合同终止，用人单位不支付经济补偿；如果用人单位同意续订劳动合同，但降低劳动合同约定条件，劳动者不同意续订的，劳动合同终止，用人单位应当支付经济补偿；如果用人单位不同意续订，无论劳动者是否同意续订，劳动合同终止，用人单位应当支付经济补偿。

（6）依照《劳动合同法》第四十四条第四项、第五项规定终止劳动合同的。《劳动合同法》第四十四条第四项规定，用人单位被依法宣告破产的，劳动合同终止。第四十四条第五项规定，用人单位被吊销营业执照、责令关闭、撤销或者用人单位决定提前解散的，劳动合同终止。《企业破产法》第一百一十三条规定，破产清偿顺序中第一项为破产人所欠职工的工资和医疗、伤残补助、抚恤费用，所欠的应当划入职工个人账户的基本养老保险、基本医疗保险费用，以及法律、行政法规规定应当支付给职工的补偿金。用人单位因为有违法行为而被吊销营业执照、责令关闭、撤销时，劳动者是无过错的，其权益应该受到保护。劳动合同终止时，用人单位应该支付经济补偿。

（7）法律、行政法规规定的其他情形。有些法律、行政法规中有关用人单位支付经济补偿的规定。

3. 经济补偿的计算方法。在劳动合同解除或者终止，用人单位依法支付经济补偿时，就涉及如何计算经济补偿的问题。计算经济补偿的普遍模式是：工作年限×每工作一年应得的经济补偿。《劳动合同法》及有关国家规定对工作年限及经济补偿标准作了明确的规定：

（1）计算经济补偿中的工作年限。劳动者在用人单位工作的年限，应从劳动者向该用人单位提供劳动之日起计算。如果由于各种原因，用人单位与劳动者未及时签订劳动合同的，不影响工作年限的计算。如果劳动者连续为同一用人单位提供劳动，但先后签订了几份劳动合同的，工作年限应从劳动者提供劳动之日起连续计算。如果劳动者为同一用人单位提供劳动多年，但间隔了一段时间，也先后签订了几份劳动合同，工作年限原则上应从劳动者提供劳动之日起连续计算，已经支付经济补偿的除外。

（2）计算标准。经济补偿的计算标准为：经济补偿按劳动者在本单位工作的年限，每满一年支付1个月工资的标准向劳动者支付。6个月以上不满1年的，按1年计算；不满6个月的，向劳动者支付半个月工资的经济补偿。

（3）计算基数。计算经济补偿时，工作满1年支付1个月工资。1个月工资是劳动者解除或者终止劳动合同前12个月的平均工资。

（4）计算封顶。劳动者月工资高于用人单位所在直辖市、设区的市级人民政府公布的上年度职工月平均工资的三倍的，用人单位向其支付经济补偿的标准按职工月平均工资三倍的数额支付，向其支付经济补偿的年限最高不超过12年。

另外，为督促用人单位及时支付经济补偿，《劳动合同法》规定，解除或者终止劳动合同，未依照规定向劳动者支付经济补偿的，由劳动行政部门责令限期支付经济补偿，逾期不支付的，责令用人单位按应付金额50%以上100%以下的标准向劳动者加付赔偿金。

（五）违法解除劳动合同的后果

劳动合同的解除或者终止直接涉及劳动者的切身利益，为了保护劳动者的合法权益，《劳动合同法》对用人单位解除或者终止劳动合同的后果作了明确规定。《劳动合同法》第四十八条规定："用人单位违反本法规定解除或者终止劳动合同，劳动者要求继续履行劳动合同的，用人单位应当继续履行；劳动者不要求继续履行劳动合同或者劳动合同已经不能继续履行的，用人单位应当依照本法第八十七条规定支付赔偿金。"

由此可见，用人单位违法解除或者终止劳动合同的，首先要保护劳动者的劳动就业权，如果劳动者要求用人单位继续履行劳动合同，使劳动关系"恢复原状"，用人单位应当继续履行劳动合同。考虑到劳动合同履行的实际情况，应当尊重劳动者有关是否继续履行劳动合同的选择权，如果劳动者认为继续履行劳动合同存在实际困难，不要求继续履行劳动合同的，劳动合同可以解除或者终止，在此情况下，用人单位应当依法支付赔偿金。《劳动合同法》第八十七条规定，"用人单位违反本法规定解除或者终止劳动合同的，应当依照本法第四十七条规定的经济补偿标准的二倍向劳动者支付赔偿金。"经济补偿与经济赔偿是两个性质不同的概念，用人单位支付经济赔偿不能免除其依法支付经济补偿的法定义务。

六、特别规定

（一）劳务派遣

1. 劳务派遣的概念。劳务派遣是指劳务派遣单位根据用工单位的要求，与用工单位签订劳务派遣协议，将与其建立劳动合同关系的劳动者派往用工单位，被派遣劳动者接受用工单位的劳动管理，劳务派遣单位从用工单位获取派遣费，并向被派遣劳动者支付劳动报酬的特殊用工形式。在劳务派遣的用工形式中，劳动者与劳务派遣单位形成劳动关系，再由该劳务派遣单位派到用人单位劳动，用人单位与劳务派遣单位签订派遣协议。

劳务派遣是市场经济条件下市场主体自发选择劳动用工形式的结果。20世纪90年代以来，劳务派遣成为我国一种新型的劳动用工方式，劳务派遣公司也大量涌现，从最初适用于保姆、保安、保洁劳务人员到后来在建筑、采矿、交通运输、通讯、邮政、电力、化工等行业都广泛应用。与传统的用工方式相比，劳务派遣具有灵活性，但其特殊的三方关系也容易滋生弊端，被一些用人单位利用来逃避法律义务，损害劳动者的利益。有鉴于此，为规范劳务派遣行为，维护被派遣劳动者的合法权益，《劳动合同法》对劳务派遣用工形式作了专门规定，主要包括明确劳务派遣单位与劳动者订立劳动合同的期限、劳务派遣单位和用工单位各自应当履行的义务、劳务派遣实施岗位的范围等内容。

2. 劳务派遣单位。在劳务派遣的用工形式中，规范劳务派遣单位的设立条件，直接涉及劳动者权益的保护。为了提高劳务派遣单位承担风险的能力，《劳动合同法》第五十七条规定：“劳务派遣单位应当依照公司法的有关规定设立，注册资本不得少于50万元。”只有依法设立的能够独立承担民事责任，具备一定规模的公司法人才能专门从事劳务派遣业务。这就为劳务派遣单位的设立规定了严格的条件，规范了劳务派遣单位的发展形式，保证了劳务派遣单位具有一定的资本能力，以便劳务派遣单位更好地为用工单位提供劳务派遣服务。

同时，《劳动合同法》又规定，劳务派遣单位是《劳动合同法》所称的用人单位，应当履行用人单位对劳动者的义务。这些规定明确了劳务派遣单位与劳动者形成正式劳动关系，劳务派遣单位要承担用人单位的全部义务。这些义务在《劳动合同法》中已经有明确规定。如派遣单位承担依法招用劳动者、签订劳动合同以及解除劳动合同时支付经济补偿金、支付工资、参加社会保险并依法缴费等义务。劳务派遣单位与被派遣劳动者订立的劳动合同，除应当载明《劳动合同法》第十七条规定的事项外，还应当载明被派遣劳动者的用工单位以及派遣期限、工作岗位等情况。劳务派遣单位应当与被派遣劳动者订立二年以上的固定期限劳动合同，按月支付劳动报酬；被派遣劳动者在无工作期间，劳务派遣单位应当按照所在地人民政府规定的最低工资标准，向其按月支付报酬。以上规定可以防止劳务派遣单位随意解除劳动合同，侵害被派遣劳动者的劳动权利。

3. 劳务派遣协议。在劳务派遣的用工形式中，劳务派遣单位根据用工单位的要求派遣符合条件的劳动者，用工单位根据协议向劳务派遣单位支付报酬或管理费。为了明确劳务派遣中的有关权利、义务，劳务派遣单位派遣劳动者应当与用工单位订立劳务派遣协议，劳务派遣协议是劳务派遣单位与用工单位之间为了明确双方在劳务派遣过程中的权利、义务而达成的协议。劳务派遣协议在性质上属于民事合同。劳务派遣单位与用工单位订立劳务派遣协议，将有利于明确派遣单位与用工单位之间的权利义务，从而避免发生争议时双方推诿现象的出现。劳务派遣协议应当约定派遣岗位和人员数量、派遣期限、劳动报酬和社会保险费的数额与支付方式以及违反协议的责任。用工单位应当根据工作岗位的实际需要与劳务派遣单位确定派遣期限，不得将连续用工期限分割订立数个短期劳务派遣协议。分割订立数个短期劳务派遣协议往往成为相关用人单位实践中躲避社会保险、正常工资调整等的手段，这对劳动者合法劳动权益是一种侵害，对其进行禁止有利于保护劳动者合法劳动权益。

劳务派遣协议的内容直接涉及劳动者的切身利益，为了保护劳务派遣中被派遣的劳动者合法权益，《劳动合同法》规定了劳务派遣单位的义务，即劳务派遣单位应当将劳务派遣协议的内容告知被派遣劳动者。劳务派遣单位不得克扣用工单位按照劳务派遣协议支付给被派遣劳动者的劳动报酬。劳务派遣单位和用工单位不得向被派遣劳动者收取费用。劳务派遣单位跨地区派遣劳动者的，被派遣劳动者享有的劳动报酬和劳动条件，按照用工单位所在地的标准执行。

4. 用工单位的义务。在劳务派遣中，被派遣的劳动者实际上是为用工单位提供劳动，为了保护被派遣劳动者的合法权益，《劳动合同法》也规定了用工单位在劳务派遣中的义务。这些义务包括：（1）执行国家劳动标准，提供相应的劳动条件和劳动保护；（2）告知被派遣劳动者的工作要求和劳动报酬；（3）支付加班费、绩效奖金，提供与工作岗位相关的福利待遇；（4）对在岗被派遣劳动者进行工作岗位所必需的培训；（5）连续用工的，实行正常的工资调整机制。

《劳动合同法》还对劳务派遣合同的解除、劳务派遣适用的岗位等作了明确规定。被派遣劳动者可以依照《劳动合同法》第三十六条、第三十八条的规定与劳务派遣单位解除劳动合同；被派遣劳动者有《劳动合同法》第三十九条和第四十条第一项、第二项规定情形的，用工单位可以将劳动者退回劳务派遣单位，劳务派遣单位依照《劳动合同法》有关规定，可以与劳动者解除劳动合同。劳务派遣一般在临时性、辅助性或者替代性的工作岗位上实施。用人单位不得设立劳务派遣单位向本单位或者所属单位派遣劳动者。

（二）非全日制用工

1. 非全日制用工的概念。非全日制用工是与全日制用工相对应的概念，《劳动合同法》对非全日制用工作出了界定，它是指以小时计酬为主，劳动者在同一用人单位一般平均每日工作时间不超过 4 小时，每周工作时间累计不超过 24 小时的用工形式。

从《劳动合同法》对非全日制用工的界定标准来看，包括以下含义：（1）非全日制用工是一种特殊的用工形式。在非全日制用工中，用人单位和劳动者之间形成的是劳动关系，而不是民事雇佣关系；双方达成的协议是劳动合同，而不是民事合同。（2）非全日制用工的实质标准是：在同一单位平均每日工作不超过 4 小时，每周工作时间累计不超过 24 小时。以工作时间的长短作为界定非全日制用工的标准是国际通行的做法，但每个国家规定的工作时间标准不同。我国《劳动合同法》界定非全日制用工采用每日工作时间结合周工作时间的标准，即一般平均每日不超过 4 小时，同时每周累计不超过 24 小时。在同一个用人单位中，如果劳动者每日工作时间不超过 4 小时，但每周累计工作时间超过 24 小时的，将构成一般的劳动关系，而不是非全日制用工关系；如果劳动者每天平均工作时间超过了 4 小时，而每周累计不超过 24 小时，也将构成一般的劳动关系，而不是非全日制用工关系。这里的工作时间应理解为劳动合同约定的工作时间。（3）非全日制用工中工资形式以小时计酬为主。计时工资一般有四种具体计算标准：小时工资制、日工资制、周工资制和月工资制。鉴于非全日制用工临时性、工作时间短且灵活等特点，无论是实行日工资制、周工资制还是月工资制都存在一些客观障碍，容易产生纠纷，因此非全日制用工中适合实行小时计酬方式。为了保护非全日制用工中劳动者的合法权益，非全日制用工一般应以小时计酬为主。《劳动合同法》规定，非全日制用工小时计酬标准不得低于用人单位所在地人民政府规定的最低小时工资标准。非全日制用工劳动报酬结算支付周期最长不得超过 15 日。

非全日制用工作为灵活就业的一种重要方式，近年来在我国呈现出较快增长趋势。但是，我国《劳动法》却没有关于非全日制用工的规定，如非全日制用工是否合法、从事非全日制工作的劳动者有哪些劳动权益等问题，缺乏明确的规定。实践中，从事非全日制用工的劳动者如进城的农民工、城市下岗职工、部分离退休人员等，其合法权益更容易被侵害。因此，《劳动合同法》对非全日制用工进行了相应规范，以明确非全日制用工中劳动合同双方的权利和义务，更好地保护非全日制用工中劳动者的合法权益。考虑到非全日制用工的特点，在具体劳动合同制度方面有一些特殊的规定，《劳动合同法》对非全日制用工在特别规定一章中作了专节规定。

2. 非全日制用工劳动合同。考虑到实践中存在大量非书面合同的劳动关系和国际上通行的做法，为了更好地保持非全日制用工形式的灵活性以促进就业，《劳动合同法》对非全日制用工劳动合同的形式采用了灵活的模式。《劳动合同法》规定，非全日制用工双方当事人可以订立口头协议。灵活的用工形式，促进了劳动就业工作。

《劳动合同法》同时规定，从事非全日制用工的劳动者可以与一个或者一个以上用人单位订立劳动合同；但是，后订立的劳动合同不得影响先订立的劳动合同的履行。《劳动合同法》允许从事非全日制用工的劳动者建立双重或多重劳动关系，突破了原有立法禁止建立多重劳动关系的限制。允许从事非全日制用工的劳动者建立双重或多重劳动关系，劳动者可以增加劳动收入，同时，用人单位可以降低用人成本。但是，订立一个以上劳动合同的，后订立的劳动合同不得影响先订立劳动合同的履行，不得侵害到先订立的劳动合同。

3. 非全日制用工不得约定试用期。在非全日制用工形式中，为了维护劳动者的权益，《劳动合同法》规定，非全日制用工双方当事人不得约定试用期。对于用人单位，不得与劳动者约定试用期，就意味着不能以劳动者在试用期间被证明不符合录用条件而与劳动者解除劳动合同。用人单位违反规定与非全日制用工的劳动者约定了试用期的，由劳动行政部门责令改正，违法约定的试用期已经履行的，由用人单位以劳动者试用期满月工资为标准，按已经履行的试用期的期限向劳动者支付赔偿金。

4. 非全日制用工终止用工。非全日制用工的突出特点就是它的灵活性，为了更好地利用非全日制用工的灵活性，促进就业，促进劳动力资源的优化配置，《劳动合同法》对非全日制用工的终止作出了比全日制用工更为宽松的规定。非全日制用工双方当事人任何一方都可以随时通知对方终止用工。终止用工，用人单位不向劳动者支付经济补偿。终止用工不支付经济补偿，在一定程度上维护了用人单位的合法权益。关于通知的形式，从立法可以看出，通知可以采用书面形式，也可以采用口头形式。

七、劳动合同的监督检查

（一）劳动行政部门的监督检查

劳动行政部门的监督检查是指国务院劳动行政部门和县级以上人民政府的劳动行政部门，以自己的名义，代表国家对劳动合同制度的实施情况进行监督管理的行政执法活动。《劳动合同法》规定，县级以上地方人民政府劳动行政部门依法对下列实施劳动合同制度的情况进行监督检查：（1）用人单位制定直接涉及劳动者切身利益的规章制度及其执行的情况；（2）用人单位与劳动者订立和解除劳动合同的情况；（3）劳务派遣单位和用工单位遵守劳务派遣有关规定的情况；（4）用人单位遵守国家关于劳动者工作时间和休息休假规定的情况；（5）用人单位支付劳动合同约定的劳动报酬和执行最低工资标准的情况；（6）用人单位参加各项社会保险和缴纳社会保险费的情况；（7）法律、法规规定的其他劳动监察事项。

县级以上地方人民政府劳动行政部门实施监督检查时，有权查阅与劳动合同、集体合同有关的材料，有权对劳动场所进行实地检查，用人单位和劳动者都应当如实提供有关情况和材料。劳动行政部门的工作人员进行监督检查，应当出示证件，依法行使职权，文明执法。

（二）其他有关部门的监督检查

劳动合同实施情况的监督检查主要主体是劳动行政部门，同时，其他有关部门在各自的职权范围内实施监督检查。《劳动合同法》规定，县级以上人民政府建设、卫生、安全生产监督管理等有关主管部门在各自职责范围内，对用人单位执行劳动合同制度的情况进行监督管理。工会依法维护劳动者的合法权益，对用人单位履行劳动合同、集体合同的情况进行监督。用人单位违反劳动法律、法规和劳动合同、集体合同的，工会有权提出意见或者要求纠正；劳动者申请仲裁、提起诉讼的，工会依法给予支持和帮助。任何组织或者个人对违反本法的行为都有权举报，县级以上人民政府劳动行政部门应当及时核实、处理，并对举报有功人员给予奖励。劳动者合法权益受到侵害的，有权要求有关部门依法处理，或者依法申请仲裁、提起诉讼。

第二节　集体合同

一、集体合同概述

（一）集体合同的概念

集体合同是指用人单位与本单位职工根据法律、法规、规章的规定，就劳动报酬、工作时间、休息休假、劳动安全卫生、职业培训、保险福利等事项，通过集体协商签订的书面协议。企业职工一方与用人单位可以订立劳动安全卫生、女职工权益保护、工资调整机制等专项集体合同。专项集体合同是指用人单位与本单位职工根据法律、法规、规章的规定，就集体协商的某项内容签订的专项书面协议。《劳动法》第三十三条第一款规定："企业职工一方与企业可以就劳动报酬、工作时间、休息休假、劳动安全卫生、保险和福利等事项，签订集体合同。"集体合同制度是当今国际上普遍采用的调整劳动关系的一项重要法律制度，它对于保障劳动者的权益，调整和协调劳动关系具有重要的作用。我国《劳动法》、《劳动合同法》和《集体合同规定》等对集体合同的签订、集体合同的审查、集体合同争议的处理等问题，作出了明确规定，以规范集体合同制度。

集体合同具有下列特征：

1. 主体的特定性。《劳动法》第三十三条规定，集体合同由工会代表职工与企业签订，没有建立工会的企业，由职工推举的代表与企业签订。《劳动合同法》第五十一条第二款规定，集体合同由工会代表企业职工一方与用人单位订立；尚未建立工会的用人单位，由上级工会指导劳动者推举的代表与用人单位订立。可见，集体合同的主体是特定的，集体合同的一方是工会或者职工代表，另一方是用人单位。集体合同的主体与劳动合同的主体具有明显的区别。

2. 内容的广泛性。集体合同的内容十分广泛，可能涉及劳动关系的各个方面，也可能只涉及劳动关系的某个方面。集体合同具体包括以下内容：劳动报酬、工作时间、休息休假、保险福利、劳动安全与卫生、合同期限、变更、解除、终止集体合同的协商程序、双方履行集体合同的权利和义务、履行集体合同发生争议时协商处理的约定、违反集体合同的责任、双方认为应当协商约定的其他内容。

3. 双方承担义务的差异性。集体合同不同于一般的劳动合同，集体合同规定用人单位应承担的义务，大都具有法律强制性，用人单位不履行集体合同规定的义务，应当承担法律责任；而工会或者职工代表在集体合同中承担的义务，主要属于社会道义性质，因此工会或者职工代表一般不承担法律责任。这是集体合同区别于劳动合同的又一重要特征。

4. 形式的法定性。集体合同是要式合同，根据《劳动法》及《集体合同规定》的有关规定，我国集体合同必须采用书面形式，内容主要是与劳动关系有关的事项，必须经过平等协商这个法定程序，最后经劳动行政部门审核后才能生效。

（二）集体合同的功能

现代劳动关系的法律调整，应当包括三个层次：第一层次是国家制定的劳动法律规范，它确定了劳动关系的基本原则和一般标准，是强制性的规范；第二层次是劳动合同制度，它是劳动者和用人单位自主协商确定劳动关系的一种制度，带有一定的意思自治性；第三层次是集体合同制度，它是介于劳动法律规范与劳动合同制度中间协调劳动关系的主要法律制度。《劳动法》首次从法律制度的层面规定了集体合同制度，我国集体合同制度实施以来，对于保障劳动者的合法权益，协调劳动关系发挥了重要的作用。在保护劳动者利益和协调劳动关系方面，与调整劳动关系的其他法律制度相比，集体合同具有特殊的功能：

1. 集体合同可以弥补劳动立法的不足。有关劳动立法只能按照最低标准来保障劳动者的权益，按此标准进行保护劳动者只是法律所要求的最低水平，而立法意图并不是希望对劳动者利益的保护仅仅停留在最低水平上，但想要通过劳动立法的方式规定更高的标准又恐怕难以施行。通过集体合同，可以对劳动者利益作出高于法定最低标准的约定，从而使劳动者利益保护的水平能够实际高于法定最低标准。同时，劳动立法关于劳动者利益和劳动关系协调的规定可能比较原则，相对于复杂的劳动关系而言难免有所疏漏。通过集体合同可以对这些共性问题作出约定，从而更具体地规范劳动关系，对劳动立法不完备起到补充作用。在保护劳动者权益和协调劳动关系方面，集体合同制度可以弥补劳动立法的不足。

2. 集体合同可以弥补劳动合同的不足。劳动者与用人单位在签订劳动合同时，单个劳动者是相对弱者，不足以与用人单位抗衡，难免违心地接受用人单位提出的不合理条款。而由工会或者职工代表代表全体劳动者签订集体合同，就可以与用人单位平等协商，避免劳动者被迫接受不合理条款。同时，劳动者之间因各自实力不同，在与用人单位签订劳动合同时的实际地位有差别，仅以劳动合同来确定劳动者的权利义务，就难免使有的劳动者遭受歧视，不能平等地享有权利和承担义务，通过集体合同可以确保在一定范围内，全体劳动者的权利和义务实现平等。

（三）集体合同与劳动合同的区别

集体合同与劳动合同是我国《劳动法》和《劳动合同法》规定的调整劳动关系的两种不同的合同形式，它们之间存在着一定的联系。建立集体合同制度与劳动合同制度的目的都是为了确立劳动者与用人单位之间的劳动关系，以规范劳动关系。集体合同与劳动合同都应当采用书面形式订立。集体合同对劳动合同具有一定的约束力，劳动合同中规定的劳动条件和劳动报酬不得低于集体合同的规定。但集体合同与劳动合同之间也有着明显的区别：

1. 主体不同。集体合同的主体是劳动者团体和用人单位或其团体，故集体合同又称团体协约或团体合同；劳动合同的主体是用人单位与单个劳动者。劳动者个人不能与用人单位签订集体合同；工会组织或者职工代表也不能代表职工与用人单位签订劳动合同。

2. 签订的目的不同。签订集体合同的主要目的，是为了改善劳动关系，加强劳动纪律，减少劳动纠纷，保障用人单位全体劳动者的整体利益；签订劳动合同的主要目的是建立劳动关系，维护劳动者个人和用人单位的合法权益。

3. 内容不同。集体合同不仅规定用人单位的一般劳动和生活条件，而且涉及劳动关系的各个方面，内容具有广泛性、整体性的特点；劳动合同规定劳动者个人和用人单位的权利和义务，内容多是关于劳动条件的规定。

4. 形式不同。集体合同都为书面合同；我国的非全日制用工合同，可以采用口头形式，其他劳动合同应当采用书面形式。

5. 法律效力不同。集体合同对全体劳动者都有法律效力，而且集体合同的效力一般高于劳动合同的效力，集体合同规定了用人单位的最低劳动标准；劳动合同只对单个劳动者有法律效力，劳动合同规定的各项劳动标准不得低于集体合同的规定，否则无效。

6. 责任不同。集体合同的一方当事人如用人单位违反集体合同的规定，侵害了工会和全体劳动者的合法权益并造成损失时，应当承担物质赔偿责任；工会一方不履行集体合同的规定，一般只对上级工会和全体会员负道义上的责任，由上级工会给予批评教育，纠正违约的行为，以适当方式弥补因违约给用人单位造成的损失，但一般不承担物质赔偿责任。劳动合同任何一方当事人违约可导致另一方提前解除劳动合同，任何一方因违约而给对方造成经济损失时，应根据其后果及损失的大小予以赔偿。

二、集体合同的订立

（一）集体合同订立的原则

进行集体协商，签订集体合同或专项集体合同，应当遵循下列原则：(1) 遵守法律、法规、规章及国家有关规定； (2) 相互尊重，平等协商；(3) 诚实守信，公平合作；(4) 兼顾双方合法权益；(5) 不得采取过激行为。依法签订的集体合同或专项集体合同，对用人单位和本单位的全体职工具有法律约束力。用人单位与职工个人签订的劳动合同约定的劳动条件和劳动报酬等标准，不得低于集体合同或专项集体合同的规定。县级以上劳动行政部门对本行政区域内用人单位与本单位职工开展集体协商、签订、履行集体合同的情况进行监督，并负责审查集体合同或专项集体合同。

（二）集体合同订立的程序

1. 确定集体协商的代表。集体协商代表（以下统称协商代表），是指按照法定程序产生并有权代表本方利益进行集体协商的人员。为了保证集体协商代表的顺利产生和依法履行职权，《集体合同规定》规定：(1) 集体协商双方的代表人数应当对等，每方至少3人，并各确定1名首席代表。(2) 职工一方的协商代表由本单位工会选派。未建立工会的，由本单位职工民主推荐，并经本单位半数以上职工同意。建立工会的，职工一方的首席代表由本单位工会主席担任。工会主席可以书面委托其他协商代表代理首席代表。工会主席空缺的，首席代表由工会主要负责人担任。未建立工会的，职工一方的首席代表从协商代表中民主推举产生。(3) 用人单位一方的协商代表，由用人单位法定代表人指派，首席代表由单位法定代表人担任或由其书面委托的其他管理人员担任。(4) 用人单位协商代表与职工协商代表不得相互兼任。(5) 企业内部的协商代表参加集体协商视为提供了正常劳动。(6) 职工一方协商代表在其履行协商代表职责期间劳动合同期满的，劳动合同期限自动延长至完成履行协商代表职责之时。职工一方协商代表履行协商代表职责期间，用人单位无正当理由不得调整其工作岗位。(7)用人单位法定代表人可以更换用人单位一方协商代表。(8)协商代表因更换、辞任或遇有不可抗力等情形造成空缺的，应在空缺之日起15日内按照规定产生新的代表。协商代表应履行下列职责：(1)参加集体协商；(2)接受本方人员质询，及时向本方人员公布协商情况并征求意见；(3)提供与集体协商有关的情况和资料；(4)代表本方参加集体协商争议的处理；(5)监督集体合同或专项集体合同的履行；(6)法律、法规规定的其他职责。

2. 进行集体协商。集体协商任何一方均可就签订集体合同或专项集体合同以及相关事宜，以书面形式向对方提出进行集体协商的要求。一方提出进行集体协商要求的，另一方应当在收到集体协商要求之日起20日内以书面形式给以回应，无正当理由不得拒绝进行集体协商。协商代表在协商前应进行必要的准备工作，如熟悉与集体协商内容有关的法律、法规、规章和制度；了解与集体协商内容有关的情况和资料，收集用人单位和职工对协商意向所持的意见；拟定集体协商议题等。集体协商会议由双方首席代表轮流主持，并按下列程序进行：(1)宣布议程和会议纪律；(2)一方首席代表提出协商的具体内容和要求，另一方首席代表就对方的要求作出回应；(3)协商双方就商谈事项发表各自意见，开展充分讨论；(4)双方首席代表归纳意见。达成一致的，应当形成集体合同草案或专项集体合同草案，由双方首席代表签字。集体协商未达成一致意见或出现事先未预料的问题时，经双方协商，可以中止协商。中止期限及下次协商时间、地点、内容由双方商定。

3. 双方正式签字。经双方协商代表协商一致的集体合同草案或专项集体合同草案应当提交职工代表大会或者全体职工讨论通过。职工代表大会或者全体职工讨论集体合同草案或专项集体合同草案，应当有2/3以上职工代表或者职工出席，且须经全体职工代表半数以上或者全体职工半数以上同意，集体合同草案或专项集体合同草案方获通过。集体合同草案或专项集体合同草案经职工代表大会或者职工大会通过后，由集体协商双方首席代表签字。

4. 报送审查。集体合同或专项集体合同签订或变更后，应当自双方首席代表签字之日起10日内，由用人单位一方将文本一式三份报送劳动行政部门审查。劳动行政部门对报送的集体合同或专项集体合同应当办理登记手续。集体合同或专项集体合同审查实行属地管辖，具体管辖范围由省级劳动行政部门规定。中央管辖的企业以及跨省、自治区、直辖市的用人单位的集体合同应当报送国家劳动行政部门或国家劳动行政部门指定的省级劳动行政部门。劳动行政部门应当对报送的集体合同或专项集体合同的下列事项进行合法性审查：（1）集体协商双方的主体资格是否符合法律、法规和规章规定；（2）集体协商程序是否违反法律、法规、规章规定；（3）集体合同或专项集体合同内容是否与国家规定相抵触。劳动保障行政部门对集体合同或专项集体合同有异议的，应当自收到文本之日起15日内将《审查意见书》送达双方协商代表。劳动保障行政部门自收到文本之日起15日内未提出异议的，集体合同或专项集体合同即行生效。生效的集体合同或专项集体合同，应当自其生效之日起由协商代表及时以适当的形式向本方全体人员公布。

集体合同生效后，对签订集体合同双方所代表的人员都具有约束力。任何一方不得擅自变更或解除集体合同。如果集体合同的当事人违反集体合同的规定，就要承担相应的法律责任。对于劳动者来说，除集体合同有特别规定外，集体合同的全部内容适用于企业内部全体职工。即在一个企业内部，只要工会与企业签订了集体合同，工会就代表了全体职工，而不只是代表工会会员，对于非工会会员也适用。对其生效实施后被企业录用的职工而言，集体合同也是适用的。对于用人单位来说，集体合同生效后则不因企业法人代表的变动而影响其效力。

（三）集体合同订立的形式

《集体合同规定》规定，集体合同是集体协商双方代表根据法律、法规的规定就劳动报酬、工作时间、休息休假；劳动安全卫生、保险福利等事项在平等协商一致基础上签订的书面协议。由此可见，集体合同必须以书面形式订立，否则不具有法律效力。这是因为，一方面集体合同涉及双方当事人的权利义务，与其切身利益有重大关系，只有采用书面形式订立，才便于履行和检查。另一方面，集体合同订立后，必须经有关劳动行政部门审查，这也要求集体合同必须以书面形式订立。

（四）集体合同的内容

集体协商双方可以就下列多项或某项内容进行集体协商，签订集体合同或专项集体合同：（1）劳动报酬。劳动报酬主要包括：用人单位工资水平、工资分配制度、工资标准和工资分配形式；工资支付办法；加班、加点工资及津贴、补贴标准和奖金分配办法；工资调整办法；试用期及病、事假等期间的工资待遇；特殊情况下职工工资（生活费）支付办法；其他劳动报酬分配办法。（2）工作时间。工作时间主要包括：工时制度；加班加点办法；特殊工种的工作时间；劳动定额标准。（3）休息休假。休息休假主要包括：日休息时间、周休息日安排、年休假办法；不能实行标准工时职工的休息休假；其他假期。(4) 劳动安全与卫生。劳动安全卫生主要包括：劳动安全卫生责任制；劳动条件和安全技术措施；安全操作规程；劳保用品发放标准；定期健康检查和职业健康体检。(5) 补充保险和福利。补充保险和福利主要包括：补充保险的种类、范围；基本福利制度和福利设施；医疗期延长及其待遇；职工亲属福利制度。(6) 女职工和未成年工特殊保护。女职工和未成年工的特殊保护主要包括：女职工和未成年工禁忌从事的劳动；女职工的经期、孕期、产期和哺乳期的劳动保护；女职工、未成年工定期健康检查；未成年工的使用和登记制度。(7) 职业技能培训。职业技能培训主要包括：职业技能培训项目规划及年度计划；职业技能培训费用的提取和使用；保障和改善职业技能培训的措施。(8) 劳动合同管理。劳动合同管理主要包括：劳动合同签订时间；确定劳动合同期限的条件；劳动合同变更、解除、续订的一般原则及无固定期限劳动合同的终止条件；试用期的条件和期限。(9) 奖惩。奖惩主要包括：劳动纪律；考核奖惩制度；奖惩程序。(10) 裁员。裁员主要包括：裁员的方案；裁员的程序；裁员的实施办法和补偿标准。(11) 集体合同期限。集体合同或专项集体合同期限一般为 1 年至 3 年，期满或双方约定的终止条件出现，即行终止。(12) 变更、解除集体合同的程序。(13) 履行集体合同发生争议时的协商处理办法。(14) 违反集体合同的责任。(15) 双方认为应当协商的其他内容。

集体合同中劳动报酬和劳动条件等标准不得低于当地人民政府规定的最低标准；用人单位与劳动者订立的劳动合同中劳动报酬和劳动条件等标准不得低于集体合同规定的标准。

三、集体合同的变更和解除

双方协商代表协商一致，可以变更或解除集体合同或专项集体合同。有下列情形之一的，可以变更或解除集体合同或专项集体合同：(1) 用人单位因被兼并、解散、破产等原因，致使集体合同或专项集体合同无法履行的；(2) 因不可抗力等原因致使集体合同或专项集体合同无法履行或部分无法履行的；(3) 集体合同或专项集体合同约定的变更或解除条件出现的；(4) 法律、法规、规章规定的其他情形。

变更或解除集体合同或专项集体合同，适用集体协商程序。集体合同或专项集体合同期满前 3 个月内，任何一方均可向对方提出重新签订或续订的要求。

四、专项集体合同

专项集体合同是指用人单位与劳动者根据法律、法规的规定，就集体协商的某项内容签订的专项书面协议。为了减少协商谈判所需要的社会成本，也为了更有针对性、更有效地解决劳动关系某一个方面的问题，工会在推进集体合同制度的实践中订立专项集体合同，逐渐成为一种普遍形式。《劳动合同法》规定，企业职工一方与用人单位可以订立劳动安全卫生、女职工权益保护、工资调整机制等专项集体合同。

（一）劳动安全卫生专项集体合同

签订劳动安全卫生专项集体合同的目的是加强对劳动者的劳动保护。该专项集体合同的主要内容是企业在劳动安全卫生保护方面应当承担的义务。随着保护劳动者权益的认识逐渐深入，劳动安全卫生标准越来越为社会关注。在已有《劳动法》、《工会法》、《安全生产法》、《职业病防治法》、《消防法》、《危险化学品安全管理条例》等劳动安全卫生法律法规及标准的前提下，为进一步规范企业与职工双方在生产经营活动中的行为，加强安全生产的管理和监督，防止和减少安全生产事故的发生，维护职工的安全健康合法权益，促进企业的稳步发展，依据有关规定，结合某行业、某企业实际订立劳动安全卫生专项协议，已经越来越受到人民群众的关注。

（二）女职工权益保护专项集体合同

签订女职工权益保护专项集体合同的目的是加强女职工合法权益和特殊利益方面的保护。该专项集体合同的主要内容是企业在女职工权益保护方面能够提供哪些方面的具体保护。它对用人单位和本单位的全体女职工具有法律约束力。结合企业的实际情况制定的女职工特殊权益保护专项集体合同，往往具有较强的针对性、实效性和可操作性，是切实维护女职工合法权益和特殊利益的重要机制和手段。例如专项集体合同里规定企业与女职工建立劳动关系应当订立劳动合同，实行男女同工同酬；在企业工会委员会、职工民主管理和进修时企业必须安排一定比例的女职工参加；根据女职工的生理特点，对月经期、孕期、产期和哺乳期的女职工给予特殊保护；企业不得在孕期、产期、哺乳期，降低其基本工资或终止、解除其劳动合同；单位每年对女职工（含离退休女职工）进行一次妇科检查等。

（三）工资调整机制专项集体合同

签订工资调整机制专项集体合同的目的是保证劳动者的工资水平与企业的经济效益挂钩，形成正常的职工工资增长机制。该专项集体合同的主要内容是就企业内部工资分配制度、工资分配形式、工资收入水平进行平等协商，并在协商一致的基础上签订专项集体合同。劳动和社会保障部2007年提出，我国将力争在5年内，使各类企业都建立工资集体协商制度，形成正常的工资增长机制。在企业工资集体协商过程中，职工一方明显处于弱势。代表企业利益的一方往往组织严密，具有很强的专业素质，而代表职工利益的一方往往是由选举、任命等方式临时产生，缺乏谈判的动力与技能，致使工资谈判常常走过场，难有实际效果。为此，企业职工一方需要借助有组织的工会力量，能够真正与企业一方平等协商，订立工资调整机制方面的专项集体合同。《劳动法》第四十七条规定："用人单位根据本单位的生产经营特点和经济效益，依法自主确定本单位的工资分配方式和工资水平。"相比之下，工资集体协商更加科学民主，代表着一种进步的趋势，因此，《劳动合同法》规定可以签订工资调整机制专项集体合同。

五、行业性、区域性集体合同

随着集体合同制度的实施，各级工会组织积极开展各种形式的实践，近年来行业性集体合同、区域性集体合同得到了相当大的发展。推广行业性集体合同、区域性集体合同，有利于跳出单个企业的局限，促进某行业、某区域的劳动者和用人单位平等协商，从而能够保护更大范围的劳动者的合法权益。明确行业性集体合同、区域性集体合同法律地位，一方面将更加有利于推动行业性集体合同、区域性集体合同的发展，另一方面也能够对行业性集体合同、区域性集体合同的发展起到规范作用。因此，《劳动合同法》规定，在县级以下区域内，建筑业、采矿业、餐饮服务业等行业可以由工会与企业方面代表订立行业性集体合同，或者订立区域性集体合同。行业性、区域性集体合同对当地本行业、本区域的用人单位和劳动者具有约束力。同一行业的所有劳动者和用人单位都要平等履行行业性集体合同，同一区域的所有劳动者和用人单位都要平等履行区域性集体合同，而不局限于约束协商谈判、签订该项集体合同的双方代表。

（一）行业性集体合同

行业性集体合同主要是指在一定行业内，由行业性工会联合会与相应行业内各企业，就劳动报酬、工作时间、休息休假、劳动安全卫生、保险福利等事项进行平等协商，所签订的集体合同。在调整劳动关系方面，行业性集体合同具有独特的优势：（1）同一领域的各企业具有行业共同性，在利润和职工工资水平、职业危害状况、劳动者素质等方面往往比较接近，可以就某一方面制定具体的、有针对性的共同标准，从而容易达成行业性集体合同；（2）行业性集体合同能够更广泛地保护整个行业内的劳动者的合法权益，同时在和谐稳定劳动关系的基础上，行业整体素质也能得到提升；（3）协商订立行业性集体合同能够减少劳资谈判的社会成本，因此行业性集体合同有逐渐向越来越广大区域扩展的趋势。建筑业、采矿业、餐饮服务业等，行业特点都比较显著，决定了这些行业容易订立切实可行的行业性集体合同。如餐饮服务业，劳动者工资报酬通常比较平均、比较低下，在这些方面签订行业性集体合同能够建立良好的工资调整机制，有效提高餐饮服务业劳动者的工资水平。

（二）区域性集体合同

区域性集体合同是指在一定区域内（指镇、区、街道、村、行业），由区域性工会联合会与相应经济组织或区域内企业，就劳动报酬、工作时间、休息休假、劳动安全卫生、保险福利等事项进行平等协商而签订的集体合同。区域性集体合同的优势在于基层（镇、村、街道）较小的区域内，发挥好基层工会熟悉当地企业和劳动者的优势，就当地某些特殊情况、特殊需要订立区域性集体合同。由于企业性质差异、各行业劳动者需求不同等，在一个较大区域内协商签订集体合同往往比较困难，即使签订集体合同也往往因为缺少针对性而难以实施，因此，区域性集体合同是不适合在大范围大区域内推行的。

六、集体合同争议的处理

（一）因签订集体合同发生争议的处理

因签订集体合同发生的争议，当事人应当协商解决。当事人双方协商不成的，由当地来的行政部门协调处理。《集体合同规定》规定，地方各类企业和不跨省（自治区、直辖市）的中央直属企业因签订集体合同发生争议的处理，由省（自治区、直辖市）劳动行政部门确定管辖范围。全国性集团公司、行业性公司以及跨省（自治区、直辖市）的中央直属企业因签订集体合同发生的争议，由国务院劳动行政部门指定有关省（自治区、直辖市）劳动行政部门受理，或由国务院劳动行政部门组织有关方面协调处理。县级以上人民政府劳动行政部门的劳动争议协调处理机构是受理和协调处理签订集体合同争议的日常工作机构。

因签订集体合同发生争议，双方当事人不能自行协商解决的，当事人一方或双方可向劳动行政部门的劳动争议协调处理机构书面提出协调处理申请；未提出申请的，劳动行政部门认为必要时可视情况进行协调处理。劳动行政部门协调处理因签订集体合同发生的争议时，应组织同级工会代表、企业方面的代表以及其他有关方面的代表共同进行。

劳动行政部门处理因签订集体合同发生的争议，应自决定受理之日起 30 日内结束。争议复杂或遇影响处理的其他客观原因需要延期时，延期最长不得超过 15 日。协调处理因签订集体合同发生的争议，双方当事人座各选派代表 3 至 10 名，并指定一名首席代表参加。企业不得在此期间解除与职工代表的劳动关系。争议双方及其代表应如实提供有关情况和材料，协调处理因签订集体合同发生的争议结束后，由劳动行政部门制作《协调处理协议书》，双方当事人首席代表和协调处理负责人共同签字盖章。《协调处理协议书》下达后，双方应当执行。

（二）因履行集体合同发生争议的处理

《劳动法》第八十四条第二款规定：“因履行集体合同发生争议，当事人协商解决不成的，可以向劳动争议仲裁委员会申请仲裁；对仲裁裁决不服的，可以自收到仲裁裁决书之日起 15 日内向人民法院提起诉讼。”《劳动法》规定的对仲裁裁决不服的，才能提起诉讼的体制，不利于及时解决履行集体合同发生的争议，容易造成劳动者权益遭受侵害的状况长期得不到解决。而在发生集体合同争议的情况下，众多劳动者的合法权益都会遭受损害，这种状况长期得不到解决，会危害到劳动关系的稳定和社会秩序的安定。

为了解决上述问题，《劳动合同法》第五十六条规定：“用人单位违反集体合同，侵犯职工劳动权益的，工会可以依法要求用人单位承担责任；因履行集体合同发生争议，经协商解决不成的，工会可以依法申请仲裁、提起诉讼。”这里规定了工会选择或裁或审的两种途径，仲裁不再是提起诉讼的必经程序，可以使因履行集体合同发生的争议得到及时的解决。

思考题

1. 什么是劳动合同？它可以分为哪些种类？
2. 劳动合同具有哪些特征？

3. 无固定期限劳动合同的签订条件包括哪些？
4.《劳动合同法》的适用范围是什么？
5. 劳动合同应包括哪些主要条款？
6. 劳动者单方面解除劳动合同的条件有哪些？
7. 用人单位单方面解除劳动合同的条件有哪些？
8. 用人单位解除劳动合同应如何向劳动者支付经济补偿？
9. 什么是集体合同？它有哪些基本特征？
10. 订立集体合同一般应经过哪些程序？
11. 集体合同应包括哪些基本内容？
12. 集体合同与劳动合同有什么区别？

第五章　工作时间和休息休假

第一节　工 作 时 间

一、工作时间概述

（一）工作时间的概念

工作时间又称劳动时间，是指法律规定的劳动者为履行劳动义务，在用人单位从事劳动或工作的时间。工作时间是劳动者的劳动能力与生产资料直接结合的时间，也是实现劳动过程的时间，它是劳动的自然尺度，是衡量每个劳动者的劳动贡献和支付劳动报酬的计算单位。

劳动的消耗总是在一定的具体劳动过程中进行的，其结果则是创造一定数量的物质财富或精神财富。工作时间与劳动者的身体健康密切相关，因而，工作时间的规定必须受到立法的制约，对它的限制是劳动保护的一项重要内容。工作时间包括每日工作小时数和每周工作小时数。

工作时间作为法律范畴，不仅包括实际工作的时间，也包括劳动者从事法定的或领导决定的其他非工作时间，诸如，劳动者从事工作前准备和工作后结束工作的时间，连续从事有害健康工作的间歇时间，女职工哺乳婴儿的时间，开会或参加社会活动的时间，停工待活的时间等。有的工作时间弹性比较大，实际操作上难以计算，如职员出差，新闻记者外出采访，艺术家的艺术酝酿和训练等花费的时间，实际上也应视为工作时间。

（二）我国工作时间立法概况

我国工时制度立法晚于西方发达工业化国家。19 世纪中叶，产业工人在我国出现后，工作日通常为 12 ~ 14 小时。国民党统治时期虽然规定有“成年工人每日实在工作时间以 8 小时为原则”的条文，但实际上并为实现。中国共产党成立之后，非常重视工作时间立法，早在1922年的劳动法大纲中就提出每天劳动不超过8小时，夜班劳动不得超过6小时。1931年和1933年颁布的《中华苏维埃共和国劳动法》曾规定每天工作时间不得超过8小时。从1922年至1948年的历届全国劳动大会决议案都提出了8小时工作日制。新中国成立前夕的《共同纲领》中就明确规定，公私合营企业一般实行8小时至10小时工作制。1960年12月《中共中央关于在城市坚持8小时工作制的通知》规定：全国各城市的一切单位、一切部门，在一般情况下，无例外地必须严格实行8小时工作制。不得任意加班加点，不得任意侵占干部和群众的休息时间。对于那些屡教不改的负责人或负责单位，应给予必要的处分。1979年10月原纺织工业部和国家劳动总局发布《关于纺织企业实行"四班三运转"的意见》，在棉纺织企业试行了"四班三运转"的工时制度。1981年6月原化工部和国家劳动总局发布《关于在化工有毒有害作业工人中改革工时制度的意见》，规定对有毒有害作业工人可采取的工时形式有：（1）"三工一休制"，即工作三天，休息一天；（2）每日7小时工作制，或者每日6小时工作制；（3）"定期轮流脱离接触"，即工人每年轮流脱离原工作岗位一个半月或两个半月，脱离期满后仍回原岗位工作。

1994年1月24日国务院通过了《国务院关于职工工作时间的规定》，规定自1994年3月1日起，在我国境内的国家机关、社会团体、企事业单位以及其他组织的职工，统一实行每日工作8小时，平均每周工作44小时的工时制度。《劳动法》第三十六条规定："国家实行劳动者每日工作时间不超过8小时、平均每周工作时间不超过44小时的工时制度。"1995年2月17日国务院通过了《国务院关于修改〈国务院关于职工工作时间的规定〉的决定》，其中规定，自1995年5月1日起，职工每日工作8小时，每周工作40小时。

根据《全国年节及节假日休假办法》的规定，全体公民的节日假期由原来的10天增设为11天。据此，职工全年月平均制度工作天数分别调整如下：（1）年工作日：365天－104天（休息日）－11天（法定节假日）＝250天；（2）季工作日：250天÷4季＝62.5天/季；（3）月工作日：250天÷12月＝20.83天/月；（4）工作小时数的计算：以月、季、年的工作日乘以每日的8小时。

二、工作时间的法律调整的原则

（一）保护劳动者身体健康和休息权

工作时间的长度和工作班的安排，不得损害劳动者身体健康，必须保障劳动者休息权的实现。我国《宪法》第四十三条明确规定：“中华人民共和国劳动者有休息的权利。”“国家发展劳动者休息和休养的设施，规定职工的工作时间和休假制度。”从法律上对工作时间和休息时间作出规定，是各国早期劳动立法的重要内容。我国对劳动者工作时间的限制和休息权的法律保障，主要目的是为了保障劳动者的健康和安全。特别是在生产力水平不高，劳动生产率的提高还需要依赖人的体力情况下，更需要强制执行法定工时，保障公民的休息权，禁止任意加班加点，靠延长工作时间增加产量，维护劳动者的合法权益。

（二）促进科学技术的进步，提高劳动效率

法律上对工作时间和休息时间的规定，与各国的社会经济制度、科学技术的发展程度有着直接的关系。而工时制度的发展变化，又将对社会经济的发展和科学技术的进步产生重大影响。在一般情况下，随着经济的发展，科学技术的进步，必将逐步缩短工时，增加休息时间。国家通过立法把工作时间的长度加以合理的限定，就会使劳动者有足够的休息时间来恢复体力和从事业余文化科学技术的学习，提高专业技能，改善劳动力素质，从而提高劳动效率。在市场经济条件下，由于竞争意识的加强和工作节奏的加快，保证劳动者有比较充分的休息时间，显得尤为重要。

（三）与经济发展和人民生活水平相适应

随着经济发展和人民生活水平的提高，工作时间呈缩短趋势。从劳动立法历史看，世界各国都随着社会的发展，通过各种方式和途径，不断缩短工作时间和延长休息休假时间。在第一次世界大战以前，各国规定的工作日一般为10小时，第一次世界大战后，缩短到8小时。从20世纪40年代起，各国又相继缩短工时，到70年代，欧美各国普遍实行40小时工作周。新中国建立后，在相当长的时期内，基本上实行每天8小时，每周6天48小时的工时制度。1994年2月国务院发布了《关于职工工作时间的规定》及《关于职工工作时间的规定实施办法》，规定了在保证完成生产任务和工作任务，不增加人员编制、财政支出的条件下，职工实行每天8小时，平均每周44小时的工时制度。在特殊条件下从事劳动和有特殊情况的职工，按照国务院或者国务院劳动、人事行政主管部门的规定，可以再适当缩短工作时间。根据国务院的规定，自1995年5月1日起我国已实行每天8小时、每周40小时工作制。这些规定，都表明随着经济的发展和人民生活水平的提高，我国正从实际情况出发，积极创造条件，不断缩短工作时间，以满足人们日益增长的物质和文化生活需要。

三、工作日的种类

工作日也称劳动日，是指劳动者在一昼夜内的工作时间。在立法和实践中，一般以工作日作为工作时间的表现形式和计算单位。关于工作日的种类，从学理上，大体分为以下几种：

（一）标准工作日

标准工作日也称标准工作制，是指由法律规定的，在正常情况下普遍实行的工作日。标准工作日是工时立法的基础，其他几种工作日的规定都是与标准工作日相比较而言的。其主要特点是：（1）它以正常情况作为其适用条件；（2）它普遍适用于一般职工；（3）它一般以法定最高工时作为其时间长度；（4）它被作为确定其他工作日长度的基准。

《劳动法》第三十六条规定："国家实行劳动者每日工作时间不超过8小时，平均每周工作时间不超过44小时的工作制度。"1995年国务院修订了《关于职工工作时间的规定》，重新发布了工作时间，规定职工每日工作8小时，每周工作40小时。该规定适用于中华人民共和国境内的国家机关、社会团体、企业事业单位以及其他组织的职工、该规定自1995年5月1日实施。根据国务院的规定，劳动部、人事部分别发布了《贯彻国务院〈关于职工工作时间的规定〉的实施办法》，对国家机关、社会团体、企业事业单位的工作时间具体地作了统一要求。实施办法还要求各单位必须加强管理，有计划、有步骤地实行该规定，不能因实行新工时制而影响生产和工作任务，也不能因此而降低职工的经济收入，减少劳动报酬。

（二）缩短工作日

缩短工作日也称缩短工作制，是指劳动者从事少于标准工作日的工作时间。缩短工作日主要适用于从事有毒有害工作、条件艰苦工作、过度紧张工作、特别繁重体力劳动等。国务院《关于职工工作时间的规定》第四条规定："在特殊条件下从事劳动和有特殊情况，需要适当缩短工作时间的，按照国家有关规定执行。"国务院《关于职工工作时间的规定实施办法》中规定："在特殊条件下从事劳动和有特殊情况的职工，按照国务院或者国务院劳动、人事行政主管部门的规定，可以再适当缩短工作时间。属于中央直属企业事业单位的职工，经主管部门审核上报后，由国务院劳动人事部门批准。属于地方企业事业单位的职工，经当地主管部门审核上报，由当地劳动、人事部门批准。"我国目前实行缩短工作日的主要有下列四种情况：（1）从事矿山、井下、高山、高温、低温、有毒有害、特别繁重或过度紧张的劳动等职工，每日工作少于8小时。近年来，纺织行业已在实行“四班三运转”工时制度，化工行业实行6小时或7小时的缩短工时，煤矿井下实行四班6小时工作制，建筑、冶炼、地质勘探、森林采伐、装卸搬运等均为繁重体力劳动，依本行业特点都实行了不同程度的缩短工作日。（2）夜班工作时间实行缩短1小时。夜班工作时间一般指当晚10时至次日晨6时从事劳动或工作的时间。夜班工作改变了正常的生活规律，增加了神经系统的紧张状态，因而夜班工作时间比标准工作时间减少1小时。（3）根据1988年国务院发布的《女职工劳动保护规定》，有不满一周岁婴儿的女职工可在每班劳动时间有两次哺乳（含人工喂养）时间，每次30分钟。多胞胎生育的，每多哺乳一个婴儿，每次哺乳时间增加30分钟。女职工每班劳动时间内的哺乳时间可以合并使用。（4）1991年全国人大常委会通过的《中华人民共和国未成年人保护法》规定，未成年工（年满16周岁未满18周岁的劳动者）实行低于8小时工作日。

（三）不定时工作日

不定时工作日又称不定时工作制，是指每日没有固定工作时间的工作日。国务院《关于职工工作时间的规定》中规定：“因工作性质和职责的限制，不宜实行定时工作制的职工可以实行不定时工作制。”根据劳动部《关于企业实行不定时工作制和综合计算工时工作制的审批办法》（以下简称《审批办法》）的规定，不定时工作制一般适用于下列人员：（1）某些行政领导、管理人员、技术人员；（2）工作无法按时间定额计算的人员，如顾问、外勤人员；（3）因工作性质特殊，需要继续工作的人员，如铁路道口看守人员；（4）自行支配工作时间的人员，如森林巡查人员。不定时工作日并非对工作时间毫无限制，而是不加严格限制，基本上按照标准工作日执行。由于不定时工作日具有极大的灵活性，实践中尚无统一的标准。具体执行，一般由各地人民政府、企业主管部门、行政管理机关视实际情况自行确定。

（四）综合计算工作日

综合计算工作日，是指用人单位根据生产和工作的特点，分别采取以周、月、季、年等为周期综合计算劳动者工作时间的一种工时形式。企业实行综合计算工作日后，其平均日工作时间和平均周工作时间应与法定标准工作时间基本相同。

根据《审批办法》的规定，综合计算工作时间制适用于符合以下条件之一的企业职工：（1）交通、铁路、邮电、水运、航空、渔业等行业中因工作性质特殊，需连续作业的职工；（2）地质及资源勘探、建筑、制盐、制糖、旅游等受季节和自然条件限制的行业的部分职工；（3）其他适合实行综合计算工时工作制的职工，如对于那些在市场竞争中，由于受外界因素的影响，生产任务不均衡的企业的部分职工，经劳动行政部门严格审批后，也可以参照综合计算工时工作制的办法实施。

与不定时工作制不同的是，企业实现综合计算工时工作制，不论以周、月、季、年何种形式为周期综合计算工作时间，职工的平均月工作时间和周工作时间都应与法定标准工作时间基本相同，超过法定标准工作日部分，应作为延长工作时间计算，并应按规定支付职工延长工作时间的工资报酬。在法定节日工作的，用人单位应按规定支付法定节日工作的工资报酬。

对于实行不定时工作制和综合计算工时工作制的职工，企业应根据《劳动法》的有关规定，在保障职工身体健康并充分听取职工意见的基础上，采用集中工作、集中休息、轮休调休、弹性工作时间等适当方式，确保职工的休息休假权利和生产、工作任务的完成。

此外，我国部分单位正在试行非全时工作制和弹性工作制。

非全时工作制是指每日或每周实际工时少于正常规定的工作时间，并按照实际工作时间支付劳动报酬的工时制度。它可以一天只工作几个小时，也可以一周内在某几天工作。欧美国家，特别是美国、德国都大力提倡和广泛使用非全时工作制。近年来，随着我国经济体制改革的深化和第三产业的发展，有些旅馆、饭店、商店和个体经济组织开始采用非全时工作制，雇用非全时工人。这种工时制度比较灵活，又能调动就业人员的积极性，提高经济效益，因而，我国应从法律上鼓励服务性行业采用非全时工作制。

弹性工作制是指企业中实行的一种有限度地由职工灵活选定上下班的工作时间制度。它把一个工作日分为定额时间和弹性时间两部分。定额时间是指规定在固定时间内，所有职工必须同时按岗位上班；弹性时间是指由职工自行选择用来完成工作的一部分时间。弹性工作制是在妇女大批进入企业参加工作，迫切要求有更多的休息时间从事家务劳动和抚养子女的情况下产生的。近年来，有些企业试行弹性工作制，效果较好。

四、延长工作时间

（一）延长工作时间的概念

延长工作时间，是指用人单位在法定工作时间之外要求劳动者继续工作而增加一定工作时间，即我们通常所说的“加班加点”。

加班是指用人单位要求劳动者在正常工作日之外延长工作时间。加点是指用人单位要求劳动者在正常工作时数以外延长当天工作时间。

我国现行劳动立法对企业加班加点作了严格限制。《劳动法》第四十三条规定：“用人单位不得违反本法规定延长劳动者的工作时间。”国务院《关于职工工作时间的规定》第六条规定：“任何单位和个人不得擅自延长职工工作时间。因特殊情况和紧急任务确需延长工作时间的，按照国家有关规定执行。”上述立法对控制企业任意加班加点，节约加班加点经费和开支，保障职工实现休息权和健康安全，促进企业改进劳动组织，提高劳动生产率和经济效益具有重要的意义。但是，完全禁止加班加点也是不可能的，在企业中常常会出现意料不到的情况，为了满足生产、工作的特殊需要，劳动法对加班加点、延长工作时间又作了灵活的变通规定。因此，在工时立法中，对加班加点既允许又限制，以防止加班加点的滥用，保障劳动者休息权和有关权益的实现。

（二）允许延长工作时间的法定条件

在正常情况下，各用人单位不得安排职工加班、加点，但为了满足生产、工作的特殊需要，法律允许在特殊情况下延长工作时间。根据《劳动法》和《国务院关于职工工作时间的规定》及其《实施办法》的规定，有下列情况之一的，可以延长工作时间：（1）由于发生自然灾害、事故或者因其他原因，使人民的安全健康和国家资财遭到严重威胁，需要紧急抢救的；（2）由于生产设备、交通运输线路、公共设施发生故障，影响生产和公众利益，必须及时抢修的；（3）在法定节日和公休假日工作不能间断的；（4）必须利用法定节日或公休日的停产期间进行设备检修、保养的；（5）为了完成国防紧急生产任务，或者完成上级在国家计划外安排的其他紧急生产任务以及商业、供销企业在旺季完成收购、运输、加工农副产品紧急任务的；（6）法律、行政法律规定的其他情形。

法律、法规规定以上情形是延长工作时间的法定条件，目的在于保护国家利益、集体利益，保护劳动者的整体利益。在上述情形下延长工作时间，不受限制，而在其他情况下，延长劳动者工作时间要受到各种限制。

（三）延长工作时间的限制

1. 延长工作时间的限度。《劳动法》第四十一条规定：“用人单位由于生产经营需要，经与工会和劳动者协商后可以延长工作时间，一般每日不得超过1小时；因特殊原因需要延长工作时间的，在保障劳动者身体健康的条件下延长工作时间每日不得超过3小时，但是每月不得超过36小时。”从时间上对加班加点进行规定和限制，保证职工在加班加点的情况下仍有一定的休息时间，这对确保职工劳逸结合，及时恢复体能，以便能继续长期参加工作和生产劳动有着重要作用。

2. 被延长工时人员范围的限制。《劳动法》第六十一条规定：“对怀孕7个月以上的女职工，不得安排其延长工作时间和夜班劳动。”第六十三条规定，女职工在哺乳未满1周岁的婴儿期间，不得安排其过长工作时间和夜班劳动。《中华人民共和国未成年人保护法》亦有禁止安排未成年工加班加点的明文规定。法律严格规定参加加班加点的人员对象，对于维护女职工和未成年工的合法权益具有重要的作用。

（四）延长工作时间的补偿待遇

立法关于延长工作时间补偿的规定，兼有职工利益补偿和限制延长工时双重功能。根据我国立法规定，延长工时的补偿有两种形式，即补休和加班加点工资，其中，补休是应当优先采用的形式。我国立法关于加班加点工资的规定，有下列主要内容：

1. 加班加点工资的发放范围。国家机关、社会团体、事业单位的职工，企业中适用事假照发工资制度的职工，加班加点后只安排补休而不发给加班加点工资。企业中不适用事假照发工资制度的职工，加班加点后不能安排补休的应发给加班加点工资。劳动者在完成劳动定额或规定工作任务后参加用人单位安排的加班加点，才发给加班加点工资。企业由于生产任务不足或者未按计划完成生产任务，为了突击完成任务或突击完成临时承揽的生产任务而加班的，不得发放加班工资。

2. 加班加点工资的标准。根据《劳动法》规定，在下列情况下，用人单位应当向职工支付高于正常工作时间工资的工资报酬：其一，安排劳动者延长工作时间的，支付不低于工资的150%的工资报酬；其二，休息日安排劳动者工作又不能安排补休的，支付不低于工资的200%的工资报酬；其三，法定休假日安排劳动者工作的，支付不低于工资的300%的工资报酬。实行计件工资的劳动者在完成计件定额任务后的加班加点，分别按照不低于其本人法定工时计价单价的150%、200%和300%支付加班加点工资。

3. 加班加点工资的管理。国家规定，企业主管部门根据各企业的不同生产情况，应分别核定企业全年发放的加班工资总额，并报当地劳动部门审批，同时还要抄送开户银行。企业发放的加班工资总额超过核定限额部分，应从核定的可以用于当年发放的奖金总额中予以扣除。凡未核定加班工资限额的，银行不得支付加班工资。企业主管部门、劳动部门对加班工资的发放必须加强监督，对滥发加班工资的单位和滥批加班工资的部门必须严肃处理并坚决纠正。对严重违法乱纪的有关领导人员还应给予纪律处分。

（五）延长工作时间的审批手续

加班加点占用了职工宝贵的休息时间，因此，企业、事业、机关、团体等单位要加班加点须严格按照法定的程序进行。1982 年 4 月 8 日国务院《关于严格制止企业滥发加班加点工资的通知》规定，企业在特殊情况下组织职工加班加点，应当事先提出理由，计算工作量和加班加点人数，在征得同级工会组织同意后办理审批手续。加班加点的审批权限，由省、市、自治区人民政府和国务院各部门研究确定。

1994 年 3 月 15 日，劳动部、公安部、全国总工会联合发出《关于加强外商投资企业和私营企业劳动管理切实保障职工合法权益的通知》。通知规定：“企业违反国家规定，强迫职工加班加点，职工可以拒绝，企业不得因此扣发职工工资，更不得以此为理由解雇职工。”工会组织应对企业遵守劳动法规的情况进行监督，发现企业有违法行为，可及时提出要求，督促企业改正；对不改正的，可向劳动行政部门等有关部门报告情况，共同采取措施使其改正。”通过法律的监督和管理，对加班加点从审批手续上进行严格限制，切实保障劳动者的合法权益，促进社会主义市场经济健康迅速地发展。

第二节 休息休假

一、休息休假的概念

休息和休假是指劳动者在任职期间，根据法律规定，不从事劳动和工作而自行支配的休息时间和法定节假日。它包括下列几层含义：（1）劳动者在休息休假期间不必为用人单位从事劳动或工作；（2）休息休假时间由劳动者自行支配；（3）劳动者在休息休假时间内的生活保障由用人单位提供；（4）用人单位不得非法占用劳动者的休息时间，如需依法占用，应当给劳动者以补偿。

休息权是我国《宪法》规定的公民基本权利之一。法律规定职工的休息权不仅在于补偿劳动者的体能的消耗，保障职工的身体健康，也在于使得广大劳动者有较多的闲暇时间学习科学技术知识，提高专业技术水平，不断提高劳动者素质，提高工作效率和劳动生产率。长期以来，为了贯彻《宪法》的有关规定，国家通过颁布一系列劳动法律、法规具体规定了职工的工作时间，严格限制加班加点，并增设了大量的疗养院、休养所、文化宫、图书馆、运动场、游乐场等公共设施，以供职工休息时使用，从而使劳动者的休息权的实现得到充分的物质保证。

二、休息休假的种类

休息休假的种类，随着社会经济条件的发展而有所变化。我国职工休息休假的种类和长度由法律、法规直接规定。目前，我国职工享有的休息休假可分为以下几种：

（一）工作日内的间歇时间

工作日内的间歇时间是指职工在每个工作日内所享有的休息和用餐时间。它对于减少劳动者劳动过程中的疲劳和紧张，提高劳动效率是必要的。由于各行业工作性质的不同，各行业对工作日内的间歇时间规定不同。间歇时间一般不少于半小时，如果实行单班制或双班制的企业，其间歇时间应规定在工作开始后 4 小时。三班制的企业，如两班工作时间各为 8 小时。另一班（夜班）工作时间为 7 小时，每班的间歇时间为 20 分钟。生产不容间断，不能实行固定的间歇时间的单位，应保证劳动者在工作时间内有基本的用餐时间。怀孕满 7 个月的女职工应给予工间休息时间。这种休息时间不计算在工作时间之内。有些单位实行工间操制度，工间操时间计入工作时间之内。

（二）两个工作日之间的休息时间

两个工作日之间的休息时间是指职工在一个工作日结束后至下一个工作日开始的休息时间。这种休息时间是保障职工恢复体力智力的重要阶段。其长度应以保证职工的体力和工作能力恢复为基准。一般为 15～16 小时，无特殊情况应保障职工连续使用，不得间断。实行轮班制的，其班次必须平均调换，一般应在休息日之后调换。调换班次时，不得使职工连续工作两班。

（三）公休假日

公休假日是指职工工作满一个工作周以后应给予的休息时间。《劳动法》第三十八条规定：“用人单位应当保证劳动者每周至少休息一日。”我国自 1995 年 5 月 1 日开始，实行每周 40 小时工作制度，劳动者工作满 5 天可享有

2 天的公休假日。国家机关、事业单位实行统一的工作时间，星期六和星期日为周休息日。企业职工在实行每周 40 小时工作制度时，由于生产需要（如供水、供电）或为了更好地为居民服务（如电报、电话、电视）或为了减少交通的拥挤及能源供应的紧张，不能在公休假日休息的，可安排在一周内其他时间轮流休息。但有些企业由于生产受季节、工程等因素影响，不能执行正常的工时和休息制度，经劳动行政部门批准，可以实行不定时工作制或综合计算工作制等其他工作和休息办法。

出差人员的公休假日，应该在出差地点享受，如果在出差地点未享受的，可以从实际情况出发，另给予补休。

目前我国纺织、冶金、建材、煤矿井下、化工有毒有害的作业工人，凡实行“四班三运转”（即工作三天，休息一天）的，可享有比普遍职工更多的公休假日。

（四）法定节假日

法定节假日是国家法律统一规定的用以开展纪念、庆祝活动的休息时间。各国法定节日一般从三方面规定：政治性节日，如国庆节、解放日等；宗教性节日，如国外的圣诞节；民族习惯性节日等。根据修改后的《全国年节及纪念日放假办法》的规定，全体公民放假的节日包括：（1）新年，放假 1 天（1 月 1 日）；（2）春节，放假 3 天（农历除夕、正月初一、初二）；（3）清明节，放假 1 天（农历清明当日）； （4）劳动节，放假 1 天（5 月 1 日）；（5）端午节，放假 1 天（农历端午当日）；（6）中秋节，放假 1 天（农历中秋当日）；（7）国庆节，放假 3 天（10 月 1 日、2 日、3 日）。

部分公民放假的节日及纪念日包括：（1）妇女节（3 月 8 日），妇女放假半天；（2）青年节（5 月 4 日），14 周岁以上的青年放假半天；（3）儿童节（6 月 1 日），不满 14 周岁的少年儿童放假 1 天；（4）中国人民解放军建军纪念日（8 月 1 日），现役军人放假半天。

少数民族习惯的节日，由各少数民族聚居地区的地方人民政府，按照各该民族习惯，规定放假日期。“二七”纪念日、“五卅”纪念日、“七七”抗战纪念日、“九三”抗战胜利纪念日、“九一八”纪念日、教师节、护士节、记者节、植树节等其他节日、纪念日，均不放假。全体公民放假的假日，如果适逢星期六、星期日，应当在工作日补假。部分公民放假的假日，如果适逢星期六、星期日，则不补假。

（五）探亲假

探亲假是指工作地点与父母或配偶分居两地，且不能在公休假日团聚的职工，每年所享受的一定期限的带薪假期。1981 年国务院修订颁布了《关于职工探亲待遇的规定》，其主要内容是：

1. 享受探亲假的条件。凡在国家机关、人民团体和全民所有制企业、事业单位工作满一年的固定职工，与配偶或者父母不在一起，又不能在公休假日团聚的，可以享受探望配偶或者父母的待遇。但职工如果与父亲、母亲一方能够在公休假日团聚的，不能享受探望父母的待遇。

2. 探亲假期。探亲假期是指职工与配偶、父母团聚的时间。具体规定是：（1）职工探望配偶的，每年给予一方探亲假一次，假期为 30 天；（2）未婚职工探望父母，原则上每年给假一次，假期为 20 天。如果因为工作需要，本单位当年不能给予假期，或者职工自愿两年探亲一次的，可以两年给假一次，假期为 45 天；（3）已婚职工探望父母的，每 4 年给假一次，假期为 20 天；（4）上述假期均包括公休假日和法定节假日在内。另外，根据实际情况需要给予往返路程假；（5）凡实行休假制度的职工（如大专院校、中小学校的教职工），应在休假期间探亲；如休假期较短，可由本单位适当安排，补足其探亲假的天数。

3. 探亲待遇。职工在规定的探亲假期和路程假期内，按照本人的标准工资发给工资。职工探望配偶和未婚职工探望父母的标准往返路费，由所在单位负担。已婚职工探望父母的往返路费，超过本人月标准工资 30% 的部分，亦由所在单位负担。集体所有企业、事业单位职工的探亲待遇，由省、自治区、直辖市人民政府根据本地区的实际情况自行规定。1986 年 7 月，国务院发布的《国营企业实行劳动合同制暂行规定》中规定："符合探亲条件的劳动合同制工人，也享受国家有关探亲待遇。"

（六）年休假

年休假是指职工每年享有保留职务和工资的一定期限连续休息的假期。许多国家的劳动法中都明确规定，享受年休假是劳动者一项不容剥夺，也不许放弃的重要休息权。以支付工资进行工作来代替年休假，被认为是非法行为。用人单位有义务根据职工要求和照顾生产需要适当安排年休假，一般限制推迟到下一年享受；劳动者连续工作满 1 年，即有权享受年休假待遇。建国初期，我国曾在部分职工中也试行过假期为 12 天的年休假制度，后因国家经济条件有限，未能坚持执行。现在，《劳动法》第四十五条对年休假作了明确规定：

"国家实行带薪年休假制度。劳动者连续工作 1 年以上的，享受带薪年休假。具体办法由国务院规定"。

年休假制度一般包括休假的适用范围、享受年休假的条件、休假期限、年休假的待遇、年休假的具体使用办法等内容。其中最主要的是享受年休假的条件、休假期限。根据国际劳工组织 1970 年 132 号公约规定：连续工作 6 个月者，有权享受年休假，连续工作 6～12 个月者，有权享有与其工作时间相称的年休假，连续工作 1 年者，休假不应少于 3 个工作周。

我国目前还没有统一的年休假的具体办法。1991 年 6 月中共中央和国务院发出《中共中央、国务院关于职工休假问题的通知》，规定各级党政机关、企事业单位，可根据实际情况，适当安排职工休假。具体内容为：（1）各地区在确保完成生产任务，不另增加人员编制和定员的前提下，可以安排职工的年休假；（2）职工休假天数，依据职工实际情况和工作性质而定，最多不得超过两周。休假时间均衡安排，以就地休假为主，并不得搞公费旅游，也不得以不休假为由向职工变相发放钱物；（3）各地党政机关、人民团体和事业单位职工休假的具体规定和办法，由省、自治区、直辖市和各部门制定，并报中央组织部、人事部备案；（4）各地区、各部门可以恢复离休干部健康休养制度，经费开支要严格控制在国家统一标准之内；（5）企业职工休假，由各企业根据实际情况参照有关规定自行确定；（6）各地区、各部门自行拟定的临时办法，凡与本通知相抵触的，立即停止执行，并按本通知办理。

近年来，随着生产的发展和企业深化改革，有些部门和地区，已在试行年休假制度，制定了年休假制度的暂行办法。

（七）其他假

除以上假期外，我国法律规定的其他假期还有女职工生育时的产假、职工婚丧假等。《劳动法》第六十二条规定："女职工生育享受不少于 90 天的产假"。1980 年 2 月，国家劳动总局、财政部发布的《关于国营企业职工婚丧假和路程假问题的规定》中规定，职工本人结婚或职工的直系亲属死亡时，可以根据具体情况，给予 1～3 天的婚丧假并酌情给予路程假。如双方都是晚婚的，婚假延长到 15 日。产假、婚丧假期间，用人单位应依法支付工资。

思　考　题

1. 工作日可分为哪些种类？

2. 在什么条件下可以延长工作时间？

3.《劳动法》对延长工作时间作了哪些限制？

4. 延长劳动者的工作时间如何支付工资报酬？

5. 当前我国休息休假的种类主要有哪些？

第六章 工 资

第一节 工资制度概述

一、工资的概念

工资，又称薪金，是指基于劳动关系，用人单位按照劳动者提供的劳动数量和质量，依法以货币形式支付的劳动报酬。它具有以下几个特征：（1）工资是劳动者基于劳动关系所取得的劳动报酬；（2）工资是劳动者履行劳动义务后而应得的物质补偿；（3）工资额的确定应以劳动者提供的劳动数量和质量为依据；（4）工资的支付应依法进行，即工资支付的项目、水平、形式、对象、时间等必须符合法定要求。

在我国现阶段，工资仍是广大劳动者及其家庭成员生活的主要来源，也是劳动者实现其劳动的一项重要劳动条件。就一般而言，它又是考察一国国民经济发展水平和国民生活水平、计算产品成本和价格以及确定劳动者的保险福利费等方面的主要参数。《劳动法》第五章对工资分配原则、分配方式、工资水平、工资保障等作了专门规定。此外，国务院及有关部门还发布了大量涉及工资的政策、法规，使我国的工资制度日臻完善和健全。

二、我国工资分配的原则

根据劳动法，现阶段我国工资分配主要遵循以下几项原则：

（一）按劳分配原则

《劳动法》第四十六条第一款规定：“工资分配应当遵循按劳分配原则，实行同工同酬。”按劳分配要求按照劳动者的劳动数量和质量分配个人消费品，多劳多得、少劳少得。这是社会主义公有制本质所决定的。按劳分配，首先必须坚持同工同酬，即所有劳动者不分性别、年龄、种族一律按照其等量劳动获得等量报酬；其次，必须反对平均主义，对不同质的劳动给予不同量的劳动报酬，把脑力劳动和体力劳动、复杂劳动和简单劳动、熟练劳动和非熟练劳动、繁重劳动和轻易劳动区别开来。在坚持以按劳分配形式为主的前提下，同时还允许其他多种分配形式并存，允许合法的非劳动收入的存在，把职工的工资外收入作为按劳分配的补充。

（二）在经济发展的基础上逐步提高职工工资水平的原则

工资水平在经济发展的基础上逐步提高，是我国劳动法关于工资制度的一项重要规定。它一方面要求劳动生产率提高的速度必须超过工资增长的速度；另一方面要求工资增长的速度必须与劳动生产率提高的速度相适应。因此，在生产发展、经济效益提高、国家财政收入稳定增长和正确处理积累消费关系的前提下，要使职工的工资收入逐步有较大的提高，消费水平逐步有较大的增长。国家在制定工资法规时，必须正确规定经济增长与职工工资总额之间的比例关系，使工资增长制度化，既保证一定数量的社会积累，又保证劳动者生活水平的提高，从而最大限度地调动其生产积极性和创造性。

（三）用人单位自主分配原则

《劳动法》第四十七条规定："用人单位根据本单位的生产经营特点和经济效益，依法自主地确定本单位的工资分配方式和工资水平。"在市场经济条件下，企业作为市场主体，拥有包括工资分配自主权在内的经营管理自主权。在国家宏观调控的前提下，工资分配方式由企业资金组成方式和经营方式决定，工资水平由劳动力市场的供求关系来确定。这是工资制度的一项重大改革。贯彻这一原则必须既要反对平均主义，允许企业之间存在差距，拉开档次，又要反对高低悬殊，照顾城乡之间、工农之间的劳动收入水平。把工资分配权真正还给企业，不仅非国有企业要自主分配，国有企业也要自主分配。

（四）工资总量宏观调控原则

在社会主义市场经济中，企业拥有在按劳分配原则指导下自主分配职工工资的权利。国家根据企业经济效益的好坏核定其工资定额，并在此基础上确定社会的工资总额。国家对工资总量实行宏观调控是十分必要的，其目的在于控制用工成本的上升，保持经济总量平衡，使消费和经济发展相适应，以实现国民经济持续、稳定、协调发展。

三、工资立法的作用

工资是我国劳动者生活的主要来源。在社会主义市场经济体制下，工资仍具有社会分配职能、补偿职能、激励职能和经济调节职能，是我国国民经济计划的重要组成部分，关系到国家分配、再分配、生产、再生产的问题，是整个社会发展的动力之一。由于工资问题牵涉面广、政策性强，以及自身结构的复杂性，所以，党和国家十分重视工资立法工作，颁布了一系列的有关工资改革、奖金管理等方面的规定，初步形成了工资法规体系。这对加强工资管理，保证提高职工生活水平，调动职工劳动积极性，促进工资改革的发展和推动四化建设都具有重要的作用。

1. 它可以保证在生产发展的基础上逐步提高职工的生活水平。现阶段，工资是广大劳动者生活的全部或主要来源，职工生活水平的高低，在很大程度上决定于工资收入的多少。国家根据社会主义基本经济规律的要求，确定了生产发展和工资增长的比例关系，使职工工资水平的提高和生产发展水平相适应，这样，就能保证职工生活水平的提高建立在可靠的物质基础之上。

2. 它可以保证合理组织劳动和劳动力的合理流动。根据国民经济发展的客观要求，劳动力必须在企业之间、部门之间和地区之间进行分配和再分配，以保证生产建设的需要。对此，除了加强思想政治工作，教育劳动者服从国家分配外，国家还可以通过工资立法，运用经济手段，通过提高工资标准，鼓励职工到国家最需要的地方，特别是艰苦的地方去工作，以保证国家合理组织劳动和促进劳动力的合理流动。

3. 它可以鼓励职工学习文化，钻研技术，提高职工素质和业务技术能力，促进社会生产率的提高。社会主义制度下，工资立法必须反映按劳分配的原则，职工的技术水平越高，提供的社会劳动越多，所得的工资也越高。这样，就把职工的个人利益和国家、企业、集体的利益结合起来，可以鼓励职工努力学习技术，钻研业务，提高劳动熟练程度，采用先进技术，改进操作方法，从而促进整个社会劳动生产率不断提高。

此外，工资立法还可以保障劳动者工资的正确计算和发放，任何单位和个人都不得任意扣罚工资、奖金、津贴，切实保障工资分配职能的实现。

四、工资的基本形式

工资形式，是指计量劳动和支付劳动报酬的方式。企业根据本单位生产经营特点和经济效益依法自主确定本单位的工资分配形式。工资形式主要有计时工资、计件工资、奖金、津贴。

（一）计时工资

计时工资是按照职工技术熟练程度、劳动繁重程度和工作时间的长短支付工资的一种形式。它是依照职工的工资等级、相应的工资标准、工作时间来支付工资的。工资标准是每一职工在单位时间内应得的工资额。为了贯彻按劳分配的原则，国家或企业为不同职务、不同工种和不同等级的职工分别规定了不同的工资标准。

工资标准只是对劳动技能、劳动付出和贡献的一种假定条件，这种假定要变为现实，必须在时间上有所反映。只有同时间要素的结合才能科学、合理地反映劳动量和劳动报酬的关系。也就是说，凡是工资等级相同的职工，劳动时间相同，可以得到相同数量的工资。

按照不同的计算工资时间单位，计时工资可分为月工资制、日工资制、小时工资制；按其是否与奖励相结合，又可分为简单计时工资制和计时加奖的工资制。计时工资制适应性较强，实行的范围较广，几乎任何部门、单位和各类工种、职务均可采用。但由于它不能把职工实际所得同职工实际劳动消耗和劳动成果有效地紧密联系起来，具有一定的局限性。因此，改革和完善我国长期以来实行的计时工资制，对更好地调动广大职工积极性，促进企业管理的科学化，提高劳动生产率具有重要意义。

（二）计件工资

计件工资是指按照劳动者生产合格产品的数量或合乎质量要求的作业量，以预先规定的计价单价为标准来计算工资的一种工资形式。其特点是把直接用时间单位计量劳动者的劳动转化为凝结着一定时间的劳动成果来计量劳动者的劳动。它用间接劳动时间来计量，是计时工资的转化形式，能较好地把劳动与报酬直接联系起来，是贯彻按劳分配原则的一种主要工资形式。

计件工资按不同分类标准可划分为多种具体形式。按计件计算的范围可分为个人计件制和集体计件制；按实际计件的方式，可分为包工计件制和计件加奖制；按对计件单位计算方法的不同又划分为直接无限计件制和累进计件制。计件工资制的实行，要求有完善而严格的定额管理制度，要求企业及其他用人单位有较高的管理水平。因而，计件工资制的实行必须具备相应的合适条件：（1）产品的数量能够准确计量，并能正确反映劳动者所付出的劳动量；（2）职工个人的主观努力与产品的产量有密切的正比例关系；（3）企业生产任务饱和，产品销售畅通，生产资料供应正常；（4）有先进合理的产量定额机制，并有随技术工艺改进修订劳动定额，调整计价单价的制度；（5）有比较健全的质量标准体系。

实行计件工资的用人单位规定劳动者工作时间不得违反有关法律、法规的规定，并且要合理确定其劳动定额和计件报酬标准。

（三）奖金

奖金是对超额劳动计发的一种工资形式。它是职工工资收入的重要组成部分，是对在工作和生产建设中取得卓越成绩的职工的一种奖励。奖金不能独立存在，只能与其他工资形式结合使用。它是工资的一种补充形式，可以弥补计时工资和计件工资的不足。职工在生产过程中由于技术能力不同、体质不同，各个人所发挥主动性、积极性不同，必然形成劳动数量和质量上的差别。计时工资不能完全反映这种差别；计件工资虽然能够反映产品的数量和质量的差别，但对于节约物资、安全生产等方面的差别也不能反映。因此，需要以奖金来补充，更好地体现按劳分配，鼓励职工提高劳动热情，提高技术业务水平。

奖金按不同标准可以分成不同种类：以直接增加社会财富为标准，可以划分为超产奖、质量奖和节约奖；以增加社会财富创造条件为标准，可以划分为劳动竞赛奖、创造发明奖和安全生产奖；以设奖形式划分，可以分为单项奖、综合奖、集体奖、个人奖、年终奖等。目前企业有权自行决定奖金分配办法，但必须依法进行，严禁滥发奖金。

（四）津贴

津贴又叫补贴，是补偿职工额外和特殊劳动消耗，或者保证职工的工资水平不受特殊条件影响而支付的一种工资形式。

津贴和奖金的性质和设立目的不同。奖金是超额劳动报酬，设立奖金是为了奖励有效超额劳动的支出者；津贴是对额外劳动消耗等的补偿，是为了体现劳动者在不同劳动条件下劳动消耗等因素的差别。

津贴种类繁多，主要有以下几大类：（1）补偿职工特殊或额外消耗的津贴，如野外津贴、兼课教师津贴等；（2）保健性津贴，如井下津贴、高温津贴、有毒有害岗位津贴等；（3）技术性津贴，如科研津贴、体育津贴等；（4）年功性津贴，如工龄津贴等；（5）其他津贴，如建筑安装企业流动施工津贴、物价补贴等。

第二节 工资总量的宏观调控

一、工资总量宏观调控的必要性

工资总量是指用人单位在一定时间内直接支付给本单位全体劳动者的全部劳动报酬。一般包括计时工资、计件工资、奖金、津贴和补贴、加班加点工资、特殊情况下的工资等。

工资总量的宏观调控，是指国家对全国工资总量从宏观上进行调节和控制，以确保工资总额增长与国民经济发展保持一个科学、合理、协调的比例关系。

《劳动法》第四十六条第二款规定："工资水平在经济发展的基础上逐渐提高，国家对工资总量实行宏观调控"。社会主义市场经济体制确立后，国家不再是工资分配主体，不再集中统一地、直接地调整企业内部的工资关系。因为工资关系与广大企业和职工有着密切的利害关系，如果国家不赋予企业在职工工资分配上一定的自主权，则不利于充分发挥企业在生产经营上的主动权，不利于企业的经营管理，企业对职工就难以形成一定的经济约束力和激励机制。但是，一个国家的积累和消费仍然应当保持一个正确的比例关系，才能使国民经济保持稳定持续的增长。如果赋予企业工资分配上的自主权而不加限制，则有可能造成企业不顾其未来发展，不顾国家和全民的整体利益而"分光吃净"。因此，国家对工资总额实行宏观调控，对于处理好国家、企业、个人三者的利益关系，调整好生产、积累、消费三者之间的比例关系是十分必要的。

二、国家对工资总额实行的宏观调控

（一）工资总额构成

国家对工资总量宏观调控的总原则是工资水平在经济发展的基础上逐步提高。只要经济不断发展，劳动者的工资水平就应当有所提高。国家要对工资总量实行宏观调控，首先必须对工资总量有个科学的界定，划清工资总额组成和非工资总额组成的界线。这样才能统一工资的计划、统计、核算的口径和标

准，才会有准确的工资总量，也才会达到对其宏观调控的目的。根据1989年经国务院批准、国家统计局发布的《关于工资总额组成的规定》的规定，工资总额以直接支付给职工的全部劳动报酬为根据。实践中，直接支付给职工的劳动报酬一般由计时工资、计件工资、奖金、津贴与补贴、加班加点工资和特殊情况下支付的工资六个方面组成。根据国务院的有关规定，下列企业支出作为专项支出，不应列入工资总额范围：（1）根据国务院发布的有关规定颁发和支付的各类奖金；（2）职工福利费用；（3）工作需要支出；（4）劳动保护开支；（5）劳动保险费等。

（二）工资总额宏观调控的原则

根据现行法律、法规规定，国家对工资总额的宏观调控，应遵循以下原则：（1）工资总额与企业经济效益相联系，职工个人劳动所得与其劳动成果相联系；（2）工资总额的增长幅度低于经济效益的增长幅度，职工实际平均工资增长幅度低于劳动生产率增长幅度；（3）宏观管好和微观搞活相结合。

（三）工资总额宏观调整的方式

国家对工资总额的宏观调控实行中央与省市两级调控。我国地域辽阔，地区之间经济发展水平差异很大，收入分配实行中央与省市两级调控，符合我国经济发展实际。具体怎样实现国家对工资总量的宏观调控，国务院、劳动部颁布了一系列行政法规、规章，作了明确而详细的规定：

1. 工资总额弹性计划。工资总额弹性计划是指由国家制定并组织实施的，对于地区、部门（行业）的工资总额进行动态调控的指导性计划。弹性工资总额计划制度主要有以下内容：

（1）国家对地区、部门全面实行动态调控的弹性工资总额计划。

（2）弹性工资总额计划的确定。第一年的工资总额基础，一般根据上年年报数进行审定，从第二年开始，原则上以上年末应达到数滚动计算。增加值（净产值）工资含量一般以前三年实际平均含量为基础，通过考核同期相关经济效益来确定。相关经济指标包括非农国内生产总值、非农国内生产总值工资含量、资金利税率、劳动生产率等。

（3）工资总额弹性计划的执行。在弹性计划执行期间，结余的工资总额允许在年度之间自行调剂使用。地区和部门实发工资总额超过弹性工资总额计划部分，要在弹性计划执行期末结算时，等额增加该地区或部门上缴中央财政的数额，并等额核减下一个计划期的工资总额基数。

（4）工资总额弹性计划对企业工资总额、企业职工人数有间接调控作用。

各地区、部门所属企业实发工资必须严格控制在弹性计划的工资总额之内，如有突破，劳动部门应会同企业主管部门综合运用经济手段、法律手段和必要的行政手段，指导企业对当年预计发放的工资总额进行相应的调整，鼓励企业多留工资储备金，以便以丰补歉。

2. 工资总额与经济效益挂钩。工资总额与经济效益挂钩，简称“工效挂钩”，它是确定和调控企业工资总量的主要形式。1993 年，劳动部、财政部、国家计委、国家体改委、国家经贸委根据企业实际情况和有关方面的意见，经国务院同意，联合发布《国有企业工资总额同经济效益挂钩的规定》，对企业经济效益指标及其基数、工资总额基数、浮动比例、工效挂钩的管理等问题作了具体的规定和说明。其主要内容如下：

（1）经济效益及其基数。实现工效挂钩，应以能够综合反映企业经济效益和社会效益的指标作为挂钩指标，一般以实现利税、实现利润、上缴利税为主要挂钩指标；因企业生产经营特点不同，也可将实物（工作）量、业务量、销售收入、创汇额、收汇额以及劳动生产率、工资利税率、资本金利税率等综合经济效益指标作为复合挂钩指标。经财政部门认定的亏损企业可以实行工资总额与减亏额指标挂钩，或采用新增工资按减亏的一定比例提取的办法。工资总额与税利总额严重倒挂的企业，可采取税利新增长部分按核定定额提取效益工资的办法，经济效益指标基数一般以企业上年度实际完成数为基础，剔除不可比因素和不合理部分，并参照本地区同行业平均水平进行核定。经济效益指标基数要按照鼓励先进、鞭策后进的原则核定，既对企业自身经济效益高低、潜力大小进行纵向比较，又进行企业间的横向比较。

（2）工资总额基数。企业的挂钩工资总额基数，原则上以企业上年劳动工资统计年报中的工资总额为基础核定，实行增人不增工资总额，减人不减工资总额的办法。

（3）浮动比例。企业工效挂钩的浮动比例，根据企业劳动生产率、工资利税率、资本金利税率等经济效益指标高低和潜力大小，按企业纵向比较与企业横向比较相结合的方法确定。挂钩的浮动比例一般按 1:0.3～0.7 核定。少数特殊企业其浮动比例经过批准可适当提高，但最高按低于 1:1 核定。

（4）工效挂钩的管理。劳动、财政部门会同计划等部门对企业工效挂钩实施综合管理，包括制定工效挂钩的政策法规和实施办法；审核确定企业的挂钩方案；核定企业挂钩的工资总额基数、经济效益指标基数和挂钩浮动比例，并进行年终工资清算；监督检查企业工效挂钩的执行情况。

3. 工资总额指令性控制。它是由国家直接向用人单位下达指令性工资指标或核定用人单位年度工资总额计划，用人单位对这种计划指标必须执行。这种方式主要适用于对国家机关、事业单位和社会团体工资总额的管理。

4. 工资总额考核控制。按照这种控制方式，企业在坚持工资总额增长幅度低于企业经济效益增长幅度，职工平均工资增长幅度低于本企业劳动生产率增长幅度的原则和保证公积金、公益金提留的前提下，自主决定年度工资总额；劳动部门仅核定企业提出的工资总额基数，并以经济效益和劳动生产率增长幅度为标准考核企业的增资幅度；企业提取工资总额高于经济效益和劳动生产率的增长幅度的部分，劳动部门应予扣回。按规定，外商投资企业和自我约束机制基本建立、资产经营责任基本落实的其他企业，可适用这种宏观调控方式。

5.《工资总额使用手册》管理制度和工资总额联合审核制度。由各级劳动部门会同统计、财政、银行等部门，于每年年初对本地区企业上年度工资总额的提取和发放情况进行联合审核。在联合审核的基础上，由劳动部门和银行核发《工资总额使用手册》。在联审中，发现多提或超额发放工资的，要如数扣回。所有企业都要使用《工资总额使用手册》，实行工效挂钩和自主确定工资总额的企业，根据自行编制的工资总额计划如实填写《工资总额使用手册》，于年初报主管部门或劳动部门一次性备案签章；实行工资总额包干的企业，按照劳动部门下达的工资总额包干数填写《工资总额使用手册》，于年初报主管部门或劳动部门一次性审核签章。对未备案签章、审核签章或超额支取工资的企业，银行一律拒付。

工资总额与经济效益挂钩的办法，是当前在向社会主义市场经济转换过程中，确定和调控企业工资总量的主要形式，但这种形式只是国有企业向现代企业过渡的权宜之计。根据1993年12月原劳动部制定的《关于建立社会主义市场经济体制时期劳动体制改革总体设想》，企业工资改革的目标是：建立市场机制决定，企业自主分配，政府监督调控的新模式。因此，我们应当在实践中不断总结摸索新的调控办法和监督措施，使国家对工资总量宏观调控完全符合市场经济的要求。

三、用人单位对工资的自主分配

《劳动法》第四十七条规定："用人单位根据本单位的生产经营特点和经济效益，依法自主确定本单位的工资分配方式和工资水平。"这里的用人单位主要指企业。在社会主义市场经济体制下，企业的工资分配应当由企业自主决定。按国家现行有关法律、法规和政策的规定，企业在内部工资分配上主要有以下几个方面的自主权：

（一）依法自主确立工资分配方式和工资水平

在市场经济条件下，影响企业工资分配方式和工资水平的因素主要有：（1）企业经济效益。企业工资基金的增值取决于企业的经济效益，职工工资的增值取决于企业的经济效益和个人的劳动贡献。（2）劳动生产率。劳动生产率是发展生产、提高企业经济效益的主要途径，是决定企业工资水平的基础，只有提高劳动生产率，才能提高企业的经济效益，从而提高职工的工资水平。（3）劳动就业供求状况。劳动力供求双方通过公平竞争和价值规律对劳动力供求关系的影响，形成均衡的工资率。市场工资率对企业内部工资分配具有重要的调节作用。企业在贯彻按劳分配原则的前提下，在法律规定的范围内，可根据自身的特点，自主决定工资分配方式和工资水平。除采用工资形式这一基本分配方式外，企业还可以采取诸如企业承包人的承包收入、企业经营者的风险收入等其他分配方式。

（二）依法自主确立企业工资制度

1985年1月国务院《关于国营企业工资改革问题的通知》规定，企业实行等级工资制还是实行岗位（职务）工资制或是结构工资制由企业根据实际情况自行确定。目前，企业的工资制度多种多样，主要的工资制度有以下几种：

1. 等级工资制。等级工资制是指根据劳动者的技术等级或职务等级划分工资级别，按等级发放工资的制度。按照规定，实行等级工资制的企业，工人的一个技术等级可以对应一个或几个工资等级，提升工资等级要考核技术等级。企业工人的工资标准，按11类工资区划分，每类工资区可以按三类产业或工种交叉使用五种工资标准。企业管理人员实行职务等级工资制，工资标准按现行国家11类工资区划分，每类工资区一般设三种工资标准。大型企业为3级~6级，大型联合企业为1级~6级，中型企业为5级~10级。企业根据经济效益的好坏、负担能力大小来决定企业的工资标准。

2. 效益工资制。效益工资制又称工效挂钩制度，即企业的工资总额同企业经济效益挂钩的制度。实行效益工资制，一方面，职工个人的工资同企业的经济效益相联系，企业经济效益越高，其工资总额则按比例增加，职工个人的工资也就越高；反之，企业的经济效益低，工资总额也降低，职工个人的工资随之降低。另一方面，职工个人的工资同其劳动贡献相联系，职工个人对企业的贡献越大，其效益工资也就越高；反之，职工劳动贡献少，其效益工资也就减少。

3. 岗位技能工资制。岗位技能工资制包括岗位工资制和技能工资制。岗位工资制实行一岗一薪，易岗易薪。岗位工资由某一岗位的劳动繁重程度、劳动环境、工作责任大小等因素来决定。技能工资是根据劳动者的劳动技能和工作业绩来考核决定的。岗位技能工资制有效地打破了等级工资制的等级限制，较好地贯彻了按劳分配的原则，使劳动者的工资收入与其劳动技能、劳动强度、劳动条件、劳动贡献等密切相连，充分发挥了工资的激励机能。

（三）依法自主确定工资形式和奖金分配方案

企业是实行计时工资还是计件工资，是否建立津贴、补贴制度，由企业根据其实际情况自行确定。在奖金分配上，企业可以对职工实行计分发奖，可以把奖金与基本工资的一部分或全部捆在一起实行浮动工资，可以用奖励基金实行集体或个人的计件超额工资。企业可以实行内部的浮动岗位津贴，也可以搞自费浮动升级。

（四）依法自主确定职工工资的调升

企业厂长或经理有权给有特殊贡献的职工晋级。晋级面为每年3%；企业在国家规定的工资总额和政策范围内，可以自主决定对职工调资升级的时间、对象。

（五）依法自主确定工资数额

企业有权在国家宏观调控范围内确定工资总额；有权通过劳动合同和集体合同确定劳动者工资数额。

第三节　最低工资保障制度

一、最低工资标准的概念

最低工资标准，是指劳动者在法定工作时间或依法签订的劳动合同约定的工作时间内提供了正常劳动的前提下，用人单位依法应支付的最低劳动报酬。它具有如下基本特征：（1）劳动者在法定工作时间或依法签订的劳动合同约定的工作时间内提供了正常劳动，这是取得最低工资的前提。这里所称的“正常劳动”，是指劳动者按依法签订的劳动合同约定，在法定工作时间或劳动合同约定的工作时间内从事的劳动。劳动者依法享受带薪年休假、探亲假、婚丧假、生育（产）假、节育手术假等国家规定的假期，以及法定工作时间内依法参加社会活动期间，视为提供了正常劳动。（2）最低工资标准由政府直接规定，而不由劳动关系双方自愿协商确定。劳动法规定，最低工资标准由省、自治区、直辖市人民政府规定，报国务院备案。集体合同和劳动合同都不得约定低于此标准的工资标准，用人单位支付工资也不得低于此标准。（3）最低工资标准对其适用范围内的全体劳动者都有保障效力，并且不因劳动者的工种，岗位的不同而有任何变化。

最低工资标准一般采取月最低工资标准和小时最低工资标准的形式。月最低工资标准适用于全日制就业劳动者，小时最低工资标准适用于非全日制就业劳动者。省、自治区、直辖市范围内的不同行政区可以有不同的最低工资标准。

合理地确定最低工资标准，对工资水平的高低具有很大的影响。只要劳动者按照劳动或工作标准向社会提供了必要和有效的劳动、为社会尽了应尽的义务，就有得到保证其生存的劳动报酬的权利。1993 年 11 月劳动部发布了《企业最低工资规定》，对确定和调整最低工资标准的一些基本问题作了具体的规定。2003 年 12 月 30 日，劳动和社会保障部通过了《最低工资规定》，自 2004 年 3 月 1 日起施行，《企业最低工资规定》同时废止。

二、我国实行最低工资制度的必要性

马克思曾在《雇佣劳动与资本》一文中指出：“简单劳动的生产费用就是维持工人生存和延续工人后代的费用。这种维持生存和延续后代的费用的价格就是工资。这样决定的工资叫做最低工资”。“劳动力本身的费用，就是为了使工人保持其为工人并把他训练成为工人所需要的费用。”可见，资本主义最低工资包括的内容由三部分组成，即（1）维持工人自身生存所需的生活资料；（2）维持工人家庭成员生存的需要，以保证劳动力的生产和再生产；（3）为提高工人的劳动技能必需的一定数量的培训费用。从马克思对最低工资的职能分析可以得出，最低工资既关系当前劳动关系的建立，也关系到未来劳动力的延续，是劳动关系中最重要和最基本的问题。

我国现阶段实行的是社会主义市场经济体制，个人消费品的分配实行按劳分配原则，而工资又是劳动者基本生活来源，尽管社会主义工资与资本主义工资有本质区别，但马克思关于资本主义最低工资的分析方法，对于社会主义最低工资的确定仍有重要意义。根据马克思主义的基本原理，结合我国的实际情况，通过法律形式，建立最低工资制度有着极其重要的现实意义。

1. 实行最低工资制度有利于更好地保障广大职工的合法权益。随着市场经济的建立和完善，企业已逐渐成为工资分配的权利主体，可以根据自身的经济效益状况自主地确定职工的工资收入水平和职工的工资分配比例。实行企业最低工资制度，有利于维护在分配权利的享受上处于被支配地位的职工一方的合法权利，保障其合法权益不受侵犯。特别是为在外商投资企业、私营企业和个体经营实体中劳动或工作的职工维护自已的合法权益提供了法律保障，有利于防止和消除这些企业可能出现的任意克扣工人工资的现象，体现社会主义真正的公平与合理。最低工资制度作为国家干预分配的手段，可以从根本上保障劳动者权益，保证社会的发展和稳定。

2. 实行最低工资制度有利于培育和发展劳动力市场。最低工资制度是国家对劳资关系自由原则一种必要的法律限制。劳动力市场离不开健康的劳动法律关系，由于劳动关系双方各自利益的相对差异，用人单位和劳动者都不可能自觉地站到宏观高度考虑社会劳动力的生产和发展问题。实行最低工资制度，将劳动关系中的关键要素之一的劳动报酬用法律形式固定下来，有利于确定正确合理的劳动关系，从而促进劳动力市场的健康顺利发展。

3. 实行最低工资制度有利于完善我国工资制度，维护社会的稳定。国家制定最低工资标准，能够为企业与劳动者订立劳动合同确定劳动报酬提供一定参考依据，也可以为制定某些社会保险待遇，如失业保险提供必要的参照数。此外，也有利于健全企业的工资调整制度。我国目前在工资分配上存在着严重的不合理现象，行业之间、部门之间、地区之间的职工工资差距过大，挫伤了一部分人的劳动积极性。实行最低工资制，一方面有利于国家通过最低工资制度来调节社会各行业、各部门的工资关系，使得国家在微观搞活的同时，加强宏观调控，促进和完善工资的法制化；另一方面也有利于消除社会不合理的贫富差距。最低工资主要由职工最低生活费用、职工平均工资、劳动生产率、城镇就业状况及经济发展水平等因素来确定，当这些因素发生变化时，最低工资标准要作相应调整，而企业也应对其职工工资体系作相应调整。这样，能够使企业工资体现社会主义的公平与合理，保障职工基本生活需要，缓和社会矛盾，维护社会稳定。

4. 实行最低工资制度有利于促进我国工资制度与国际接轨。

最低工资制度已成为世界潮流，许多发达国家和发展中国家，都已根据国际劳工组织公约建立了这一制度。我国是国际劳工组织成员国，建立这一制度，有利于我国工资制度与国际接轨。

三、最低工资标准的确定和调整

（一）最低工资标准的确定原则

1. 综合平衡原则。确定最低工资标准应从我国国情出发，综合考虑国民经济发展水平、劳动生产率状况、社会职工平均工资水平、同行业的工资水平、城乡关系等多种因素，在保持社会基本平衡的基础上确立最低工资的额度。

2. 基本生活保障原则。职工最基本的生活需求以维持生存所需的吃、穿、住等资料为主，并辅之以必要的发展资料。准确测定需求量及其物价水平，并切实考虑不同劳动之间的适当差别，对于科学确定最低工资标准是十分必要的。

3. 企业负担能力原则。这一原则要求，通过测定全国或某一地区、行业或部门的经济发展水平、企业负担能力来确定最低工资，并要随经济发展水平和物价变化状况作适时、适度的调整。

（二）确定和调整最低工资标准应参考的因素

确定和调整最低工资标准的参考因素，世界各国工资立法中规定不尽相同，但一般都没有超出国际劳工组织 1970 年第 131 号公约即《特别参照发展中国家情况确定最低工资公约》中所规定的因素：（1）工人及其家庭的必需品，需考虑该国的一般工资水平、生活费、社会保障津贴以及其他社会阶层的相应生活标准；（2）经济因素，包括经济发展要求、生产率水平、获得和维护高水平就业的需要。

我国《劳动法》规定，确定和调整最低工资标准应当综合考虑的因素包括：（1）劳动者本人及平均赡养人口的最低生活费用；（2）社会平均工资水平；（3）劳动生产率；（4）就业状况；（5）地区之间经济发展水平的差异。《最低工资规定》在综合考虑上述因素的基础上，对此又进一步作了具体规定。《最低工资规定》第六条规定："确定和调整月最低工资标准，应参考当地就业者及其赡养人口的最低生活费用、城镇居民消费价格指数、职工个人缴纳的社会保险费和住房公积金、职工平均工资、经济发展水平、就业状况等因素。确定和调整小时最低工资标准，应在颁布的月最低工资标准的基础上，考虑单位应缴纳的基本养老保险费和基本医疗保险费因素，同时还应考虑非全日制劳动者在工作稳定性、劳动条件和劳动强度、福利等方面与全日制就业人员之间的差异。”同时，该规定还以附件的形式，对确定最低工资标准应考虑的因素和确定最低工资标准的通用方法作了解释和说明。

（三）确定和调整最低工资标准的程序

根据《最低工资规定》，确定和调整最低工资标准一般经过以下程序：

1. 拟订方案。最低工资标准的确定和调整，由省、自治区、直辖市人民政府劳动保障行政部门会同同级工会、企业联合会/企业家协会研究拟订方案。方案内容包括最低工资标准确定和调整的依据、适用范围、拟订标准和说明。

2. 征求意见。最低工资标准的确定和调整方案，应报送劳动保障部。劳动保障部在收到拟订方案后，应征求全国总工会、中国企业联合会/企业家协会的意见。劳动保障部对方案可以提出修订意见，若在方案收到后 14 日内未提出修订意见的，视为同意。

3. 报请批准。省、自治区、直辖市劳动保障行政部门在 14 日之内未收到劳动保障部提出修订意见的，或接到修订意见后对原最低工资标准方案作出修订的，应当将本地区最低工资标准方案报省、自治区、直辖市人民政府批准。

4. 发布和上报。省、自治区、直辖市劳动保障行政部门，应当将本地区最低工资标准方案在经政府批准后 7 天内在当地政府公报上和至少一种全地区报纸上发布。省、自治区、直辖市劳动保障行政部门，应在发布后 10 日内将最低工资标准报劳动保障部。

（四）最低工资标准的调整

由于影响最低工资标准的因素不是一成不变的，因此，最低工资标准发布实施后，政府及有关部门应当根据制定时参考的各种因素所发生的变化，适时进行调整。《最低工资标准》第十条的规定：“最低工资标准每两年至少调整一次。”

四、最低工资标准实施的保障与监督

（一）最低工资标准实施的保障

为了保证用人单位支付劳动者的工资不低于当地最低工资标准，国家规定了具体的保障措施。根据《最低工资规定》，这些措施主要有：（1）用人单位应在所在地区最低工资标准发布后 10 日内将该标准向本单位全体劳动者公示。

（2）在劳动者提供正常劳动的情况下，用人单位应支付给劳动者的工资不得低于当地最低工资标准。在最低工资的组成部分中不包括延长工作时间工资；中班、夜班、高温、低温、井下、有毒有害等特殊工作环境、条件下的津贴；法律、法规和国家规定的劳动者福利待遇等。（3）实行计件工资或提成工资等工资形式的用人单位，必须进行合理的折算，在科学合理的劳动定额基础上，其支付劳动者的工资不得低于相应的最低工资标准。（4）在劳动合同中，如果当事人约定劳动者在未完成劳动定额或承包任务的情况下，用人单位可低于最低工资标准支付劳动者工资，则该条款不具有法律效力。但由于劳动者本人的原因造成在法定工作时间内或依法签订的劳动合同约定的工作时间内未提供正常劳动的除外。

（二）对执行最低工资标准的监督

按照规定，各级人民政府劳动保障行政部门负责对最低工资标准执行情况进行检查和监督。此外，工会有权对最低工资标准执行情况进行监督，发现企业支付劳动者工资低于有关最低工资标准的，有权要求有关部门处理。

用人单位未在法定期限内将最低工资标准向本单位全体劳动者公示的，由当地政府劳动保障行政部门责令其限期改正。用人单位支付给劳动者的工资低于最低工资标准的，由当地政府劳动保障行政部门责令其限期补发所欠劳动者的工资，并可责令其按所欠工资的1～5倍支付劳动者赔偿金。对上述处罚决定不服的，当事人可以依照《行政复议条例》的规定申请复议。对复议决定不服的，可以依照《中华人民共和国行政诉讼法》的规定向人民法院提起诉讼。复议申请人逾期不起诉，又不履行复议决定的，依照《行政复议条例》的规定执行。

第四节　特殊情况下的工资支付

一、特殊情况下的工资的概念

特殊情况下的工资，是指按照法律规定或者合同的约定，在非正常的工作情况下或暂时离开工作岗位支付给劳动者的工资。它具有以下特征：（1）它以劳动者非正常工作为前提；（2）特殊情况下的工资支付以法律规定或合同约定为依据；（3）它体现国家对劳动者权利和基本生活的保障。

二、特殊情况下的工资种类及其支付

根据《劳动法》和《工资支付暂行规定》，特殊情况下工资支付主要包括：

（一）劳动者依法参加社会活动期间的工资支付

劳动者在法定工作时间内依法参加下列社会活动，用人单位应视其提供了正常劳动而支付工资：（1）依法行使选举权或被选举权；（2）当选为代表出席乡（镇）、区以上政府、党派、工会、青年团、妇女联合会等组织召开的会议；（3）出任人民法庭证明人；（4）出席劳动模范、先进工作者大会；（5）不脱产工会基层委员会委员因工会活动占用生产或工作时间；（6）其他依法参加的社会活动。

（二）劳动者休假期间的工资支付

劳动者依法享受年休假、探亲假、婚假、丧假期间，用人单位应按劳动合同规定的标准支付工资。

（三）加班加点的工资支付

安排劳动者延长工作时间的，支付不低于工资的150%的工资报酬；休息日安排劳动者工作的，支付不低于工资的200%的工资报酬；法定休假日安排劳动者工作的，支付不低于工资的300%的工资报酬。

（四）用人单位停工、停产时的工资支付

为了保障职工在停工期间的基本生活需要，国务院《关于企业工人、职工停工津贴的暂行规定》中规定：（1）职工因本身过失造成的停工，不发给过失者津贴；（2）非因职工本身过失造成的停工一般按本人标准工资75%发给停工津贴；（3）试用新机器、新工具，试行先进经验及合理化建议期间，非职工本人过失造成的停工，按照本人标准工资100%发给停工津贴；（4）停工期间的地区津贴、野外津贴、生活补贴均按一级工的停工津贴发给。在停工期间，企业应积极设法安排职工从事其他劳动。确实无法安排，停工连续3个工作日以内的工资照发，超过3个工作日以上的天数，发给停工津贴。

（五）学习和培训期间工资

经过用人单位推荐或批准，劳动者临时脱产或半脱产到有关学校参加学习期间，工资照发；经本单位同意脱产参加函授学习的，在规定的脱产面授学习期间，工资照发；经本单位同意脱产参加成人教育学习的，学习期间工资照

发。

（六）用人单位依法破产时的工资支付

用人单位依法破产时，用人单位应按《中华人民共和国企业破产法》规定的清偿顺序，首先支付欠付本单位劳动者的工资。

第五节　工资保障制度

一、工资保障的概念

工资保障有广义和狭义之分。广义上的工资保障是指为实现宪法确定的"国家保护公民的合法收入"的全部制度，如提高工资、稳定物价、扩大劳动就业、举办各种福利事业等确保工资水平的稳定和提高的所有制度。狭义的工资保障是指劳动法调整的工资支付保障，禁止任意扣发工资和工资监督制度。本节所称的工资保障是指狭义的工资保障。

在我国现阶段劳动者及其家属的生活来源仍然主要靠工资收入的情况下，建立工资保障制度，对于提高企业行政领导人员的管理水平和法制观念，禁止任意扣罚职工工资现象发生，保障职工合法收入不受侵犯，都具有重要意义。

二、工资支付办法的规定

根据《劳动法》和《工资支付暂行规定》的规定，用人单位支付工资必须按照下列规定执行：（1）工资应当以法定货币支付。用人单位在一般情况下，应以人民币支付劳动者工资；特定用人单位（如外商投资企业）或对于特定劳动者（如外籍劳动者）可以按规定用外币支付工资，不得以实物及有价证券替代货币支付。（2）用人单位应将工资支付给劳动者本人，一般不得由第三人代为支付，但用人单位可委托银行代发工资。劳动者本人因故不能领取工资时，可由其亲属或委托他人代领。没有劳动者同意或法律许可，用人单位不得向劳动者以外的第三人支付。（3）用人单位在支付工资时应向劳动者提供一份其个人的工资清单。用人单位必须书面记录支付劳动者工资的数额、时间、领取者的姓名以及签字，并保留2年以上备查。（4）工资必须在用人单位与劳动者约定的日期支付，如遇节假日或休息日，则应提前在最近的工作日支付。(5）工资至少每月支付一次，实行周、日、小时工资制的，可按周、日、时支付工资。对于完成一次性临时性劳动或某项具体工作的劳动者，用人单位按有关协议或合同规定在其完成劳动任务后即支付工资。劳动关系双方依法解除或终止劳动合同时，用人单位应一次性付清劳动者工资。用人单位依法破产时，应将劳动者的工资列入清偿顺序，优先支付。

三、工资保障措施

我国《宪法》规定，国家保护公民的合法收入，除非符合法定允许扣除的条件，用人单位不得克扣劳动者工资。根据现行法律、法规规定，允许扣除工资的情况主要有：(1）用人单位在下列情况下，可以代扣劳动者工资：代扣代缴个人所得税；代扣代缴应由劳动者个人负担的各项社会保险费用；法院判决、裁定中要求代扣的抚养费、赡养费。(2）由于劳动者本人原因给用人单位造成经济损失而应当支付的赔偿金，可以从劳动者本人的工资中扣除，但每月扣除的部分不得超过劳动者当月工资的20%。若扣除后的剩余工资部分低于当地月最低工资标准，则按最低工资标准支付。(3）劳动者在劳动教养期间，停发原工资，发给生活费。其家属生活确实有困难的，原单位在其工资剩余部分中酌情给予补助。(4）劳动者违反劳动纪律，受到留用察看处分者，留用察看期间停发工资，发给生活费；受到撤职处分者，必要时可以同时降低其一级或两级工资级别。(5）由于用人单位行政领导人员违反劳动安全卫生法规而给国家和劳动者造成损失时，国家劳动保护监察人员有权根据其所犯错误情节轻重和态度好坏，处以月标准工资5%～20%的罚款，并在1～6个月内不得参加评奖。(6）法律、法规规定可以从劳动者工资中扣除的其他费用。

为了保证工资支付，劳动行政部门、工会组织和人民银行要加强对工资的监督。劳动行政部门要监督国家工资法规的正确实施，监督、检查工资待遇的执行情况。工会组织要保护职工群众的利益，监督单位行政切实执行国家工资法规的规定。人民银行要加强对工资基金的管理工作，监督企业执行工资基金使用计划和通知开户银行办理工资基金转移手续。用人单位应根据法律、法规、规章的规定，通过职工大会、职工代表大会或者其他形式协商制定内部的工资支付制度，并告知本单位全体劳动者，主动接受群众监督并积极配合上述单位的检查监督工作，充分发挥工资管理制度的积极作用。

用人单位有下列侵害劳动者合法权益行为的，由劳动行政部门责令其支付劳动者工资和经济补偿，并可责令其支付赔偿金：(1）克扣或者无故拖欠劳动者工资的；（2）拒不支付劳动者延长工作时间工资的；（3）低于当地最低工资标准支付劳动者工资的。

思考题

1. 什么是工资？工资的基本形式有哪些？
2. 我国工资分配应遵循哪些基本原则？
3. 我国实行最低工资制度的重要意义体现在哪些方面？
4. 确定和调整最低工资标准应考虑哪些因素？
5. 用人单位支付工资必须遵守哪些规定？

第七章　劳动安全卫生

第一节　劳动安全卫生制度概述

一、劳动安全卫生的概念

劳动安全卫生，是指直接保护劳动者在劳动过程中的安全和健康的各种法律措施。它通常也称为劳动保护。劳动安全卫生是保护劳动者安全和健康的重要措施，只有在保证劳动者安全和健康的前提下，劳动者才能更充分地发挥劳动积极性。同时，劳动安全卫生仅限于在劳动过程中对劳动者的安全、健康予以保护，对于劳动者在劳动过程以外的活动所致意外伤害以及防病治病工作，则不属于劳动法调整的范围。

由于在现代工业生产过程中存在着各种不安全和不卫生的因素，如电、磁、声、光、尘、机械伤害、有毒有害物质等，都会给劳动者的生命安全和身体健康造成威胁，如不采取相应的防护措施，就会损害劳动者的安全和健康（如工伤事故、职业病等），甚至会影响生产的正常进行。比如矿山井下可能发生瓦斯爆炸，建筑施工可能发生高空坠落，工厂可能发生机械伤害，化工行业可能发生职业病等等。因此，世界各国都比较重视劳动安全卫生立法。在世界工运史上，工人阶级为劳动条件进行过长期的斗争，要求国家制定法律，保护劳动者在劳动过程中的安全和健康。在工人运动的压力下，有些工业发达的资本主义国家制定和颁布了一些职业安全、卫生法规。如美国于1969年颁布了《煤矿安全与卫生法》，1971年颁布了《职业安全与卫生法》；1972年日本颁布了《劳动安全卫生法》；1974年英国颁布了《劳动安全与卫生法》等。目前世界上有70多个国家制订了劳动法典，劳动安全与卫生是法典的重要组成内容。在国际劳工组织通过的所有公约和建议书中，职业安全与卫生约占主要内容的一半。由此可见，世界各国都对劳动安全和卫生高度重视。如何预防和减少工伤事故和职业病，仍是当今各国劳动保护法研究的重要问题。

我国历来对劳动安全卫生立法十分重视。早在1956年5月，国务院就颁布了著名的“三大规程”，即《工厂安全卫生规程》、《建筑安装工程安全技术规程》、《工人职员伤亡事故报告规程》。1982年3月，国务院发布了《矿山安全条例》和《矿山安全监察条例》、《锅炉、压力容器安全监察条例》，专门对矿山、锅炉和压力容器的安全作了规定。以后，国务院又陆续发布了《关于加强防尘防毒工作的决定》（1984年7月）、《关于查处重大责任事故的几项暂行规定》（1986年）、《关于加强乡镇企业劳动保护工作的规定》（1987年7月）、《中华人民共和国尘肺病防治条例》（1987年12月）、《煤矿安全监察条例》（2000年11月）、《使用有毒物品作业场所劳动保护条例》（2002年4月）、《特种设备安全监察条例》（2003年2月）、《建设工程安全生产管理条例》（2003年11月），等等。《劳动法》第六章对劳动安全与卫生作了专门规定。此外，1992年11月7日第七届全国人大常委会第二十八次会议通过了《中华人民共和国矿山安全法》（以下简称《矿山安全法》）；2001年10月27日第九届全国人大常委会第二十四次会议通过了《中华人民共和国职业病防治法》；2002年6月29日第九届全国人大常委会第二十八次会议通过了《中华人民共和国安全生产法》（以下简称《安全生产法》）。上述一系列有关劳动安全卫生的法律、法规，充分体现出国家对劳动者在生产过程中的安全和健康十分关心和高度重视。

二、建立劳动安全卫生法律制度的意义

（一）为劳动者在生产过程中的安全和健康提供法律保障

劳动者是社会物质和精神财富的创造者，是国家和企业的主人。劳动力是生产力中最重要和最活跃的因素。要发展生产力，首先必须保护劳动力。对于劳动者在生产过程中遇到的各种不安全、不卫生的因素，国家只有通过立法的手段，制定和颁布劳动安全卫生法律、法规，才能有效地防止伤亡事故和职业病，为劳动者在生产过程中的安全和健康提供法律保障。用人单位必须严格实施劳动安全法规，严格执行国家规定的各种劳动安全和卫生标准，避免有毒有害物质侵害劳动者的身体健康，创造良好的劳动条件和环境，切实对劳动者在生产过程中的安全和健康负责。对违反劳动安全卫生法规者应依法追究

责任。

（二）调动劳动者的积极性，促进劳动生产率的提高

国家建立劳动安全卫生制度，在保证劳动者在生产过程中的安全和健康的同时，也起到了调动劳动者的积极性，促进劳动生产率提高的作用。国家要发展生产必须不断提高劳动生产率，劳动生产率的提高依靠的是劳动者的体力和智力，保护劳动者的安全和健康，也是对我国劳动力的保护。国家采取各种保护措施，用工单位执行劳动安全卫生法规，对生产中不安全、不卫生的因素加以防止和消除，才有可能保证生产的顺利进行。劳动安全卫生的各种措施的实施，对现代生产技术快速发展有着明显的促进作用。因为要达到国家制定的各种劳动安全卫生标准，必然促使生产的组织者、经营者不断进行技术改造，改进操作方法，更新设备，实现生产过程的机械化、电气化、自动化。这不仅可以大大改善劳动条件，减轻劳动强度，而且可以促进生产技术发展的现代化和提高劳动生产率。

三、劳动安全卫生法律制度的内容

劳动安全卫生法律制度是指国家为了改善劳动条件，保护劳动者在生产过程中的安全和健康而制定的各种法律规范的总称。劳动安全卫生法律制度是为了安全生产的需要而制定的。在生产过程中，由于存在着一些不安全、不卫生的因素，经常会引起一些事故，导致用人单位不必要的经济损失和人身伤亡，为了避免这些现象的发生，就应当采取必要的措施来消除这些有害因素。劳动安全卫生法律制度的立法原则是安全第一、预防为主。当生产与安全发生矛盾时，应当把不安全的因素去除后才能生产。

依照我国劳动安全卫生法律、法规的规定，我国劳动安全卫生制度的内容有：（1）劳动安全设施规定。包括机器设备的安全装置、电器设备的安全装置、压力容器和锅炉的安全装置、工作地点的安全措施、厂房建筑物和道路的安全措施、建筑工程的安全和矿山安全等。（2）劳动卫生设施规定。包括防止粉尘危害的规定、防止有毒有害物质危害的规定、防止噪音和强光的规定、防暑降温和防寒的规定、通风照明的规定、个人防护用品的规定、职工健康管理规定等。（3）劳动安全卫生管理制度。包括安全生产责任制度、安全技术措施计划制度、安全生产教育考核制度、安全生产检查制度、劳动保护监察制度、伤亡事故报告制度等。（4）违反劳动安全卫生法规的责任。

第二节 劳动安全卫生设施标准

一、劳动安全设施标准

为防止劳动者在生产过程中遭受意外伤害（伤亡事故），保证劳动者的生命健康安全和生产设备免遭破坏，国家制定了统一安全设施技术标准。它包括以下内容：

（一）机器设备的安全设施

机器设备要有防护装置、保险装置、信号装置及危险牌示和识别标志等安全装置设施，才能保障工人在生产过程中的人身安全，避免在使用机器设备过程中发生伤亡事故。按《工厂安全卫生规程》规定：凡暴露在机器外部的传动带、明齿轮（砂轮、电锯、皮带轮、飞轮等危险部分必须有防护装置；起重机要有起重吨位和信号装置；桥式起重机应该有卷扬限制器、起重量控制器、行程限制器、缓冲器和自动连锁装置，起重机应规定统一的指挥信号；机器的转动摩擦部分要有自动加油装置或者蓄油器等等。安全危险牌示和识别标志应牢固设立于显而易见的地方，文字应简短和明确。

（二）电器设备的安全设施

电器设备广泛应用于各种工业企业，因此注意电器设备的安全，避免火灾和触电事故的发生，显得尤为重要。依照《工厂安全卫生规程》的规定，电器设备安全设施主要包括下列内容：电器设备必须设有可熔保险器或自动开关，其金属外壳应根据技术条件采取保护性接地或接零措施；手持电动工具在使用前亦必须采取保护性接地或接零措施；电器设备和线路的绝缘必须良好，裸露的带电导体应该安装在人碰不着的地方，否则必须设置安全遮栏和警告标志；在蒸汽、气体、粉尘大量发生的工作场所，必须使用密封式电器设备；在有爆炸性危险的气体或粉尘的工作场所，必须使用防爆型电器设备；电工须经专业训练并经考试合格后，持操作合格证才准上岗。

（三）动力锅炉和压力容器的安全设施

为防止锅炉和压力容器的爆炸事故和火灾，保障劳动者和工厂设备的安全，必须采取安全措施。要求每座工业锅炉都应该有安全阀、压力表和水位表，并应建立保养、检修和水压试验制度；操作人员必须经专门训练考试合格后才能上岗；各种气瓶在存放和使用时，必须距离明火 10 米以上，并避免在阳光下曝晒，搬迁时不能相互碰撞。

（四）工作场所的安全设施

工作场所应在有关位置装备安全标志。主要有：禁止标志（如禁止烟火、通行、停留等）；警告标志（如当心有毒、有电、爆炸等）；指令标志（如必须戴安全帽和防护镜等）；提示标志（如火警电话、灭火器、太平门、安全通道等）。

工作场所中的机器和工作台等设备的布置，应便于工人操作；在脚部易受潮、受寒的工作地点应装置木头踏板；原材料、成品和半成品的堆放不要妨碍操作和通行，废料要及时清除，以保持工作场所清洁整齐；工作地点还应有合适的局部照明设备等等。

（五）厂房建筑物和道路的安全设施

厂房建筑物必须坚固牢实，以防倒塌，引起伤亡事故。工厂工房的建筑要符合国家设计标准，如装有天车的厂房以及装有重型机械、锻锤等设备的厂房，建筑设计要有坚固性标准；化工和冶炼行业，要有较高标准的防火设施等。工厂内道路必须平坦，夜间要有足够的照明设备。道路和轨道交叉处必须有明显的警告标志、信号装置或者落杆，为生产需要所设的坑和池要设围栏或盖板等。

（六）建筑工程的安全设施

依照《建筑安装工程安全技术规程》和《关于加强建筑企业安全施工的规定》，关于建筑工程的安全设施主要有下列内容：（1）对从事高空作业的职工，必须进行身体检查；禁止患有高血压、心脏病、贫血病、癫痫病和其他不适宜高空作业的人从事高空作业。在六级以上大风和大雨、大雪、大雾等恶劣气候下，不准进行高空作业和露天起重工作。脚手架在交付使用前，要组织支搭、使用和安全员三方进行安全检查，履行交接手续后方可使用。使用期间要经常进行安全检查和维修工作。（2）施工现场应符合安全卫生要求。在现场的附属企业、机械装置、仓库、运输道路和临时上下水道、电力网、蒸汽管道、压缩空气管道、乙炔管道、乙炔发生站和其他临时工程的位置和规格都应在施工组织设计中详细规定。（3）在开挖基坑、井坑、基础槽时，要根据土质情况和开挖深度设置必要的支架和安全坡来加固，要建立经常的安全检查制度。另外，对拆除固壁支架和爆破石方工程也有具体规定。（4）对从事建筑安装工程的搭设脚手架工、爆破工、电工、焊工、起重机、打桩机各类车辆的司机，必须进行专业训练，考试合格者，持合格证上岗。另外，根据原劳动部颁布的《建设项目（工程）劳动安全卫生监察规定》的要求，建设项目中的劳动安全卫生设施必须符合国家规定的标准，必须与主体工程同时设计、同时施工、同时投入生产。此外，按照该规定，建设项目中引进的国外技术和设备应符合我国规定或认可的劳动安全卫生标准，全部设计应符合我国有关规范和规定的要求。

（七）矿山安全设施

《矿山安全法》第二章和第三章对矿山建设的安全保障和矿山开采的安全保障作了专章规定。其主要内容如下：

1. 矿山建设的安全规定。矿山建设的安全设施必须和主体工程同时设计、同时施工、同时投入生产和使用。矿山建设工程的设计文件，必须符合矿山安全规程和行业技术规范，并按照国家规定经管理矿山企业的主管部门批准；不符合矿山安全规程和行业技术规范的，不得批准。

矿山设计下列项目必须符合矿山安全规程和行业技术规范：（1）矿井的通风系统和供风量、风质、风速；（2）露天矿的边坡角和台阶的宽度、高度；（3）供电系统；（4）提升、运输系统；（5）防水、排水系统和防火、灭火系统；（6）防瓦斯系统和防尘系统；（7）有关矿山安全的其他项目。

每个矿井必须有两个以上能行人的安全出口，出口之间的直线水平距离必须符合矿山安全规程和行业技术规范。矿山必须有与外界相通的并符合安全要求的运输和通讯设施。

2. 矿山开采的安全规定。矿山开采必须具备保障安全生产的条件，执行开采不同矿种的矿山安全规程和行业技术规范。矿山设计规定保留的矿柱、岩柱，在规定的期限内，应当予以保护，不得开采或者毁坏。矿山使用的有特殊安全要求的设备、器材、防护用品和安全检测仪器，必须符合国家安全标准或者行业安全标准；不符合国家安全标准或者行业标准的，不得使用。

矿山企业必须对机电设备及其防护装置、安全检测仪器，定期检查、维修，保证使用安全；必须对作业场所中有毒有害物质和井下空气含氟量进行检测，保证符合安全要求；必须对下列危害安全的事故隐患采取预防措施：（1）冒顶、片帮、边坡滑落和地表塌陷；（2）瓦斯爆炸、煤尘爆炸；（3）冲击地压、井喷；（4）地面和井下的火灾、水害；（5）爆破器材和爆破作业发生的灾害；（6）粉尘、有毒有害的气体、放射性物质和其他有害物质引起的危害；（7）其他危害。对使用机械、电气设备，排土场、矸石山、尾矿库和矿山闭坑后可能引起的危害，矿山企业必须采取预防措施。

二、劳动卫生设施标准

劳动卫生设施标准是指国家为保护职工在生产和工作过程中的身体健康，防止、消除职业病和职业中毒而规定的各种卫生设施标准。主要规定有《工厂安全卫生规程》、《工业企业设计卫生标准》、《关于防止厂矿企业中矽尘危害的决定》、《关于防止沥青中毒办法》、《工业企业噪音标准》、《关于加强防毒工作的决定》、《中华人民共和国尘肺病防治条例》等等。主要内容如下：

（一）防止粉尘危害的规定

按照劳动卫生规程的要求，凡属有粉尘作业环境的，要求各生产单位努力实现生产设备的机械化、密闭化，并增加吸尘、滤尘和通风设备；矿山应采用湿式凿岩和机械通风；对接触粉尘的工人要发给防尘口罩、防尘工作服和保健食品，还要进行定期健康检查；对矽肺病患者要分别予以治疗、调动工作或疗养等。

《中华人民共和国尘肺病防治条例》适用于所有有粉尘作业的企业、事业单位。条例规定凡有粉尘作业的企业、事业单位应采取综合防尘措施和无尘或低尘的新技术、新工艺、新设备，使作业场所的粉尘浓度不超过国家卫生标准。任何企业、事业单位不得停止运用或者拆除防尘设施。对新建、改建、扩建、续建有粉尘作业的工程项目，防尘设施必须与主体工程同时设计、同时施工和同时投产。作业场所的粉尘浓度超过国家卫生标准，又未积极治理，严重影响职工安全健康时，职工有权拒绝操作。

（二）防止有毒有害物质危害的规定

有的工种在生产过程中，会产生大量的有毒有害的液体和气体，直接损害工人的身体健康。因此，劳动卫生规程严格规定了车间生产环境中有毒有害物质的最高浓度允许标准。如一氧化碳为每立方米不超过30毫克，“六六六”为每立方米不超过0.1毫克的标准等等。再如，劳动部公布的《关于防止沥青中毒的办法》，要求在沥青的装卸、搬运和使用中应采取各种有效防护措施，预防沥青中毒事故；还应根据季节、气候与作业条件给予适当的间歇时间，间歇时间亦算作工作时间等等。

（三）防暑降温和防冻取暖的规定

劳动卫生规程要求为工人提供良好的工作环境，工作场所应当保持一定的温度，过高或过低都会影响工人的健康。因此，《工厂安全卫生规程》规定：

室内工作地点的温度经常高于摄氏35度时，应采取降温措施；低于摄氏5度时，应设置取暖设备。

（四）防止噪音和强光的规定

在从事电焊、锻压、冶炼等作业环境中所产生的噪音和强光，对工人的听觉和视觉都有不良影响，为保护工人的健康，《工厂安全卫生规程》规定：发生强烈噪音的生产，应该尽可能在设有消音设备的单独工作房中进行；在有噪音、强光、辐射热和飞溅火花、碎片、刨屑的场所操作的工人，应分别供给护耳器、防护眼镜、面具和帽盔等等。

（五）通风照明的规定

《工厂安全卫生规程》规定：工作场所的光线应充足，采光部分不要遮蔽；工作地点的局部照明的光度应符合操作要求，也不要光度过强，刺目耀眼；通风装置和取暖设备，必须有专职或者兼职人员管理，通道也应有足够的照明。

三、个人劳动防护用品的规定

（一）个人劳动防护用品的作用及其分类

劳动者在劳动过程中，由于作业环境条件异常而超过人体耐受力、防护装备缺乏或防护装备有缺陷，以及其他突然发生的原因，往往容易造成尘、毒、噪声、强磁、辐射、触电、静电感应、爆炸、烧烫、冻伤、淹溺、腐蚀、打击、坠落、绞碾和刺割等急慢性危害和工伤事故，严重地危及劳动者的人身安全。为了保护劳动者的安全健康，必须给劳动者配备个人劳动防护用品。个人劳动防护用品的作用是使用一定的屏蔽体或系带、浮体，采取阻隔、封闭、吸收、分散、悬浮等手段，保护机体的局部或全身免受外来有毒有害物质的侵害。正确使用劳动防护用品，对于劳动者安全健康，防止职业病和慢性损害的发生，减少或杜绝伤亡事故发生均是非常必要的。

个人劳动防护用品品种繁多，目前分类方法也不统一，有的按防护部位分类，有的按使用原材料分类，有的按用途分类，有的混合分类。按照个人劳动防护用品的用途，可将其分为十四种：（1）防尘用品，如呼吸道防尘用品——口鼻罩、防尘衣、披肩帽等。（2）防毒用品，如防毒面具、防毒手套等。（3）防噪声用品，如耳塞、耳帽等。（4）防电用品，如绝缘手套、绝缘靴鞋等。（5）防高温辐射用品，如防护眼镜、隔热防火服等。（6）防微波和激光辐射用品，如防微波眼镜、防激光眼镜等。（7）防放射性用品，如白布、塑料薄膜等。（8）防油用品，如橡胶、乳胶等。（9）防水用品，如胶布防水衣、雨衣等。(10) 防冲击用品，如防砸鞋、竹板护腿等。(11) 防坠落用品，如电信安全带、安全网等。(12) 防机械外伤用品，如工作服、护肘等。(13) 防脏污用品，如工作服、手套等。(14) 防寒用品，如防寒服、防寒鞋等。这些个人劳动防护用品有的具有多种功能，所以在防护过程中，要注意综合应用。

（二）个人劳动防护用品的发放范围

根据《工厂矿山卫生规程》及其他有关规定，个人劳动防护用品的发放范围包括：(1) 凡有灼伤、烫伤或易发生机械外伤等危险的操作，有强烈辐射热或低温条件下的作业，散发毒性、刺激性、感染性物质或者大量粉尘的操作，经常使衣服腐蚀、潮湿或特别肮脏的操作的，工厂应供给工人工作服或围裙，并根据需要分别供给工作帽、口罩、手套、护腿和鞋盖等防护用品。(2) 在有危害健康的气体、蒸汽或粉尘场所操作的工人，应由工厂分别供给适用的口罩、防护眼镜和防毒面具等。(3) 工作中发生有毒的粉尘和烟气，可能伤害口腔、鼻腔、眼睛、皮肤的，应由工厂分别供给工人漱洗药水或防护药膏。(4) 在有噪声、强光、辐射热和飞溅碎片、刨屑的场所操作的工人，应由工厂分别供给护耳器、防护眼镜、面具和帽盔等。(5) 经常站在有水或其他液体的地面上操作的工人，应由工厂发放防水靴或防水鞋等。(6) 高空作业工人，应由工厂供给安全带。(7) 电气操作工人，应由工厂按照需要分别供给绝缘鞋、绝缘手套等。(8) 经常在露天工作的工人，应由工厂供给防晒、防雨的用具。(9) 在寒冷气候中必须露天进行工作的工人，应由工厂根据需要供给防寒用品。(10) 在有传染病危险的生产部门中，应由工厂供给工人洗手用的消毒剂。所有工具，如工作服和防护用品，必须由工厂负责定期消毒。(11) 生产大量一氧化碳等有毒气体的工厂，应备有防毒救护用具，必要的时候，应设立防毒救护站。(12) 对于在有易燃、易爆、烧灼介质及有静电场所作业的工人，禁止发放、使用化纤防护用品。

第三节　劳动安全卫生管理制度

一、劳动安全卫生管理制度的概念

劳动安全卫生管理制度，是指厂矿企业等生产单位，为了保护劳动者在劳动生产过程中的健康与安全，在组织劳动和科学管理方面制定的各项规章制度。它属于企业管理制度的重要组成部分。我国《劳动法》第五十二条规定："用人单位必须建立、健全劳动安全卫生制度，严格执行国家劳动安全卫生规程和标准，对劳动者进行劳动安全卫生教育，防止劳动过程中的事故，减少职业危害。"因此，生产单位制定劳动安全卫生管理制度是法律所提出的要求，也是保障各种劳动安全卫生标准执行的具体措施。

二、劳动安全卫生管理制度的内容

（一）安全生产责任制

根据1963年国务院发布、1979年重申继续执行的《关于加强企业生产中安全工作的几项规定》，安全生产责任制的主要内容是：企业单位的各级领导人员在管理生产的同时，必须负责管理安全工作，认真贯彻执行国家有关劳动安全卫生的法规和制度；企业单位内部的各有关专职机构，都应该在各自业务范围内，对实现安全生产的要求负责；劳动保护专职机构（或专职人员）要在企业行政和工程技术的主要负责人的直接领导下，做好具体的安全生产工作；所有职工必须自觉遵守劳动安全卫生管理制度，不得违章冒险作业，并有权拒绝服从各级领导人员的违章指挥和有权制止其他人员的违章作业。

安全生产责任制是企业管理制度中最基本的一项制度，是所有劳动安全卫生管理制度的核心，是保护劳动者在生产过程中的健康和安全，促进安全生产的重要措施。

（二）编制安全技术措施计划管理制度

安全技术措施计划是企业生产技术财务计划的一个组成部分。企业编制安全技术措施计划，应依据有关劳动安全卫生的法律和法规，结合本企业的实际情况，分清项目的缓急轻重，解决急需解决的问题，并力求少花钱，多办事，效果好。要明确规定各项计划措施的完成期限和负责人。

安全技术措施的范围，包括一切有关改善劳动条件，防止工伤事故和职业病以及职业中毒为目的的技术措施，即安全技术和劳动卫生措施项目、生产辅助设施和安全生产教育等方面的措施。

（三）安全生产教育制度

依据劳动部1996年1月11日颁发的《企业职工劳动安全卫生教育管理规定》，安全生产教育制度的主要内容如下：（1）企业新工人上岗前必须进行厂级、车间级、班组级三级安全教育。三级安全教育时间不少于40学时。其中，厂级安全教育包括劳动安全卫生法律法规、通用安全技术、劳动卫生和安全文化的基本知识、本企业劳动安全卫生规章制度及状况、劳动纪律和有关事故案例等项内容；车间级教育的内容包括：本车间劳动安全卫生状况和规章制度、主要危险危害因素及安全事项、预防工伤事故和职业病的主要措施、典型事故案例及事故应急处理措施等项内容；班组级安全教育包括遵章守纪、岗位安全操作规程、岗位间工作衔接配合的安全卫生事项、典型事故案例、劳动防护用品（用具）的性能及正确使用方法等项内容。企业新招工人按规定通过三级安全教育并经考核合格后方可上岗。（2）从事特种作业的人员（如电气、起重、锅炉、受压容器、焊接、车辆驾驶、爆破等工人）必须经过专门的安全知识与安全操作技能培训，并经过考核，取得特种作业资格，方可上岗工作。（3）企业采用新技术、新设备、新工艺、新材料，必须对工人进行新操作办法或新工作岗位的安全教育。企业必须建立安全活动日和采取经常性的检查，对职工进行经常性的安全教育。（4）企业职工调整工作岗位或离岗一年以上重新上岗，必须进行相应的车间级或班组级安全教育。

（四）安全生产检查制度

安全卫生检查一般由安全卫生监察机构派监察员随时到企、事业等单位进行检查，及时纠正、处理违反劳动安全卫生法律、法规行为。同时，企业要对内部的安全卫生进行经常性的检查。厂、车间、班组和各职能部门要经常不断地进行安全检查，发现问题及时解决。企业的上级主管部门也应组织定期检查。除此之外，专业技术人员应经常对其专业性问题进行检查，如电气安全、锅炉和压力容器、防火防爆、防暑降温等等。

（五）劳动安全卫生监察制度

劳动安全卫生监察制度，是指对厂矿企业贯彻执行各项劳动安全卫生法规进行监督检查的制度。我国监察制度采取以国家监察机构为主体、专业监督与群众监督相结合的体系。我国有关劳动安全卫生监察的法规主要有《矿山安全监察条例》、《煤矿安全监察条例》、《特种设备安全监察条例》、《锅炉压力容器安全监察条例》、《工会劳动保护监督检查员暂行条例》、《压力管道安全管理与监察规定》、《蒸汽锅炉安全技术监察规程》、《建设项目（工程）劳动安全卫生监察规定》和《劳动安全卫生监察员管理办法》等。

劳动安全卫生监察制度包括三方面的内容：（1）国家安全监察制度，即国家有关机关依法监督检查企业事业单位及其主管部门执行劳动安全卫生法律、法规情况并纠正和惩处违法行为的制度；（2）专业劳动安全监察制度，即厂矿企业等单位的各级主管部门对其所属单位贯彻实施劳动安全卫生法规情况进行监督检查的制度，它属于内部监督的性质；（3）群众劳动安全监察制度，即各级工会组织对厂矿企业贯彻实施劳动安全卫生法规进行监督检查的制度，它属于社会监督的性质。

除上述外，劳动安全卫生监察制度还包括劳动保护监察员资格的认定、劳动保护监察机构的职权及对安全监察机构及监察人员执行职务的奖惩规定。

（六）伤亡事故报告和处理制度

国务院于1991年2月22日颁布了《企业职工伤亡事故报告和处理规定》，并自当年5月1日起施行。该规定适用于我国境内的一切企业，国家机关、事业单位、人民团体发生的伤亡事故参照执行。伤亡事故报告和处理制度的主要内容包括：

1. 伤亡事故的分类。伤亡事故依不同的标准可作不同的分类：（1）依导致伤害原因的不同可分为因工伤亡事故和非因工伤亡事故。（2）依造成伤害程度和伤亡人数可分为轻伤事故、重伤事故、死亡事故、重大死亡事故、特大死亡事故。轻伤事故，是指职工负伤后休息一个工作日以上，构不成重伤的事故。重伤事故，是指经医生诊断成为伤残或者可能成为伤残的；伤势严重，需要进行较大手术才能挽救的；人体要害部位严重灼伤、烫伤或非要害部位灼伤、烫伤面积占全身面积1/3以上的；严重骨折和严重脑震荡的；眼部受伤较重有失明可能的；大拇指轧断一节，其他任何一指轧断两节或任何两指各轧断一节的；脚趾轧断三只以上或局部肌腱受伤严重引起机能障碍有残废可能的；内部损伤、出血或伤及腹膜的等等。死亡事故，是指一次死亡1~2人的事故。重大死亡事故，是指一次死亡3~9人的事故。特大死亡事故，是指一次死亡10人以上的事故。（3）按事故类别可分为物体打击伤害事故、车辆伤害事故、机械伤害事故、起重伤害事故、触电、淹溺、灼烫、火灾、高处坠落、坍塌、冒顶、片帮、透水、放炮、火药爆炸、瓦斯爆炸、锅炉爆炸、受压容器爆炸、其他爆炸事故等。

2. 伤亡事故报告。发生伤亡事故时，负伤者或者事故现场有关人员应当立即直接或者逐级报告企业负责人。企业负责人接到重伤、死亡、重大死亡事故报告后，应当立即报告企业主管部门和企业所在地劳动部门、公安部门、人民检察院和工会。报告内容包括发生事故的单位、时间、地点、伤亡情况和初步分析事故原因等。企业主管部门和劳动部门接到死亡、重大死亡事故报告后，应当立即按系统逐级上报；死亡报告报至省、自治区、直辖市企业主管部门和劳动部门；重大死亡事故报至国务院有关主管部门和劳动部门。发生死亡和重大死亡事故的企业应当保护事故现场，并迅速采取必要措施抢救人员和财产，防止事故扩大。因抢救人员和财产，防止事故扩大而需要移动现场部分物品时，必须作出标志，绘制事故现场图，摄影或者录像并详细说明。

3. 伤亡事故的调查。对于轻伤、重伤事故，由企业负责人或其指定人员组织生产、技术、安全等有关人员以及工会成员参加的事故调查组，进行调查。对死亡事故，由企业主管部门会同企业所在地设区市（或者相当于设区的市一级）劳动部门、安全部门、工会组成事故调查组，并邀请人民检察院、其他有关部门的人员和有关专家参加事故调查。对重大死亡事故，按照企业的隶属关系由省、自治区、直辖市企业主管部门或者国务院有关主管部门会同同级劳动部门、公安部门、监察部门、工会组成事故调查组，并邀请人民检察院、其他部门人员和有关专家参加事故调查。事故调查组有权向发生事故的企业和有关单位、人员了解有关情况和索取有关资料，被调查的企业、单位和个人不得拒绝。任何单位和个人不得阻挠、干涉事故调查组的正常工作。调查完毕后，应填写事故调查报告书，并按规定的程序上报企业主管部门、劳动部门和参加事故调查的单位。

4. 伤亡事故的处理。事故调查结束后，发生事故的企业及其主管部门根据事故调查组提出的处理意见和防范措施建议，对有关责任者视不同情况作出处理。因忽视安全生产、违章指挥、违章作业、玩忽职守或者发生事故隐患、危害情况而不采取有效措施以致造成伤亡事故的，由企业主管部门或者企业按照国家有关规定，对企业负责人和直接责任人员给予行政处分；构成犯罪的，由司法机关依法追究刑事责任。在伤亡事故发生后隐瞒不报、谎报、故意迟延不报、故意破坏事故现场，或者无正当理由，拒绝接受调查以及拒绝提供有关情况和资料的，由有关部门按照国家有关规定，对有关单位负责人和直接责任人员给予行政处分；构成犯罪的，由司法机关依法追究刑事责任。在调查、处理伤亡事故中玩忽职守、徇私舞弊或者打击报复的，由其所在单位按照国家有关规定给予行政处分；构成犯罪的，由司法机关依法追究刑事责任。按照有关规定，伤亡事故处理工作应当在90日内结束，特殊情况不得超过180日。伤亡事故处理结案后，应当公开宣布处理结果。

三、用人单位在劳动安全卫生方面的义务

用人单位在劳动过程中，对劳动者的安全健康负有不可推卸的责任，其应

当采取的具体措施包括：

（一）建立、健全劳动安全卫生责任制度

劳动安全卫生责任制度是指企业各级领导、职能部门、有关工程技术人员和生产工人在生产过程中，对各自职务或业务范围内的安全卫生负责的制度。其内容要求：企业各级领导在负责生产的同时，必须负责安全卫生工作，各职能部门在搞好生产工作时，要严格依照国家规定的劳动安全卫生制度，做好安全卫生工作，生产工人要遵守安全生产规章制度，完成生产工作。这一制度是劳动安全卫生制度的核心，企业只有从上到下，各司其职，严格把关，将劳动安全卫生责任制度落到实处，才能很好地保护劳动者的安全和健康。

（二）建立安全卫生技术措施计划

安全卫生技术措施计划是指用人单位以改善劳动条件、加强防护措施、减少和消除事故和职业病的发生为目的而编制的计划制度。其制定要依据国家法律、法规和本单位的实际情况，必须具有可行性，能保证得以顺利实现，同时应与生产放于同等地位。

（三）建立安全卫生教育制度

安全卫生教育制度是指对劳动者进行安全技术常识、安全技术法制观念的教育和培训、考核制度。从思想上重视劳动安全卫生，是为了防止和减少毒物损害和职业病的发生。安全卫生教育制度包括安全卫生知识教育和遵守安全卫生规章制度两方面。

四、劳动者在劳动安全卫生方面的权利义务

《劳动法》第五十六条规定："劳动者在劳动过程中必须严格遵守安全操作规程。劳动者对用人单位管理人员违章指挥、强令冒险作业，有权拒绝执行；对危害生命安全和身体健康的行为，有权提出批评、检举和控告。"劳动者在劳动过程中的权利义务包括：

（一）有权对用人单位执行国家劳动安全卫生法规的情况进行监督

为了保证国家劳动安全卫生法规的贯彻实施，劳动者有权对用人单位执行国家劳动安全卫生法规的情况进行监督，以保障劳动者在劳动过程中的安全和健康。这种监督是一种守法监督形式，是劳动法制的重要环节，它有利于增强用人单位的法制观念尤其是用工观念，有利于维护劳动力市场秩序，有利于避免和减少违反劳动安全卫生法规现象的发生，有利于进一步完善我国的劳动安全卫生制度。

（二）有权对用人单位管理人员违章指挥，强令冒险作业拒绝执行

劳动者是劳动过程的主要参加者，与劳动过程有着直接联系，如果用人单位管理人员违章指挥、强令冒险作业，危及劳动者安全和健康，劳动者有权拒绝。国家制定劳动安全卫生法规的目的主要是为了保护劳动者的安全和健康，同时也是为了加强社会主义现代化建设，为社会创造更多的财富。

（三）有权对危害生命和健康的行为，提出批评、检举和控告

劳动者是国家的主人，是社会财富的创造者也是承受者，因此，对危害劳动者生命安全和身体健康的行为，劳动者有批评、检举和控告的权利。对劳动者造成的经济上和精神上的损失，用人单位应给予必要的补偿。

（四）有权要求进行劳动安全卫生教育

劳动者在劳动过程中，经常会遇到一些对身体健康有害和有危险的物体，劳动者要尽量避免和减少与这些有害物的接触，减少不必要的人身安全损害。用人单位对劳动者进行劳动安全教育，如安全技术常识、安全技术法制观念及特殊工人的岗前培训等，是劳动者提高自我保护意识，加强劳动保护的重要途径。劳动者有权要求用人单位进行这方面的教育。用人单位提高对劳动者劳动安全卫生知识的教育，对于减少和避免劳动安全卫生事故的发生，具有重要的意义。

（五）有义务在劳动过程中遵守安全操作规程

安全操作规程是人们经过长期的实践，科学总结出来的一套安全、迅速的工作程序。劳动者遵守劳动安全操作规程，可以有效地减少和杜绝劳动安全卫生事故的发生，从而切实保障劳动者的身体健康和安全。

思　考　题

1. 建立劳动安全卫生制度的意义是什么？
2. 劳动安全卫生管理制度的内容包括哪些方面？
3. 用人单位在劳动安全卫生方面负有哪些义务？
4. 劳动者在劳动安全卫生方面有哪些权利和义务？

第八章　女职工和未成年工的特殊保护

第一节　女职工的特殊保护

一、女职工特殊保护的概念

女职工特殊保护有广义和狭义之分。广义上是指根据女职工的生理特点，在劳动保护方面所应享有的劳动权益保护，如男女同等就业，男女同工同酬，女工的“四期”保护，女工禁忌从事的职业范围等。狭义上是指根据女职工的生理特点，在劳动安全卫生方面采取的不同于男子的劳动保护。在劳动法中的“女职工特殊保护”指的是狭义上的特殊劳动保护。女职工的特殊保护，是基于劳动关系而产生的法律保障，未建立劳动关系的妇女（如家庭内妇女）的安全、健康未包括在女职工的特殊保护范围之内。

对女职工采取特殊的劳动保护，是由于女职工的身体条件和所担负的特殊任务所决定的。妇女与男子身体结构和生理特点不同，导致妇女在体力和耐力上差于男性。在骨骼结构、呼吸血液循环上的不同，使在同一劳动强度上，尤其在重劳动强度上，女职工的负担要比男职工的大。尤其女职工在月经期、妊娠期、哺乳期时，身体的特殊变化，更应加强对她们的特殊劳动保护，如给予必要的休息，禁止从事某些工作等。同时妇女还担负着生育下一代的任务，一些劳动条件和劳动环境不仅直接影响到女职工本人的安全和健康，也会对胎儿的发育以及婴儿的健康产生不良的影响。因此，根据《劳动法》的规定给予女职工特殊劳动保护，既是维护女职工合法权益的需要，也是保证我国下一代健康成长的需要。

我国历来重视女职工的劳动保护，早在1956年原劳动部就起草了《中华人民共和国女工保护条例（草案）》。1988年7月21日国务院发布了《女职工劳动保护规定》，自同年9月1日起施行。1990年原劳动部发布了《女职工禁忌劳动范围的规定》。1992年4月3日第七届全国人民代表大会第五次会议通过了《中华人民共和国妇女权益保障法》（以下简称《妇女权益保障法》）。《劳动法》第七章对女职工的特殊保护作了专门规定。上述法律、法规是我国女职工劳动保护的重要法律依据。

二、女职工特殊保护的意义

《劳动法》第五十八条规定："国家对女职工和未成年工实行特殊劳动保护。"这体现了国家对女职工的关怀，充分显示了社会主义制度的优越性。具体来说，对女职工的特殊保护具有以下重要意义：

1. 有利于调动女职工的劳动积极性，促进社会主义现代化建设发展。社会生产、再生产，首先是劳动力。劳动力是决定社会生产的主导力量，而我国妇女占人口总数将近一半左右，是劳动力的一个重要来源，是建设社会主义现代化不可缺少的有生力量。通过对女职工的特殊劳动保护，激发她们劳动工作的积极性，使她们从事一些与其体力特点相适应的劳动和工作，这样既可以促使妇女参加社会生产工作，提高她们的工作素质，又可以充分利用妇女资源。这对于充分利用和保护社会生产力，促进社会主义现代化建设事业的发展是十分有益的。

2. 有利于保障女职工在劳动过程中的安全与健康。由于在生产过程中，经常存在着一些有害的、不安全的因素，如不采取预防、改善措施，势必导致伤亡事故及职业病和妇女病的发生，影响着女职工的安全和健康。根据劳动保护的立法宗旨，要采取各种措施，改善劳动条件，减少有害因素和不安全因素的威胁。同时由于女职工有其自己的生理特点，在劳动过程中，采取相应的特殊保护措施，有利于减少妇女病、职业病和伤亡事故发生，保护女职工的劳动安全和健康。

3. 有利于下一代身体健康和中华民族素质的提高。妇女担负着生育下一代的任务，她们的安全和健康直接影响着下一代的健康。对女职工实行特殊劳动保护，不仅可以使女职工本人的安全和健康得到保障，也有利于下一代的健康成长，从而保证中华民族整体素质的不断提高。因此，对女职工进行特殊劳动保护，具有十分重要的意义。

4. 有利于体现社会主义制度的优越性。在半封建、半殖民地的旧中国，由于生产力水平低下，劳动人民所受的剥削极为深重，女职工所遭受的剥削程度更深。中华人民共和国成立后，改善了女职工的劳动条件，对女职工采取了一系列特殊保护措施，切实维护了她们的合法权益，这充分表现了党和政府对女职工的关怀，体现了社会主义制度的优越性。

三、女职工特殊保护的主要内容

（一）保障妇女就业权，实行男女同工同酬

劳动就业权是劳动权利的核心部分，也是公民实行劳动权利的具体体现，关系到劳动者的生存权。我国宪法规定的男女平等，包括男女在劳动就业方面享有平等权利。《劳动法》第十三条明文规定："妇女享有与男子平等的就业权利。在录用职工时，除国家规定的不适合妇女的工种或者岗位外，不得以性别为由拒绝录用妇女或者提高对妇女的录用标准。"这就要求用人单位应依法提供妇女实现平等就业权利的条件，在招用职工时不得歧视女性公民，不得提高对女性公民的录用标准。但由于封建思想的余毒和旧观念的影响，不少企业和用人单位招用工人时，排斥和歧视女性公民，在能录用妇女的工作岗位也明文规定"不招用女工"，此种现象甚至发生在国家机关等单位，造成妇女就业难，再就业更难。失业、下岗、待业公民中大多数是妇女。有些企业在妇女的特殊生理期解除劳动合同，这是一种严重侵犯女职工合法权益的行为。因此，在实施有关保护妇女平等就业权法规方面，必须遵守"有法必依、执法必严、违法必究"的原则，使妇女的平等就业权付诸于劳动实际工作中。

《劳动法》第四十六条规定："工资分配应当遵循按劳分配原则，实行同工同酬。"用工单位必须贯彻男女同工同酬原则。在职工定级、升级、工资调整、奖金发放等方面要实行男女平等，不得歧视妇女，侵犯女职工的合法权益。《女职工劳动保护规定》第四条规定："不得在女职工孕期、产期、哺乳期降低其基本工资。"法律为贯彻男女同工同酬原则提供了依据，也为女职工在劳动方面同男职工享有平等报酬权提供了保障。

（二）禁止安排女职工从事繁重体力劳动及有毒有害工作

繁重体力劳动、有毒有害物质、恶劣劳动环境、过度紧张工作，都会对女职工身体造成损害。由于女职工的生理特点和担负养育后代的重任，用工单位必须依法对女职工进行特殊劳动保护。《女职工劳动保护规定》第五条规定："禁止安排女职工从事矿山、井下作业、国家规定《女职工劳动保护规定》的第四级体力强度的劳动和其他女职工禁忌从事的劳动。"依据《女职工禁忌劳动范围的规定》，女职工禁忌从事劳动的范围包括：（1）井下矿山作业；

（2）森林伐木、归楞及流放作业；（3）《体力劳动强度分级》国家标准中第四级体力劳动强度的作业；（4）建筑业脚手架的组装和拆除作业，以及电力、电信行业的高处架线作业；（5）连续负重（指每小时负重次数在 6 次以上）每次负重超过 20 公斤、间断负重每次超过 25 公斤的作业。

（三）在女职工的特殊生理期间给予特殊保护

女职工的特殊生理期，包括经期、孕期、产期、哺乳期四个特殊时期，在此期间对她们进行特殊保护，不仅保护了女职工本身的身体健康和劳动安全，同时也保护了下一代的安全和健康。

1. 女职工的经期特殊保护。所在单位不得安排其从事高空、低温、冷水和国家规定的第三级体力劳动强度的劳动。具体来说，禁止在此期间从事下列工作：（1）食品冷库及冷水等低温工作；（2）《体力劳动强度分级》中的第三级体力劳动强度作业；（3）《高处作业分级》国家标准中的第二级（含第二级）以上的作业。

2. 女职工的孕期特殊保护。所在单位不得安排其从事国家规定的第三级体力劳动强度的劳动和孕期禁忌从事的劳动，不得在正常劳动日以外延长劳动时间。对不能胜任原劳动的，应根据医务部门的证明，予以减轻劳动量或者安排其他劳动。对怀孕 7 个月以上（含 7 个月）的女职工，一般不得安排其从事夜班劳动；在劳动时间内应当安排一定的休息时间。怀孕的女职工，在劳动时间内进行产前检查，应当算作劳动时间。严禁怀孕女职工从事下列范围的工作：（1）作业场所空气中铅及其化合物、汞及其化合物、苯、镉、铍、砷、氰化物、氮氧化物、一氧化碳、二硫化碳、氯、乙丙酰胺、氯丁二烯、氯乙烯、环氧乙烷、苯胺、甲醛等有毒物质浓度超过国家卫生标准的作业；（2）制药行业中从事抗癌药物及乙烯雌酚生产的作业；（3）作业场所放射性物质超过《放射性防护规定》中规定剂量的作业；（4）人力进行的土方和石方作业；（5）《体力劳动强度分级》国家标准中第三级体力劳动强度的作业；（6）伴有全身强烈振动的作业，如风钻、捣固机、锻造等作业，以及拖拉机驾驶等；（7）工作中需要频繁弯腰、攀高、下蹲的作业；（8）《高处作业分级》标准所规定的高处作业。

3. 女职工的产期特殊保护。产期保护是指女职工在生育期间的保护。法律规定女职工享受一定的生育期休假和生育期物质待遇。女职工的产假为 90 天，其中产前休假 15 天。难产者，增加产假 15 天。多胞胎生育的，每多生育 1 个婴儿，增加产假 15 天。女职工怀孕流产的，其所在单位应根据医务部门的证明，给予一定时间的产假。女职工产假期间工资照发。

4. 女职工的哺乳期特殊保护。女职工哺乳婴儿期间依法受到特殊保护。有不满1周岁的婴儿的女职工，其所在单位应在每班劳动时间内安排两次哺乳时间，每次30分钟（也可以合并使用）。多胞胎生育的，每多哺育一个婴儿，每次哺乳时间增加30分钟。哺乳时间和在本单位内哺乳往返途中的时间算作劳动时间。女职工在哺乳期内，所在单位不得安排其从事国家规定的第三级体力劳动强度的劳动和哺乳期禁止从事的劳动，不得安排夜班工作和延长工时。在哺乳期内禁忌女职工从事劳动的范围是：（1）作业场所空气中有毒物质浓度超过国家卫生标准的作业；（2）《体力劳动强度分级》标准中第三级体力劳动强度的作业；（3）作业场所空气中锰、溴、甲醇、有机磷化合物、有机氯化合物的浓度超过国家卫生标准的作业。

（四）对女职工特殊保护设施的规定

按照《女职工劳动保护规定》，女职工比较多的单位应当按照国家有关规定，以自办或者联办的形式逐步建立女职工卫生室、孕妇休息室、哺乳室、托儿所、幼儿园等设施，并妥善解决女职工在生理卫生、哺乳、照料婴儿方面的困难。

上述四个方面构成了我国对女职工特殊保护的主要内容。根据有关法律规定，在女职工劳动保护权益受到侵害时，有权向所在单位的主管部门或者当地劳动部门提出申诉。受理申诉的部门应当自收到申诉书之日起30日内作出处理决定。女职工本人对处理决定不服的，可以在收到处理决定书之日起15日内向人民法院起诉。对违反《女职工劳动保护规定》，侵害女职工合法权益的单位负责人及其直接责任人员，其所在单位的主管部门，应当根据情节轻重，给予行政处分，并责令该单位给予被侵害女职工合理的经济补偿；构成犯罪的，由司法机关依法追究刑事责任。

第二节　未成年工的特殊保护

一、未成年工特殊保护的概念

未成年工在我国是指年满16周岁未满18周岁的劳动者。未成年工特殊保护是指根据未成年工的生长发育特点和其接受义务教育的需要，对其在劳动法律关系中所应享有的特殊权益的保护。其内容主要包括限制就业年龄、限制工作时间、禁止从事某些作业、定期进行健康检查等特殊劳动保护。

未成年工的特殊劳动保护是劳动保护中的一部分，它是对未成年工的保护。未成年工属于未成年人的范畴。童工也属于未成年人的范围。童工是指未满 16 周岁，与用人单位发生劳动关系，从事有报酬的劳动的少年。未成年工和童工不同，未成年工在劳动关系中享有与成年人不同的权益，受《劳动法》的特殊保护。而我国《劳动法》明文规定，禁止用人单位招用童工。

未成年工正处于身体发育时期，身体尚未发育成熟。根据未成年工的身体发育特点，用人单位应采用适合未成年工使用的机器设备、工具和劳动保护用品，缩短工作时间，禁止加班加点或从事夜班工作，禁止从事某些作业，定期进行健康检查，保证未成年工在劳动过程中的安全和健康。

在我国，有关未成年工保护的法律、法规主要有：1991 年 9 月 4 日第七届全国人大常委会第二十一次会议通过的《中华人民共和国未成年人保护法》(以下简称《未成年人保护法》)、1994 年 12 月 9 日劳动部发布的《未成年工特殊保护规定》，以及《劳动法》第七章关于未成年工的特殊保护等。这些法律、法规对于保护未成年工的合法权益具有十分重要的作用。

二、未成年工特殊保护的意义

未成年工正处于身体发育时期，对未成年工进行特殊的劳动保护，对于保护未成年工的人格和身心健康，保障未成年工享受接受教育的权利，具有重要的意义。

保障劳动者在劳动过程中的安全和健康，是我国《劳动法》的首要任务，对于未成年工也不例外。对于未成年工的安全健康保护主要是通过安全生产教育，使其掌握安全生产知识。同时，作为用人单位应当提供适合未成年工工作的设备、条件和良好的工作环境，维护未成年工的安全健康。

未成年工正处于身体发育时期，身体容易受环境的影响。同时，未成年工也是未来的主要劳动者，未成年工的身体健康，直接关系到我国未来劳动者的素质。因此，对未成年工实行特殊的劳动保护措施，有利于保障未成年工正常的发育成长，从而为我国未来的劳动者队伍建设创造有利条件。

三、未成年工特殊保护的主要内容

（一）限制就业年龄

1986年国务院发布的《国营企业招用工人暂行规定》和1988年国务院发布的《私营企业暂行条例》，都明确规定招工对象必须年满16周岁。1991年国务院发布的《禁止使用童工规定》，明确规定我国的最低就业年龄为16周岁。《劳动法》第五十八条第二款明文规定：“未成年工是指年满16周岁未满18周岁的劳动者。”《未成年人保护法》第二十八条规定：“任何组织和个人不得招用未满16周岁的未成年人，国家另有规定的除外。”上述法律、法规的规定，明确了我国公民最低就业年龄为年满16周岁。招收不满16周岁的未成年人是违法的，但文艺、体育和特种工艺单位，确需招用未满16周岁的文艺工作者、运动员和艺徒时，须报经县级以上劳动行政部门批准。而且招用单位要保证未满16周岁的特种工作者接受当地规定年限的文化教育。

为了严厉制裁使用童工的行为，2002年9月18日国务院重新制定发布了《禁止使用童工规定》，并于2002年12月1日起施行。该法规进一步明确规定：任何用人单位均不得招用不满16周岁的未成年人；禁止任何单位或者个人为不满16周岁的未成年人介绍就业；禁止不满16周岁的未成年人开业从事个体经营活动等。对违反上述规定者，劳动保障行政部门和其他有关部门应依法予以制裁。

（二）限制工作时间的延长

为保证未成年工身体健康成长，并有富余时间继续学习文化科技知识，一般情况下，对未成年工实行缩短工作时间，禁止安排未成年工从事夜班工作和加班加点工作。

（三）限制工作种类

《未成年工特殊保护规定》规定用人单位不得安排未成年工从事下列范围的工作：(1)《生产性粉尘作业危害程度分级》国家标准中第一级以上的接尘作业；(2)《有毒作业分级》国家标准中第一级以上的有毒作业；(3)《高处作业分级》国家标准中第二级以上的高处作业；(4)《冷水作业分级》国家标准中第二级以上的冷水作业；(5)《高温作业分级》国家标准中第三级以上的高温作业；(6)《低温作业分级》国家标准中第三级以上的低温作业；(7)《体力劳动强度分级》国家标准中第四级体力劳动强度的作业；(8)矿山井下及矿山地面采石作业；(9)森林业中的伐木、流放及守林作业；

(10) 工作场所接触放射性物质的作业；(11) 易燃易爆、化学性烧伤和热烧伤等危险性大的作业；(12) 地质勘探和资源勘探的野外作业；(13) 潜水、涵洞、涵道作业和海拔3000米以上的高温作业（不包括世居高原者）；(14) 连续负重每小时在6次以上并每次超过20公斤，间断负重每次超过25公斤的作业；(15) 使用凿岩机、捣固机、气镐、气铲、铆钉机、电锤的作业；(16) 工作中需要长时间保持低头、弯腰、上举、下蹲等强迫体位和动作频率每分钟大于50次的流水线作业；(17) 锅炉司炉。

对患有某种疾病或具有某些生理缺陷（非残疾型）的未成年工，用人单位不得安排他们从事以下范围的劳动：(1)《高处作业分级》国家标准中第一级以上的高处作业；(2)《低温作业分级》国家标准中第二级以上的低温作业；(3)《高温作业分级》国家标准中第二级以上的高温作业；(4)《体力劳动强度分级》国家标准中第三级以上的体力劳动强度的作业；(5) 接触铅、苯、汞、甲醛、二硫化碳等易引起过敏反应的作业。《规定》对“患有某种疾病或具有某些生理缺陷”的名称一一作了列举。

(四) 进行定期身体健康检查

按照《未成年工特殊保护规定》，用人单位对未成年工应进行定期健康检查，具体时间是安排工作岗位之前、工作满1年、年满18周岁距前一次的体检时间已超过半年。用人单位要根据未成年工的健康检查结果安排其从事适合的劳动。经医务部门证明不能胜任原工作的，单位应减轻劳动量或安排其他劳动。

(五) 采用各种证卡制度

依据《未成年人工特殊保护规定》，招用未成年工实行《未成年工健康检查表》、《未成年工登记表》、《未成年工登记证》制度，未成年工必须持劳动行政部门核发的《未成年工登记证》上岗工作。未成年工上岗前，用人单位应对其进行有关职业安全卫生教育和培训。未成年工体检和登记，由用人单位统一办理和承担费用。

思考题

1. 对女职工特殊保护有哪些重要意义？
2. 对女职工特殊生理期间的特殊保护有哪些规定？
3. 对未成年工特殊保护的主要内容有哪些？

第九章　职 业 培 训

第一节　职业培训概述

一、职业培训的概念

职业培训，是指为了培养和提高要求就业和在职劳动者的技术业务知识和实际操作技能而进行的教育和训练工作。从这一定义可以看出，职业培训是一种以劳动力为特定对象的劳动资源开发活动，它是以培养和提高求职者和在职人员的职业能力为目的的定向培训，是按国家职业分类和职业技能标准进行的规范化培训。职业培训包括就业前培训、在职培训和转业培训三大类，它们分别承担着社会劳动力、企业劳动力以及介于两者之间的流动劳动力进行培训的任务。

职业培训是按照社会的需要，对劳动者在不同水平的普通教育的基础上，给予不同水平的专业知识和技能培训，通过开发劳动者智力及培养人的职业兴趣和训练职业能力等社会活动，培养能够掌握特定劳动部门的基础知识、实用知识和技能技巧型人才的一种教育方式。

职业培训与普通教育既有联系，又有区别。普通教育也称学校教育，它从事的是一般性的文化教育，其对象主要是进入社会职业之前的人群，是职业培训的基础和前提。职业培训与普通教育都是从事智力开发活动的，都是为了提高人力资源的质量，都担负着将劳动力资源转化为社会生产力的繁重任务。但它们的区别也是显而易见的，其主要表现是：

1. 培养对象不同。普通教育以非社会劳动力为培养对象；职业培训则是以社会劳动力为主要培养对象。

2. 教育性质不同。普通教育是常规教育，侧重于基础教育，侧重于知识水平的提高；职业培训则是普通教育的延伸和专门化，侧重于职业技术教育，侧重于职业技能的提高。

3. 培养方式不同。普通教育的形式是正规的学校教育；职业培训的形式则多种多样，对将要就业的人员通过上职业高中、技工学校、就业训练班等培训方式进行培训；对已就业的人员通过脱产、半脱产的长期或短期的离岗专门培训和在岗业余培训；对待业人员、富余人员和下岗工人进行转业、转岗培训。

二、实行职业培训制度的意义

《劳动法》第六十六条规定："国家通过各种途径，采取各种措施，发展职业培训事业，开发劳动者的职业技能，提高劳动者素质，增强劳动者的就业能力和工作能力。"1996年10月30日劳动部发布的《企业职工培训规定》第四条规定："企业职工培训应以培养有理想、有道德、有文化、有纪律、掌握职业技能的职工队伍为目标，促进企业职工队伍整体素质的提高。"可见，国家对职业培训事业十分重视。在我国现阶段，作为提高劳动力素质的一种重要手段，实行职业培训制度具有如下积极意义：

1. 加强职业培训有助于提高劳动者的素质。劳动者的素质，包括思想品德（政治思想和职业道德）和职业能力两个基本方面。劳动者素质的培养和提高是一个持续过程。对于已经进入劳动年龄的社会成员来说，一般均已结束普通教育阶段。随着科学技术的不断发展，产业结构的不断变化，劳动者在校所学知识日渐陈旧，任何一个劳动者都需不断更新自己的知识结构，提高劳动技能，而这些主要是在后续教育和实践中获得的。因此，职业培训便成为劳动者继续提高的主要途径。

2. 加强职业培训有助于劳动就业和再就业，实现公民的劳动权。职业能力是劳动者实现劳动权的客观基础。因此，职业培训的主要任务便是帮助其获得必要的职业能力，为其进入就业准备条件；同时通过职业培训帮助劳动者全面发展，实现劳动者一专多能，从而使劳动者具有较强的就业应变能力，适应复杂多变劳务市场需求，保障其劳动权的真正实现。

3. 加强职业培训有助于实现现代化大生产。现代化大生产要求劳动力质量与所使用的生产资料相适应。要保持劳动力与生产资料的最佳结合，就必须不断培训出适应新的生产技术要求的劳动者。

在科学技术日新月异发展的今天，随着计算机技术和微电子技术在生产、经济领域的普及运用，单纯的劳动力数量已失去优势，需要大批掌握现代科学技术和现代管理水平的熟练劳动者。而我国目前职工队伍的素质普遍偏低，与现代化大生产的要求有很大差距。这种状况不仅直接导致我国工业生产领域产量低、质量差、消耗大、成本高、事故多等严重后果，而且制约着将来经济的发展。因此，大力加强职业培训，造就具有先进技术水平和熟练程度的劳动者，是实现现代化大生产的当务之急。

4. 加强职业培训有助于增强我国在国际市场上的竞争力。随着我国市场经济体制的逐步建立和完善，我国经济将会更加开放，与国际经济的交流会更频繁、密切，竞争也会更加激烈。产品的竞争就是质量和价格的竞争，而这一切归根结底又都是劳动力质量即劳动者智力的竞争。任何产品都可以因知识投入量不同而形成商品质量的差异，从而导致企业在竞争中优胜劣汰。因此，只有通过职业培训，提高劳动者的技术熟练程度，才能用较少的劳动消耗生产较多的产品，从而提高劳动生产率。同时劳动者的生产技能的提高，又能不断改善产品质量，降低生产成本，增加企业利润。这样就可以增强我国企业在国际市场上的竞争力。

三、我国职业培训概况

（一）新的职业培训体系已经建立并逐步完善

我国人口众多，劳动力资源数量极大，长期“供过于求”，而在质量上却表现为高素质的劳动力“供不应求”。因此我国只有通过大力开发劳动力资源，努力提高劳动力素质，才能不断提高劳动生产率，保持国民经济快速和稳定的发展。目前，新的职业培训体系已经建立，职业培训的法规和政策正逐步完善。这主要表现在：

1. 职业培训已发展到相当规模。就业前的各类职业技能培训机构比较完备。职业中学、技工学校、就业训练中心为我国的第三产业和农村经济的发展培养了大批人员；在职培训通过业余学习，脱产轮训或采取脱产、半脱产相结合等形式对企业职工进行技术等级，适应性或岗位培训，以使职工适应生产发展的需要。总之，我国已初步建立起一个多方办学、多种培训形式、多种职业等级相结合的职业培训体系。

2. 职业技能鉴定制度初步建立并得到普遍推广。目前我国完整的职业分类已完成，《工种分类目录》、《中华人民共和国分类大典》的完成，为进一步促进我国职业分类工作和职业技能开发事业的发展起了重大作用。技术等级标准的修订，《工人考核条例》、《职业技能鉴定规定》、《职业资格证书规定》

的颁布，使我国职业技能鉴定制度、职业资格证书制度已初步建立并开始全面推行，与此相应的国家职业分类、职业标准和职业资格考核制度的制定，以及社会化职业技能鉴定网络的组织都在迅速发展中。

（二）目前职业培训中存在的问题

我国在职业技能开发过程中，虽然取得较大成绩，但仍存在不少问题。具体表现在以下几个方面：

1. 社会上存在着轻视技术工人，轻视职业技能培训和重学历文凭轻职业证书的传统观念阻碍着职业培训事业的发展。

2. 我国教育的发展与生产力水平和城乡经济建设的现实需求脱节，政策偏向学历教育，不注重发展培养应用型人才，特别是忽视一线劳动者的技术业务教育和培训。

3. 国家对各级各类教育的投入不尽合理，对职业教育和培训，特别是对培养生产一线产业技术大军的技工培训投入过少。这种状况与经济发展对技术工人的迫切需要极不适应，严重地影响了职业教育与培训事业的发展。我国社会劳动力总量供过于求，而经济发展需要的各种专门技术和劳动者严重缺乏的现象仍没有得到明显改善。

4. 职业教育受传统普通教育的影响，还存在着注重理论，轻视操作，注重知识，轻视技能，注重学历文凭，轻视工作经验的现象，导致教育培训在一定程度上脱离经济发展的实际、脱离生产，造成教育资源的浪费。同时职业教育培训的师资建设、教材开发、教法改革、技术装备更新都存在一定问题，不能完全满足劳动市场对应用性和创造性人才的迫切需要。

5. 职业培训的服务对象主要集中在城市和国有经济，忽视了农村和非国有经济对职业教育培训的需要。当前农村经济迅速发展，非国有经济迅速崛起，职业教育要把自己的工作向农村、乡镇和非国有经济领域延伸，使职业教育直接与非国有经济部门的就业和农村劳动力的转移紧密结合起来。

四、职业培训应贯彻的原则

《劳动法》第六十七条规定：“各级人民政府应当把发展职业培训纳入社会经济发展的规划，鼓励和支持有条件的企业、事业组织、社会团体和个人进行各种形式的职业培训。”职业培训的目的是为了提高人的科学技术和文化水平。职业培训具有不同于普通教育的特点，它是一种定向性教育，以直接培养和提高人的职业能力和熟练程度为目的。随着社会主义市场经济的不断发展，社会对人的素质要求也越来越高，因此我国职业培训工作的指导思想也应当适应新形势发展的客观需要。根据有关法律、法规的规定，我国职业培训工作应贯彻以下原则：

（一）“先培训，后就业；先培训，后上岗”的原则

我国劳动力的总体技术素质偏低，由此带来劳动效率低下的问题，严重影响着社会经济和生产的发展。针对这一问题，《劳动法》第六十八条明确规定：“从事技术工种的劳动者，上岗前必须经过培训。”1995 年 6 月，原劳动部确定了首批实行《从事技术工种上岗前必须培训的规定》的 50 个技术工种的目录。“先培训，后就业”的要求是对就业双方提出来的，一方面是用人部门必须从经过职业培训合格的人员中招工，另一方面是申请就业人员必须在就业前接受职业培训，掌握必要的技能，获得必要的职业资格证书。

“先培训，后上岗”是企业内部为保证在岗人员素质，把住上岗质量关的一项重要制度。其培训对象都是在职职工，其目的是使即将上岗的人员能熟悉所从事工作的性质、任务，掌握必要的专业技能知识和操作方法，以便能适应本岗位对人员素质的基本要求，保证在岗人员的整体素质水平处于良好状态。

（二）按需施教、学用结合、定向培养的原则

《企业职工培训规定》明确提出，企业职工培训应贯彻“按需施教、学用结合、定向培养”的原则。根据这一原则的要求，各级政府有关部门应按照本地区、本行业经济和社会发展的需要来规划职工的培训，使经过培训后职工的技术结构基本符合经济和社会发展的要求，避免出现技术人才结构短缺或过剩的现象。企业应建立健全职工培训的规章制度，根据本单位的实际对职工进行在岗、转岗、晋升、转业培训，对学徒及其他新录用的人员进行上岗前的培训，以适应本单位生产经营发展的需要。同时，这一原则还要求各种形式的培训必须重视实际操作训练，切实做到理论联系实际，并注意专业对口，定向培养。只有这样，才能充分发挥职工培训的作用，达到职工培训的目的。

（三）职业资格证书制度的原则

1994 年 2 月，原劳动部和人事部为了适应社会主义市场经济体制的需要，加强劳动人事科学化管理，维护正常职业秩序，共同制定了《职业资格证书规定》。劳动部门对所有技能岗位人员的上岗提出要求，即实行职业技能的鉴定。一方面要求各类职业训练机构的毕（结）业生全部实行“双证制”（毕业证、结业证和技术等级证）考核；另一方面对所有劳动者实行职业技能鉴定的社会化管理，即无论劳动者目前所从事的专业如何，政府向所有申请应考者提供职业技能方面的评估。建立职业资格证书制度是我国劳动人事管理工作的一项重要改革举措，这一原则的建立为劳动者自由地进入劳动力市场和合理流动创造了条件，有利于加强政府对劳动力市场的监督管理和服务。

（四）自主办学的原则

1994 年 12 月，原劳动部颁布了《职业培训实体管理规定》，逐步改变了计划经济体制下职业培训实体的办学方向和办学形式，进一步扩大了职业培训实体的办学自主权。如技工学校可以自行组织招生和考试，可以到农村招收部分专业的学生。就业训练中心可以根据本地社会经济发展需要确定培训的方向和内容，采取灵活多样的培训方式。职业中学也相应采取了更加灵活的办学形式，以适应社会的需要。

（五）“培训、考核与待遇”相结合的原则

为了调动劳动者参加培训的积极性，必须将培训及其考核结果同劳动者自身的经济利益紧密联系起来。在职业培训中贯彻“培训、考核与待遇”相结合的原则，可以使劳动者经过培训后将学到的技术能真正用到工作中，并在经考核获得经济效益后，取得相应的待遇。这无疑有利于促使劳动者主动地根据需要参加相关的培训。

第二节 就业前培训

一、就业前培训的概念

就业前培训是指对新成长起来的、尚未进入职业领域的求职者所进行的就业技能的教育和训练。它是我国职业培训的一个重要方面。通过就业前培训，求职者可以学到某种基本职业技能，从而为其正式就业创造必要的条件。

在我国，就业前培训的形式主要有学徒培训、就业训练中心培训和学校培训等。

二、学徒培训

（一）学徒培训的概念

学徒培训，是指由用人单位招收青年当学徒，在具备一定技术水平和教学能力的师傅的直接教导下，通过实际生产劳动使其掌握生产技术的一种培训制度。学徒培训是我国在生产中培训新技术工人的传统制度。

（二）学徒培训的主要内容

1. 学徒招收的条件和方式。应招学徒应具备的条件是：思想品德端正，具备初中以上文化程度，身体健康，16 周岁至 22 周岁的未婚男女青年。招收的方式应坚持公开招收，在德、智、体全面考核的前提下侧重文化考核，择优录用。

2. 学习期限。学习期限一般为 3 年。技术比较简单的工种，可以适当缩短，但不得少于 2 年。技术特别复杂的工种，也可以适当延长。

3. 培训目标。主要是培训初级技术工人，学习期满，使其具有能胜任初级技术岗位要求的技术理论知识、较熟练地掌握相应的操作技能、良好的职业道德、健康的体魄。

4. 考核与录用。学习期满，要按规定的培养目标和《工人技术等级标准》的要求对学徒进行全面考核，考核及格者转为正式工人，考核不及格者，要延长学习期限，并进行补考；补考仍不及格的，可以辞退。

5. 学徒期间待遇。学徒由单位按月发给生活费，并享受劳动保护方面的基本待遇，也可适用某些一次性的奖励。在劳动保险方面，如学徒因工死亡，可发给一次性抚恤费。

（三）学徒（招收）培训合同

学徒（招收）培训合同是指学徒与用人单位之间，为培训技术工人，明确相互权利义务关系的书面协议。它确立的是用人单位与学徒的一种（预备）劳动关系。企事业单位招收学徒应当与应招者签订学徒培训合同。其内容包括：具体的培训目标、培训期限、培训方式和方法、指导师傅、双方具体的权利和义务等。

（四）师徒合同

师徒合同是指师傅与学徒之间，为传授与学习技艺，明确相互权利义务关系的书面协议。它确立的是师傅与徒弟的教学关系。师徒合同是学徒（招收）培训合同的从合同，它的订立以学徒（招收）培训合同的存在为前提，因此师徒合同的内容为学徒培训合同的主要内容，并小于培训合同的内容范围。其内容包括：具体教学内容；学习期限；包教保学的条件；出徒时间及出徒标准等。

在经济体制改革的进程中，随着劳动用工制度的改革，我国传统的学徒制度也发生了重大变化。当前，一些地方把学徒进厂后的培训改为进厂前的培训，把招学徒工改为招培训生。由劳动服务公司按企业计划招工人数，在社会上公开进行差额招收。被录取的培训生与培训单位签订培训合同。培训生在学习期间不按企业职工对待，培训期内由培训单位发给生活补助。培训期满，对全面考核合格者发给结业证书，由培训单位优先录用。

三、就业训练中心培训

（一）就业训练中心培训的概念

就业训练中心培训，是指劳动行政部门通过就业训练中心对城镇待业人员和其他求职人员进行教育和训练，使其成为具有初级技术业务水平的工人和其他专业人才的培训方式。

就业训练中心（以下简称“培训中心”）是指劳动行政部门及有关社会组织为城镇待业人员和其他求职人员提高职业技能、增强就业能力而举办的职业技术教学实体。包括劳动行政部门举办的职业技术学校和职业技术培训中心。

全国第一个就业培训中心于 1981 年 6 月建成，由于在培训对象、工种专业设置，学习期间培训内容、培训方式和机构设置等方面具备很大的灵活性和适应性，因此，国家肯定并提倡此种形式。随后，培训中心便扩展到全国各地。为加强就业培训中心管理，规范和推动就业训练中心培训工作，劳动部于 1991 年 2 月、1992 年 1 月、1994 年 12 月先后颁发了《就业训练中心管理规定》、《就业训练中心评估检查标准》、《就业训练规定》等，对培训中心的若干重要问题作出了明确规定。

（二）关于培训中心若干法律规定

1. 培训中心的任务。培训中心以城镇待业青年为主要招收对象，以培训初级后备劳动力为主，兼顾招收转业培训对象。其主要任务是培训初级技工和非等级的初步职业知识和技能。

2. 培训中心的专业设置和培训期限。培训中心应根据当地经济建设和社会发展需要以及社会用工的需求，灵活地设置工种（专业），并确定相应的培训期限。培训期限应根据工种（专业）的技术复杂程度和岗位要求确定：简单劳动岗位的熟练工一般不少于 3 个月；一般技术岗位的熟练工不少于 6 个月；技术性较强的生产岗位的技工在 1 年或 1 年以上。

3. 培训中心的教学与学员的考核及发证。培训中心的教学必须坚持理论联系实际，以操作技能训练为主，组织好生产实习教学。对训练期满的学员进行专业技术知识和操作技能的考核，考核分为结业考核和职业资格鉴定。对考核合格者，发给《就业训练结业证书》。同时，组织训练结业的学员参加职业资格鉴定。对考试合格者，发给职业资格证书。

4. 学员的招收和就业。培训中心招收学员，实行面向社会，公开招生，自愿报名，自选专业，自费就学原则。培训中心为用人单位进行定向训练或委托训练，应与用人单位签订培训合同，规定双方的权利和义务。学员结业后不包分配，由用人单位择优录用。

四、学校培训

学校培训是指采用规范的教学实体形态、统一的教学大纲和教材，按既定学制，以规范的教学活动所进行的培训教育。当前对预备劳动力的学校培训主要有技工学校培训和职业中学培训。

（一）技工学校培训

技工学校培训是指通过国家、社会和企事业单位举办的专门学校对青年学生或新工人进行的中等职业教育培训。它属于高中阶段的职业技术教育。

技工学校在完成培养中级技术工人任务的前提下，可以承担多种培训任务，包括在职工人（含班组长）的提高培训、转业培训、待业人员的就业培训、学徒的技术培训等。

技工学校最大的特点是理论联系实际，学生能学到较全面的操作技能和必要的理论、文化知识。技工学校一般均具备各项必要的办学条件，既有合格的教师和其他工作人员，又有同办学规模、工种（专业）设置相适应的实习实验场所等各项设备。技工学校的教学，在看重操作技能训练的同时，紧密围绕培养目标，安排必要的文化与技术理论基础课程。这样实际操作训练与技术理论知识并重，使学生毕业进入工作岗位后，一般经过短期锻炼，大都可以成为生产骨干。

1. 技校的任务和培养目标。技校的任务是把学生培养成合格的中级技术工人。同时还要根据需要和可能，积极承担多种培训任务，包括在职工人的提高培训、转业培训、待业青年的转业培训、学徒的技术培训等。

对培养中级技术工人的具体要求是：（1）具有较高的思想觉悟、良好的职业道德；（2）掌握本工种（专业）中级技术所需要的文化、技术理论基础知识，具有一定的分析和解决问题的能力；（3）熟练地掌握本工种（专业）的基本操作技能，完成本工种（专业）中级技术水平的作业；（4）身体健康。

2. 技校的学制和专业设置。学制应根据培养目标、招生对象的不同分别确定。培养中级技术工人，主要招收初中毕业生，学制为 3 年；个别工种（专业）需要招收高中毕业生的，学制为 2 年。

技校的专业设置要根据经济建设和社会发展的需要。在设置专业时应当注意以下几点：(1) 操作技术比较复杂，技术理论知识要求较高，适合社会经济建设需要；(2) 生产急需的缺门、短线工种或专业；(3) 新技术、新工种、新产业对人才的需求。

3. 技校的教学、考试与录用。技校的教学应根据统一的教学计划和教学大纲进行，文化、技术理论课应各占 1/2。生产（业务）实习教学的内容，应包括基本功训练和综合课题训练。专业技术理论课的教学应同本工种（专业）操作技能训练密切结合。

学生学完全部课程经考试合格，准予毕业，发给毕业证书。参加技术等级考核成绩合格的，颁发技术等级证书。

学生毕业后不包分配，由用人单位择优录用。毕业生当工人后实行劳动合同制度，与用人单位签订劳动合同。

4. 技校的培训关系。技校的培训涉及多方主体，它们各自具有不同的权利和义务：(1) 举办（或主办）单位应制订开办计划，负责办理审批和备案手续，提供办学所需的条件、经费和人员；它有权安排受培人员和优先录用培成人员，有权对学校的总体活动进行监督。(2) 技校为办学单位，接受举办单位的委托开展培训教学活动，有权获得主办单位的各种必要支持，享有办学自主权；有义务完成既定的培训任务，并接受主办单位的指导和监督。(3) 由举办单位安排、实行公费培训的受培人员在培训结束后回原单位工作；其他自费就培人员，培训完成后通过市场就业。(4) 非举办单位需从技校录用培成人员的，技校实行有偿输送，按规定或由双方商定收取培训费用。

（二）职业中学培训

职业中学培训是普通教育与职业教育相结合的培训形式，属于高中阶段的职业教育。职业中学培训包括职业高中和职业学校两种基本形式。职业高中大都是教育部门在教育体制改革中，在普通高中的基础上改办的，有些是普通高中里附设的职业班。这类学校主要招收初中毕业生，学制 2～3 年，学习内容以文化和专业理论知识为主，并进行一定的实习。学生学费自理，毕业后学校不包分配，由学校推荐就业。职业学校是由各部门、各地区或社会团体及个人举办的，主要是为了培养社会急需的初级技术人员和初级业务人员。其招生对象不限于初中毕业生，初中文化程度以下的劳动者也可以自愿报名入学。入学费用由学生自己交纳，毕业后学校不包分配，可由职业介绍机构推荐，用人单位择优录用。

第三节 在职培训

一、在职培训的概念

在职培训，也称职业教育，是针对在岗职工进行的专业技能提高的再教育。当今世界处于一个知识大爆炸、技术飞速发展的时代。对于每一个人来说，不可能在一段时间将所需要的知识和技能都学完。随着科技的不断发展，产业结构的不断变化，任何一个劳动者都需要不断地学习，不断地更新自己的知识结构，提高自己的劳动技能。在职培训就是为顺应这一形势而开办的继续教育活动。

在职教育具有以下特点：（1）它所培训的是使用中的劳动力，因而培训费用应由用人单位承担，而受培者则应以具有劳动关系为前提，即使是离岗培训，其劳动关系仍然存续；（2）它是提高教育，因而培训的起点较高，专业性较强；（3）它投资少，见效快，所学内容针对性强；所学知识能较快转化为生产力；（4）学习形式灵活多样。

二、在职培训的一般规定

我国在职培训基本上采用两种方式：一是在岗业余培训，一是离岗专门培训。

（一）在岗业余培训

在岗业余培训是指在培训对象基本上不脱离工作岗位的情况下进行的培训，即边工作，边培训，是实现企业全员培训的基本形式。这种培训方式不影响单位的工作开展，使企事业单位在既不缺员又不增人的条件下达到提高劳动力质量的目的，而且具有不受年龄和人数严格限制的特点，因而是进行在职培训的基本形式。

在岗业余培训一般采用岗位训练（俗称“岗位练兵”）、各种短期培训班、系列讲座、各类培训中心以及电大、业大、夜大、函大、高等教育自学考试等形式。

（二）离岗专门培训

离岗专门培训（即脱产学习）是指培训对象暂时离开工作岗位，进入院校或研究机关，专门从事系统的理论学习和技能训练。这种培训方式投资较大，但因是对培训对象进行的专门而系统的教育，与在岗培训相比，能获得更好的培训效果。

离岗专门培训的具体形式，通常有各类职工中学和职工大学，或委托大专院校、科研机构进行代培等形式。

（三）在职培训毕业生的待遇

按规定职工读完中等专业或高等专业学校的课程，经考试合格，国家承认其学历，与全日制院校同类专业的毕业生享受同等待遇。

（四）在职培训的管理机构

国家设专门管理机构对职工教育工作进行管理，最高管理机关是全国职工教育管理委员会；中央各部委、工会系统、教育系统、劳动人事系统等各侧重管理本系统的职工教育；各省、市、自治区设省级职工教育管理委员会，基层则由单位行政管理本单位的职工教育。

三、在职培训的专项规定

（一）关于高等教育自学考试的规定

1988 年 3 月国务院发布了《高等教育自学考试暂行条例》，该条例所称的“高等教育自学考试”，是指对自学者（可以是在职职工，也可以是非在职人员）以学历考试为主的高等教育国家考试，凡全日制在校学生不得报考。它是一种个人自学、社会助学和国家考试相结合的高等教育形式。该条例的主要内容有：

1. 关于考试机构的设置。全国高等教育自学考试指导委员会（简称“全国考委”），在国家教委领导下，负责全国高等教育自学考试工作；省、市、自治区及其所辖地区设立相应的省考委和地区考委，负责本地区的自学考试工作。

2. 关于开考专业。凡属新开考专业，应由省考委组织论证，提经全国考委审批，并规定新开考专业的必备条件，要求新开考专业应于首次开考前半年向社会公布。

3. 关于考试及证书。考试命题由全国考委统筹安排。每门课程实行一次性考试，考生可自行选择考试专业。对考试合格者发给毕业证书，国家承认其学历。该类证书具有正规高校所颁证书同等效力，可作为录用或聘任的依据。

4. 关于奖惩。参加自学考试的人员，从事自学考试的工作人员以及社会助学方面，凡成绩显著者，均给予奖励；同时对上述人员的违纪、舞弊行为，根据情节轻重，分别给予纪律处分或追究法律责任。

（二）关于成人高等学校的规定

成人高等学校是以在职在业人员为主要培养对象的高等学校，包括成人教育学院、管理干部学院、职工高等学校、农民高等学校、职工业余大学、广播电视大学、函授学院等。由于成人高等教育能够直接有效地提高劳动者的素质，可以直接提高经济效益和工作效率，所以国家十分重视成人高等教育工作。当前，国家对成人高等教育的基本规定包括以下几方面：

1. 成人高等学校的设置和培养目标。成人高等学校应根据经济和社会发展的实际需要设置并达到一定规模，要求在校学生人数达800人以上，专业设置3个以上。

成人高等学校的培养目标是：（1）对在职在业而达不到高等文化程度和专业水平的人员进行相应的文化、专业教育；（2）对具有大专以上学历或中级以上技术职务的在职人员进行继续教育。通过培训，使受培人员能适应社会、经济发展需要，胜任本职工作。

2. 成人高等学校的教学与发证。成人高等学校主要是进行学历教育。在教育结构上，以专科教育为主，开展第二专业教育，具备条件的，可开设本科教育，培养在职的学士、硕士、博士生。成人高等学校适用普通高等院校的正规考试制度以及职业技能考核鉴定制度，经考试、考核合格的颁发学历文凭与职业资格证书。

除前述就业前培训、在职培训以外，还有一类转业培训。转业培训的目的是帮助已就业或失业而需要转业的职工改变技能结构单一的状况，创造新的就业条件，以便获得新的工作岗位。转业培训的对象一般是失业人员，这些失业人员包括仍滞留在企业内部的优化组合富余人员和已进入社会的失业人员。前者的培训由所在单位提供条件并组织进行，后者由就业服务机构或有关管理机构组织进行，培训费用由组织培训的单位给予可能的资助。

第四节 职业资格证书制度

一、职业资格证书制度的概念

职业资格证书制度是指对劳动者从事某一职业所必需的学识、技术和能力进行认证的制度。它是国家对劳动者职业资格认证的一项重要法律制度。

国家实行职业资格证书制度是《劳动法》的一项重要规定。《职业资格证书规定》第二条规定："职业资格是对从事某一职业所必备的学识、技术和能力的基本要求。职业资格包括从业资格和执业资格。从业资格是指从事某一专业（工种）学识、技术和能力的起点标准。执业资格是指政府对某些责任较大，社会通用性强，关系公共利益的专业（工种）实行准入控制，是依法独立开业或从事其一特定专业（工种）知识、技术和能力的必备标准。"职业资格证书是联结职业教育和培训与生产经济活动的主要纽带，是政府对劳动力质量和劳动力产权进行认证和监控的主要工具，也是劳动者个人增强就业竞争能力，增加就业选择机会，提高工资收入和福利保险待遇的主要依据。因此，国家职业资格证书对调动劳动者和职业教育培训机构两个方面的积极性具有重大意义。

职业资格分别由国务院劳动、人事行政部门依据法定的条件和程序进行考评，对合格者授予国家职业资格证书。职业资格证书是职业标准在社会劳动者身上的体现和定位，是对劳动者具有和达到某一职业要求的知识和技能标准的认证，是劳动者进入就业的凭证。职业资格证书对劳动者注重的是特定职业所要求的资格，而不是劳动者的基本学识或其他专业水平，因此它的性质和用途都不同于学历文凭，只具有客观证明的效力，即证书所载只表明持证人所具有的技术等级，供使用方参考。它不涉及证书对使用和待遇的效力，即不具有权利凭证的性质。

我国对后备劳动人员实行"双证制度"，即培训结束，经考试、考核合格，获得《毕业（结业）证书》，经技术等级鉴定，获得《技术等级证书》，双证齐备者获得优先录用资格。同时，对技术岗位和管理岗位推行凭证上岗或凭证任职制度，凡明文规定需凭证就任的职位和特种作业岗位，无特定证件的不得就任，否则其就任无效，并追究有关人员的责任。

职业资格证书制度是职业培训的中心环节。实行职业资格证书制度的意义是：(1) 它科学地反映劳动者的职业能力，克服我国长期以来以学历文凭为主的资格证书的弊端。(2) 它客观公正地评价专业（工种）技术人才的职业能力，量才使用劳动者。(3) 它促进人才的合理流动。职业资格证书是国家对申请专业（工种）知识、技术、能力的认可，是求职、任职、独立开业和单位录用的主要依据，有利于持有职业资格证书的劳动者选择用人单位，也便于用人单位根据职业资格证书录用劳动者，促进人才流动。

二、职业资格证书的核发和管理

《职业资格证书规定》，对职业资格证书的授予和管理作了明确规定。其主要内容包括：

（一）申请

凡在法定劳动年龄内，具有劳动能力的中国公民，获准在我国境内就业的其他国籍或无国籍人员，均可按照自愿、费用自理的原则，依据国家有关政策规定和程序申请相应的职业资格。

（二）考评

职业资格分别由国务院劳动、人事行政部门通过学历认定、资格考试、专家评定、职业技能鉴定等方式进行考评，对合格者授予相应的《技术等级证书》、《技师合格证书》或《高级技师合格证书》，上列证书由劳动部门统一印制。

（三）核发与管理

职业资格证书实行政府指导下的管理体制，由国务院劳动、人事行政部门综合管理，劳动部门负责以技能为主的职业资格鉴定和证书的核发与管理；人事部门负责专业技术人员的职业资格评价和证书的核发与管理。

三、职业分类的职业技能标准

职业技能标准是国家根据法定的职业分类目录，对规定的职业所需的基本技能和较高技能进行分解，制订明细的职业技能标准，用以考核检测从事或将要从事该职业的劳动者的技术水平的标准体系。

职业分类是制订技能标准，进行考核、鉴定的基础和前提。所谓职业分类是指运用一定的科学手段，对全社会就业人员按所从事工作的种类和性质进行归类。

职业技能标准是衡量从业人员技能水平和工作能力的尺度，是进行技能培训、技能鉴定、企业用人以及开展国际劳务合作交流的基本依据。职业技能标准具有以下法律特征：（1）它以法定的职业分类为前提，只有在职业分类目录中的职业工种，才由国家依法制订技能标准；没有列入职业分类，但在实践中也确实存在的那些职业，不存在技能标准的制订问题。（2）职业技能标准必须由国家制订或认可。未经国家批准的机构或个人制订的职业技能标准不具有法律效力。

职业技能考核依据的标准有：《国家职业技能标准》、《工人技术等级标准》、《技师考评条件》，还有企业内部的岗位规范。这里着重介绍《工人技术等级标准》的有关内容。

（一）技术等级标准的概念和法律效力

技术等级标准是国务院各产业部门依法制订的用以衡量技术工人技术业务水平和工作能力并据以确定其技术等级的统一尺度。它根据各工种的技术复杂程度、劳动繁重程度和责任大小，规定技术等级的数目以及各个等级具体的技术要求。

依法制订、颁布的技术等级标准具有法律约束力，其效力表现在：（1）它是确定培训目标、评估培训成效的主要依据；（2）它是工人录用、上岗、转岗、晋升考核的法定依据；（3）它是确定工人工资、福利待遇的有效依据；（4）它是制订岗位规范的法律依据并构成岗位规范的主要内容；（5）经公证的技术鉴定证书是劳务输出、公民境外就业的有效证件。

（二）技术等级标准的内容

技术等级标准一般包括下列三大项内容：（1）职业理论知识要求。要求具有能胜任本工种、本等级工作所需的知识结构和知识水平。（2）职业技术操作要求。要求具有能胜任本工种、本等级工作所需要的实际技术业务能力结构和能力水平。（3）工作实例。在理论知识、业务技能考核的基础上，根据实际情况设置能体现本工种、本等级能力水平的典型工件或工作项目进行综合考核。

技术标准的内容必须符合劳动法律、法规和政策的规定，不能与其相悖。

（三）制订技术等级标准的类别和等级

工人技术等级标准是一个独立的标准序列，依其适用范围的不同，可分为通用技术标准和专用技术标准；依技术标准的等级不同，分为国家职业技能标准、行业技术标准和企业技术标准。

技术等级的划分，一般根据工种的技术复杂程度不同确定，工种技术复杂，层次比较分明的，设较多的等级数目；技术复杂程度较低的，所设等级数目相应较少。

我国技术等级划分，在20世纪80年代中后期以前实行八级等级制，通过改革，至90年代初，逐步改为新的技术等级制度，即技术复杂的工种设初级、中级、高级三个等级；技术复杂程度较低或层次区别较弱的，可设初、中两级或中、高两级。目前仍实行八级制的，可将一、二、三级归入初级；四、五、六级归入中级；七至八级归入高级。在高级技术工人中实行技师、高级技师聘任制。

（四）制订技术等级标准的权限和原则

国家标准由中央劳动行政部门主持制订发布或由国家主席发布，各个产业部门也可制订行业标准，各企业、公司等用人单位也能制订本单位标准。但后两个标准必须以国家标准为前提，不得低于国家标准，可以高于国家标准。

技术等级标准的制订应遵行先进合理原则和国际化原则。（1）先进合理原则要求以目前企业技术装备和劳动管理水平为基础，同时也反映出未来一定时期内的技术进步、设备更新、工艺变革、产品换代以及管理改善的发展趋势，使大多数工人经过一定时期的努力都能达到期望的技术等级目标。一般地说，初级标准应达到基本上独立上岗操作水平，中级标准应达到熟练掌握本工种的技术业务水平，高级标准应达到精通本工种的技术业务，并掌握相关工种（岗位）的基本技术，且有一定的生产经营组织能力。（2）国际化原则要求技术标准的修订，要着眼于我国改革开放的总格局和世界经济交流日益加强的总趋势，使我国的职业分类、工种划分及技术等级的设定与国际标准一致。

四、职业技能鉴定

（一）职业技能鉴定的概念和意义

职业技能鉴定，是指职业技能鉴定机构依据职业技能标准对劳动者技能水平和工作能力做出评价与认定活动。它是对劳动者进行技术等级的考核和技师、高级技师资格的考评。

《工人考核条例》规定了6种考核形式：录用考核、转正定级考核、上岗转岗考核、本等级考核、升级或超级考核和任职资格考评。考核的内容是思想政治表现、生产工作业绩、技术业务水平等三方面。这种考核属于企业内部管理的范畴，不是全国统一的制度。

职业技能考核鉴定制度比《工人考核条例》前进了一步。国家实行职业技能鉴定有着积极的意义：（1）实行职业技能鉴定制度，可以激发劳动者为获得职业资格证书而努力学习的积极性。（2）实行职业技能鉴定制度，可以促使培训者努力提高教学质量以使更多的受培者通过相应的职业技能鉴定。（3）职业技能标准是考核鉴定受培者职业技能的尺度，受培者只有达到某一职业技能标准才能获得相应等级的职业资格证书，这就可以保证培训质量，为用人单位培养合格的技术工人，全面提高工人队伍素质。

（二）职业技能鉴定制度的主要内容

1. 职业技能鉴定实行社会化管理。职业技能鉴定实行政府（通过其劳动职能部门）指导下的社会化管理体制，将考核发证工作从培训体制中分离出来，建立独立鉴定机构，承担此项任务。具体包括以下内容：一是国家按职业（工种）的性质、特征和对国计民生的影响程度，规定部分职业（工种）实行国家职业技能鉴定，按行政区划进行管理；行业特有的职业（工种）以授权的方式，实行行业职业技能鉴定，由国务院行业主管部门进行管理；其他职业（工种）的职业技能鉴定经劳动部门审核实行考核许可证制度，即：区别不同情况，实行政府指导下的分类管理方式。二是国家职业技能鉴定机构批准成立的职业技能鉴定指导中心和鉴定站（所）负责，组织经过专门培训后并取得相应资格的考试专业人员，按国家职业技能鉴定规范规定的程序、手段和方法，采用统一编制的试题库对被鉴定对象实施职业资格考试，即国家职业技能鉴定的统一组织实施形式。职业技能鉴定社会化管理可保证国家职业技能鉴定的可信度和权威性。

2. 规定鉴定机构和考评员资格条件。职业技术鉴定分两个层次设置专门的事业性考核鉴定机构，即设职业技术鉴定指导中心（由国家和省级劳动行政部门设置），分别负责全国的或本地区本行业的职业技术鉴定工作；设职业技能鉴定站或所，具体承担各类人员的技能鉴定工作。技能鉴定机构享有独立进行技能鉴定的权利，有权拒绝任何组织和个人更改鉴定结果的不正当要求。

职业技能鉴定站设职业技能鉴定考评员。鉴定考评员应由获得相当技术职称的专业技术人员担任。技能等级鉴定的考评员要求必须具有高级工或技师、中级专业技术职务以上的资格；鉴定技师资格的考评员必须具有高级技师、高级专业技术职务的资格。考评员实行鉴定回避制度，即与申请鉴定人有利害关系的人不能被聘为鉴定人。

3. 申请鉴定人的资格。申请鉴定人应当是具有一定技术能力的在职职工、职业培训单位毕业或结业的学员。

4. 申请和鉴定的程序。首先由申请人向鉴定机构提出书面申请，鉴定机构核准申请后，即选聘召集鉴定人，并通知申请人。申请人对鉴定考评员提出回避申请的，由鉴定机构的鉴定委员会审查决定。申请人对鉴定结果有异议，可以申请再次鉴定，由鉴定机构重新组织鉴定委员会鉴定，或由上一级鉴定机构组织鉴定。

5. 法律责任。申请人或考评员、鉴定机构的工作人员如果弄虚作假、徇私舞弊，由鉴定机构或其上一级视情节轻重给予行政处分；触犯刑律的，由司法机关追究刑事责任。

思考题

1. 职业培训与普通教育的区别主要表现在哪些方面？
2. 我国职业培训工作应贯彻哪些原则？
3. 在职教育具有哪些特点？
4. 国家实行职业技能鉴定制度的意义是什么？

第十章　社会保险和福利

第一节　社会保险概述

一、社会保险的概念与特征

（一）社会保险的概念

社会保险是指国家通过立法建立起的一种社会保障制度，其目的是使劳动者在由于生、老、病、死、伤、残等原因丧失劳动能力和中断劳动而失业，本人和家庭失去生活收入时，从社会获得必要的物质帮助。我国《宪法》第四十五条规定："中华人民共和国公民在年老、疾病或者丧失劳动能力的情况下，有从国家和社会获得物质帮助的权利。国家发展为公民享受这些权利所需要的社会保险、社会救济和医疗卫生事业。"《宪法》赋予我国公民的这一基本权利，就劳动者而言，主要通过社会保险实现。我国《劳动法》规定，国家发展社会保险事业，建立社会保险制度，设立社会保险基金，使劳动者在年老、患病、工伤、失业、生育等情况下获得帮助和补偿。

（二）社会保险的特征

1. 社会性。社会保险的社会性主要表现在三个方面：（1）保险范围的社会性。享受社会保险的对象包括社会上不同层次、不同行业、不同所有制形式和不同身份的各种劳动者。我国《劳动法》将社会保险的范围扩大到中华人民共和国境内所有的企业、事业单位、国家机关、社会团体、个体经济组织的劳动者。(2）保险目的的社会性。建立并实施社会保险制度，既反映了社会的政治进步，也促进了社会的经济发展。（3）保险组织和管理的社会性。社会保险主要是一种政府保险制度，它由国家通过立法确认和规定，并在保险资金的筹集、发放、调剂、管理等方面，由政府组织实施。

2. 国家强制性。这种强制性体现在，社会保险是通过国家立法形式强制实施的，与民间互助团体的保险形式、商业保险完全不同。国家基本保险是法定的强制保险，保险的项目、费用的缴纳标准、保险金领取的数额等都由法律统一规定，用人单位和劳动者不得以任何借口拒绝缴纳，也不得任意选择、取舍。它体现了国家对社会经济生活的干预，体现了国家的社会责任，目的是为了保证社会保险基金来源的可靠和稳定。

3. 互济性。凡属保险，通常都具有互济性，因为它们都通过集中与分散资金来分散风险，而且都尽力扩大风险所分散的范围。社会保险的互济性，一方面表现在保险基金实行社会统筹，并依据调剂的原则集中和使用资金，解决不同情况下的劳动者的特定基本生活需要，使由于年老、患病、工伤、失业、生育和丧失劳动能力等事件，对每个劳动者所造成的经济损失，达到一般水平。另一方面，劳动者因寿命长短、生病或不生病以及生病严重程度、伤残或丧失劳动能力与否及其丧失劳动能力程度等，不以人的意志为转移，并且不可能完全等同，而社会保险的目的则是相同的，即保障劳动者的基本生活需要。因此，社会保险实质上是通过多方筹集基金后进行平衡调剂，将个别劳动者在特定情况下的损失和负担，在缴纳保险费的多数主体间进行分摊。这就决定了劳动者按同等标准缴纳社会保险费，而不可能从社会领回同等数量的生活费。这一差别，充分反映了社会保险互济性的特征。

4. 补偿性。这一特征具体表现在：（1）劳动者通过劳动创造的价值或财富，除了一部分表现为劳动报酬返回给劳动者之外，另一部分作为社会的各项扣除，纳入了政府收入的范畴。在社会保险基金的来源中，国家负担部分最初来源于劳动者的劳动。国家通过社会保险将这部分再返回给劳动者，其实质是对劳动者过去劳动的一种补偿。（2）劳动者在向社会提供劳动能力，并以此获取劳动报酬的期间，按照国家规定标准将报酬的一定比例，作为劳动保险基金缴纳，待年老、患病、负伤、失业、生育和丧失劳动能力时，又依照国家规定标准领回，直接反映了社会保险的补偿性。

二、社会保险与相关制度的关系

（一）社会保险与社会保障

“社会保障”一词，最早见于1935年美国颁布的《社会保障法》，其后又有一些国家颁布同类法案。1941年《北大西洋宪章》再次使用了这一词。此后，“社会保障”一词被国际劳工组织接受，也被许多国家接受并广泛使用。

“社会保障”的英文是“Social Security”，原意是社会安全，它是国家通过立法，采取强制手段对国民收入进行再分配，形成社会消费基金，对由于年老、疾病、伤残、失业及其他灾难发生而使生存发生困难的社会成员，给予物质上的帮助，以保障其基本生活需求的一系列有组织的措施、制度和事业的总称。社会保障包括社会保险、社会救济、社会福利、社会服务和医疗卫生事业等内容。

社会保障与社会保险并不是同一个概念，两者既有联系，也有区别。社会保障包括社会保险，而社会保险是社会保障的核心内容。从它们的产生看，社会保险的概念比社会保障的概念要早些。社会保险的概念产生于19世纪70年代的德国，社会保险的对象是雇佣劳动者，参加保险的人要交纳保费。社会保障面向全体社会成员。由于社会保险是社会保障的核心内容，有些国家常常将二者概念通用，但实际上它们是不同的两个概念，社会保障的外延比社会保险的外延大。

（二）社会保险与商业保险

商业保险是专业保险公司经营的保险，种类繁多，包括财产保险和人身保险等，其中人身保险也是以人的生命和身体作为保险对象的，也称人寿保险，如健康保险、生命保险、死亡保险、人身意外伤害保险等。商业保险也具有防范风险、分担损失、提供保障的功能，但它与社会保险是有明显区别的。

1. 保险的性质不同。社会保险是国家为保证劳动者基本生活需要而建立的一项社会保障制度，以实现国家社会政策为宗旨，是通过国家立法强制执行的。同时，作为一种社会福利事业，它还具有非盈利的性质。商业保险则是营业性保险，由保险者与被保险者双方按自愿原则签订合同来实现，是否投保，纯属自愿。商业保险作为一种金融事业，具有以盈利为目的的性质。

2. 保险对象不同。社会保险以社会劳动者为保险对象，在经济条件和管理水平具备的条件下，可以扩大到社会成员，其保险对象是国家法律强制规定的。商业保险的保险对象可以是自然人，也可以是特定物，由保险双方自行约定。

3. 权利义务关系不同。社会保险的保险费通过国民收入再分配来实现，通常由国家、单位和个人共同负担，形成社会保险基金后，统一调剂使用，使所有需要保险的劳动者均能得到保障，并有利于低收入者，即保险权利与保险义务的关系并不完全对等。商业保险的权利义务关系则完全建立在合同的基础上，保险金完全由投保人承担，保险人对被保险人实行“多投多保、少投少保”的原则，权利义务关系完全对等。

4. 给付标准不同。社会保险从保障劳动者基本生活出发，考虑劳动者原有生活水平、社会平均消费水平、物价水平、财政承受能力等多种因素确定待遇水平，给付标准不完全取决于缴费多少，而主要取决保障需要。商业保险则按投保人所缴保费的多少确定赔偿数额。

5. 管理体制不同。社会保险一般由国家设立专门的社会保险机构统一管理，国家统一立法规定保险项目、费率和给付标准等。国家对社会保险基金不征税。商业保险是由自主经营的保险公司自行经营、独立核算、自负盈亏。它属于金融性企业，国家对其经营收入征税。

（三）社会保险与社会救济、社会福利

社会救济是指国家和社会对因自然、社会经济、个人生理等各种原因，不能维持最低水平的公民给予物质帮助，以维持其基本生活的一种社会保障制度。

从社会救济的含义，可以看出它与社会保险有些近似的地方，主要表现在二者都是社会保障制度的主要内容，具有较强的政策性，均受国家制定的法律和政策调控，其根本目的都是为了保障人民的基本生活，稳定社会秩序，发展社会生产，起到“社会稳定器”与“安全网”的作用。

社会福利是指国家和社会根据需要和可能，通过一定形式向公民提供的物质利益。它包括用于改善和提高人们物质、文化生活水平的各种措施（如教育、科学、文化、医疗卫生、孤儿院、养老院等），以及给公民减少生活开支、增加实际收入的各种措施。

社会福利同社会保险和社会救济一样，都是国家社会政策和经济政策的重要组成部分，共同构成社会保障制度的主体，其目的都是为了保证人民的基本生活条件和提高人民的生活水平，维持社会的稳定。但是，社会保险与社会救济、社会福利之间也是有区别的，具体表现在：

1. 实施对象不同。社会保险以靠工资收入维持生活的劳动者为保险对象，只有作为或者曾经作为劳动法律关系主体一方的劳动者才有可能享受社会保险权利，社会保险与劳动密切联系。而社会救济、社会福利则以全体公民为帮助对象，并不以是否以工资收入为主，是否参加劳动法律关系为享受条件。

2. 资金来源不同。社会保险基金采取三方负担原则，由劳动者、用人单位和国家三方负担，劳动者和用人单位负有法定的缴纳社会保险的义务。社会救济和社会福利所需资金，来源于国家和社会，由国家拨款，或由社会各界捐赠，社会成员没有缴纳义务。

3. 实施依据和条件不同。社会保险根据劳动者丧失劳动能力或劳动机会的具体情况实施，还需劳动者履行劳动和缴费义务，特定主体也需履行缴费义务（用人单位），才能享受社会保险的各项待遇。社会救济、社会福利的实施，一般是根据公民的收入水平、家庭成员的负担等状况确定。例如，经过财产调查，其家庭收入总量在贫困线以下的公民才可享受国家发放的社会救济金，不需要社会救济、社会福利的享受者承担劳动和缴费义务。

4. 保障程度不同。在我国，社会保险的保障程度高于社会救济、社会福利，社会保险待遇在保障劳动者基本生活需要的前提下，略低于或不低于劳动者原有生活水平，属于经常性的物质帮助。社会福利和社会救济仅限于维持受救济人的最低生活需求，属于临时性物质帮助。

三、社会保险的作用

世界各国尤其是西方发达国家建立和发展社会保险制度已有相当长的历史，社会保险涉及社会经济生活的方方面面，对各国社会经济的和谐发展起着重要作用。

1. 保障劳动者基本生活，维护社会安定。在现代工业社会，劳动风险比以往更大，年老、患病、失业乃至正常的生育等情况，都会造成永久或暂时丧失劳动能力，失去生活来源。社会保险对那些因各种原因造成生活困难的劳动者给予物质帮助，保障其基本生活需要，起到了稳定人心，维护社会安定的作用。

2. 调节经济运行。社会保险制度在一定程度上调节了供给和需求关系。在经济衰退时，投资下降，职工收入减少，失业增加，社会保险开支则增加，会起到刺激社会有效需求，缓解经济衰退的作用。相反，当经济高涨，失业下降，职工收入增加时，社会保险支出会自动下降，从而起到抑制社会总需求的作用，缓解由经济过热而引起的通货膨胀。

3. 实现社会财富再分配，有利于低收入者。社会保险费由国家、单位和个人三方分担。国家通过税收和财政预算拨款，单位按照职工工资总额缴费，个人按照工资收入缴费，形成社会保险基金，统一调剂使用。由于各地区、各单位以及各个社会成员受年老、失业、病残等情况的影响不同，社会保险通过征收保险费和给付保险金两个方面，实行收入再分配，使所有需要保险的劳动者都能得到保障，并更有利于低收入者。

4. 促进就业。社会保险制度的建立和发展，要相应地建立管理机构和社会服务网，如老年社会服务、医疗保健、职业培训等等，以及与此相关的生产和经营部门，这无疑能起到提高劳动者素质、改善就业环境、增加就业机会和调整产业结构等作用。

5. 促进投资和经济发展。社会保险机构利用保险费收取到保险金给付的时间差，可以将处于备用状态的保险基金用于投资，从总量上为社会再生产提供了巨大的资金。从国外一些国家的经验来看，社会保险基金是长期投资的稳定资金来源，对经济发展起着重要作用。

四、社会保险的原则

社会保险的原则是贯穿在全部社会保险法律规范中的基本精神和指导思想。根据社会保险的特征及功能，社会保险主要遵循以下几项原则：

（一）社会保险水平与社会生产力发展水平相适应原则

确定社会保险水平是社会保险的一项重要内容。在确定社会保险水平时，必须体现社会保险水平与社会生产力发展水平相适应的原则。社会保险水平指社会保险费用支出占国内生产总值的比重高低，它直接与社会生产力的发展水平和国民经济的增长水平相联系，并且还直接影响投资、储蓄、失业率等经济活动。

社会保险需要社会生产力的发展为其提供可能和创造条件。只有当生产力发展到一定水平，社会财富较为丰富时，国家才有能力承担巨额的社会保险费。同时，社会生产力的发展水平还制约着社会保险的水平。社会保险水平过高或过低，都会阻碍社会生产力的发展。社会保险水平过高，政府、尤其是用人单位在经济上难以承受，影响用人单位的投资和生产积极性，反而导致失业率的上升和劳动者享受社会保险的待遇降低；社会保险水平过低，劳动者的基本生活难以保证，会导致社会动荡和不稳定，也会最终影响社会保险制度的正常运行和发展。因此，要根据生产力发展水平和各方面的承受能力，恰当地确定社会保险的范围、项目和水平。

现阶段我国还不具备实行发达国家社会保险水平的条件，因而无论在参加社会保险的社会成员选择上，还是在社会保险待遇的发放标准上都不能搞得太大和提得太高。我国社会保险的水平在总体上应建立在我国尚不发达的现实基础上，以为劳动者提供生存资料、保障劳动者本人和其家庭的基本生活需要为目标，以后再随着经济的发展逐步提高。我国《劳动法》第七十一条规定：

“社会保险水平应当与社会经济发展水平和社会承受能力相适应。”因此，社会保险的程度和水平，不仅要考虑社会保险的目的，即保障劳动者基本生活的需要，而且也应充分考虑我国的国情、国力，使社会保险水平在保证实现其基本目标的前提下，随着我国社会经济的不断发展，逐步提高并建立与经济发展水平相协调的社会保险联动机制。

（二）社会保险权利与义务相统一的原则

社会保险制度的运行和发展在很大程度上取决于社会保险基金的建立，而社会保险基金的建立不是由某一组织或少部分人能够承担责任的，而是由国家、用人单位和劳动者共担责任的。社会保险基金的筹集，要由社会保险的经办机构受国家委托，并根据国家法律规定，采取强制性手段统一筹集，将社会保险范围内的用人单位和劳动者的社会保险费征缴上来，集中统一使用。承担社会保险责任的用人单位和劳动者个人，必须首先尽到缴纳社会保险费的义务，才能以此作为享受社会保险待遇的权利。只有最大限度地集中全社会的力量，才能解决和承担社会劳动者所发生的风险。

（三）社会保险一体化的原则

在市场经济条件下，劳动力市场化是实现资源最佳配置的重要方面，而社会保险一体化则是劳动力市场化的必不可少的维系机制。为此，社会保险制度应当实行一体化原则，即统一社会保险的项目、统一社会保险或基本社会保险的标准、统一社会保险的管理与实施机制等，这样，无论劳动者如何流动，均有同样的社会保险制度解除其后顾之忧，从而为实现劳动者自由流动和劳动力资源的最佳配置提供了保障条件。同时，社会保险作为国民收入的一种再分配方式，目的在于调节收入差距。劳动者的保险待遇差别也因此应小于初次分配的差别，用人单位之间的社会保险负担也应大体平衡，充分体现发挥社会保险的互助互济功能。

（四）政事分开，服务社会化的原则

社会保险行政管理和社会保险基金经营要分开。前者主要是管政策、管制度、管标准；而基金的收缴、拨付、运营等业务则由相对独立的事业机构承担。同时，建立由政府部门和社会公众代表参加的社会保险基金监督组织，监督社会保险基金的收支和管理。

社会化的管理和服务是社会保险自身的客观要求，要将目前各部门、各单位分散管理逐步转为统一的社会化管理，将企业目前承担的社会保险方面的事务性工作转为社会化服务，逐步健全社区服务组织。

（五）保障功能与激励机制相结合的原则

社会保险是国家为满足劳动者的基本生存需要提供的物质保障。在这个意义上，社会保险制度是为实现社会公平而设立的，社会保险待遇在许多情况下也都是劳动者人人有份的。但社会保险在实质上不是超越劳动者自身行为以外的恩赐，它是全体劳动者都参与和获取的社会群体行为。社会保险需要每个劳动者的投入，与每个劳动者的切身利益挂钩。

社会保险的保障功能与激励机制相结合原则要求劳动者不能只存在依赖心理，只讲权利，不讲义务，缺乏自我保障的意识，不愿为自己的生老病死积累资金和缴纳任何费用。如果这样，人们的社会保险意识淡薄，个人参与感低，社会保险只成了养人而不是激励人的一种制度，这不利于激励劳动者努力劳动和工作，不利于提高生产和工作效率。所以，社会保险在对劳动者具有保障作用的同时，还要对其进行激励，要让对社会贡献大的劳动者享受较高水平的社会保险待遇，以激励所有社会成员勤奋工作，提高劳动生产率和经济效益。

第二节 养老保险

一、养老保险的概念及特征

（一）养老保险的概念

养老保险是指劳动者在因年老或病残而丧失劳动能力的情况下，退出劳动领域，定期领取生活费用的一种社会保险制度。劳动者只要达到法定年龄，并从事某种劳动达法定年限，被依法解除法定劳动义务后，就可享受养老保险待遇。养老保险作为社会保险制度的重要内容，是人类社会发展到社会化大生产阶段和市场经济发展的产物。

（二）养老保险的特征

养老保险作为社会保险的组成部分，除具备社会保险的一般法律特征外，还有如下特有的法律特征：

1. 劳动者达到法定老年年龄，并从事某种劳动达到法定年限是享受养老保险的法定条件。这是养老保险区别于其他社会保险的主要特征。养老保险的对象是老年人，即享受养老金者必须达到法定的老年年龄。除此之外，法律还要求劳动者从事某种劳动达法定年限，也就是把劳动者的工龄、身体条件和劳动条件等作为补充条件加以规定。

2. 劳动者被依法解除法定劳动义务是享受养老保险的事实前提。达到法定老年年龄并从事某种劳动达法定年限，就符合了享受养老保险的法定条件，而实际享受养老保险尚须符合事实前提，即劳动者被依法解除法定劳动义务。

3. 国家和社会依法提供一定物质帮助给被解除劳动义务的劳动者，以维持其老年生活是养老保险的宗旨。养老保险的惟一宗旨就是提供一定物质帮助给被解除劳动义务的劳动者，以维持其老年生活，所以养老保险待遇的确定既不是按劳分配，也不是按需分配，而是以劳动者解除劳动义务后的基本生活需要、劳动者的劳动贡献和社会经济发展状况等作为基本依据。

二、我国养老保险立法概况

我国的养老保险立法始于20世纪50年代。早在1951年政务院颁布了《中华人民共和国劳动保险条例》，后经1953年和1958年两次修改，在这一规定和其他单行法规的基础上，我国分别在企业和国家机关、事业组织建立了两种不同的养老保险体制。1958年国务院先后颁布《关于工人、职员退休处理的暂行规定》、《关于工人、职员退职处理的暂行规定》，将两种养老制度统一。“文化大革命”期间，养老保险立法停滞，全国范围的退休基金被取消，养老保险成为单位保险。

在计划经济体制下，我国多年来实行的是单位养老保险，即由单位全额负担所有退休职工的退休费。由于大多是国营企业，实际上是由国家和企业负担，劳动者个人无须负担。在国营企业工作的固定工退休后都可享受退休金，大集体企业也参照执行。这一养老保险制度在我国实行市场经济后暴露出许多弊端，如覆盖面过窄、企业负担重、保障功能差等。进入20世纪80年代，我国对养老保险制度进行了改革，1991年6月国务院发布了《关于企业职工养老保险制度改革的决定》，1995年3月国务院发布了《关于深化企业职工养老保险制度改革的通知》，1997年国务院又发布了《关于建立统一的企业职工基本养老保险制度的决定》。上述规定确立了我国养老保险制度改革的基本框架。

三、养老保险待遇的享受条件

职工须在履行劳动义务、缴费义务后，并符合相应的年龄条件和身体条件，方能享受养老保险待遇。我国规定了养老保险的三种形式，按不同的形式离开工作岗位，享受不同的养老保险待遇。

（一）退休

退休是指达到国家规定的退休条件，即达到退休年龄而退出工作岗位，养老休息并领取退休费的制度。我国规定的一般退休条件为：男年满60周岁，女职员年满55岁，女工人年满50周岁，连续工龄满10年；提前退休条件为：从事井下、高空、高温、特别繁重体力劳动或者其他有害身体健康的工作，或经医院证明，并经劳动鉴定委员会确认完全丧失劳动能力的，男年满55周岁，女年满45周岁，连续工龄满10年的；延迟退休年龄为：经批准的高级专家，男性正高职称不超过70周岁，副高职称不超过65周岁，女性不超过60周岁。

（二）离休

离休是指新中国成立前参加革命工作的老干部，符合国家规定的离休条件而退出工作岗位后，享受国家规定的政治待遇和生活待遇的一种社会保险制度。我国现行法规中规定的离休条件，包括年龄条件和身份条件两种。离休年龄与国家公务员退休年龄相同。身份条件是指离休者必须是新中国成立前参加革命工作的老干部。国务院在有关法规中就"建国前参加革命工作"作了具体界定。其中主要包括：（1）1949年9月30日前，参加中国共产党领导的革命军队的干部，在解放区参加革命工作并脱产享受供给制待遇的干部，在敌占区从事地下革命工作的干部。（2）1948年以前，在解放区参加革命工作并享受薪金制待遇的干部。（3）"政协"第一次全会召开前加入各民主党派，一直拥护中国共产党、坚持革命工作的干部。根据国务院有关规定，1949年9月30日前参加中国共产党所领导的革命战争，脱产享受供给制待遇和从事地下革命工作的老干部，男年满60周岁，女年满55周岁，可以离职休养。

（三）退职

退职是指劳动者因病残完全丧失劳动能力，提前退出工作岗位而领取退休费的制度。根据规定，劳动者经医院证明，并经劳动鉴定委员会确认完全丧失劳动能力的男年满55周岁，女年满45周岁，连续工龄满10年的可办理退职手续。

除上述年龄和身体条件外，劳动者须履行缴费义务满15年。根据国务院《关于建立统一的企业职工基本养老保险制度的决定》规定，该决定实施后参加工作的职工，个人缴费年限累计满15年的，退休后按月发给基本养老金。个人缴费年限累计不满15年的，退休后不丧失享受基本养老金待遇，其个人账户储存额一次支付给本人。

四、养老保险的多层次保险结构

我国养老保险正在逐步形成基本养老保险与企业补充保险和职工个人储蓄性养老保险相结合的制度。

（一）国家基本养老保险

国家基本养老保险，是由国家统一建立并强制实行的，为退休后的城镇企业职工提供养老保险待遇的保险。它是法定保险，目的是使退休后的职工平等地获得基本生活保障。其基本养老保险基金由社会保险经办机构统一筹集使用。在基本养老保险基金的负担上，由国家、城镇企业、职工三方合理负担，企业缴纳基本养老保险费的比例一般不得超过企业工资总额的 20%；职工个人缴纳的比例 1997 年不得低于本人缴费工资的 4%，1998 年起每两年提高 1 个百分点，最终达到本人缴费工资的 8%；国家负担主要是采取对基本养老统筹基金让税、让利以及在养老统筹基金不敷使用的情况下给予财政补贴的方式。基本养老保险是强制实行的，任何单位和个人都不得逃避缴费义务。

（二）企业补充养老保险

企业补充养老保险，是在国家法定的基本养老保险的基础上，由企业根据自身的经济能力为职工投保的高于基本养老保险标准的补充保险。补充养老保险以企业具有经济实力，能承受为前提条件，目的是提高本企业职工的养老保险待遇水平。补充养老保险由企业自愿投保，国家不强制。其补充养老保险费由企业从自有资金中的奖励、福利基金中提取，国家不负担，职工也不负担。建立补充养老保险的企业，应为职工建立个人账户，待职工退休时，可一次性领取个人账户中的补充保险费。企业补充养老保险能使职工退休后享受更高的待遇水平，提高退休职工抵御风险的能力，因此国家鼓励企业根据本单位实际情况为职工建立补充养老保险。

（三）个人储蓄性养老保险

个人储蓄性养老保险，是指职工个人以储蓄形式参加社会保险，是对国家基本养老保险和企业补充养老保险的补充。职工根据自己的经济能力和意愿决定是否投保，具有自愿性。保险费用由职工个人负担，国家、企业均不负担。个人储蓄性养老保险实际上是职工为将来抵御风险而自我储备资金的方式。国家提倡职工个人投保储蓄性保险。

在养老保险的结构层次中，既有平等保障基本生活的组成部分，又有体现不同企业、不同职工之间由经济效益和劳动贡献差别所决定的保险待遇水平差别的组成部分。

五、养老保险基金

（一）养老保险基金的来源

我国养老保险基金来源于以下几个方面：（1）单位和职工缴纳的基本养老保险费；（2）单位为职工缴纳的补充养老保险费；（3）职工自愿缴纳的个人储蓄性养老保险费；（4）按规定收取的滞纳金；（5）基金存款利息；（6）基金保值增值的收入；（7）财政给予的补贴；（8）劳动合同制职工基金转移的收入；（9）其他收入。

（二）养老保险基金的管理

《企业职工养老保险基金管理规定》明确规定：企业和职工个人缴纳的基本养老保险费和国家财政补贴应转入社会保险管理机构在银行开设的养老保险基金专户，企业补充养老保险基金和个人储蓄性养老保险费转入社会保险管理机构在银行开设的补充养老保险基金专户，实行专项储存，专款专用，对存入银行的基金按银行储蓄利率计算。

（三）建立基本养老保险个人账户

为保障劳动者在退休后养老费用的正常发放，根据我国劳动法律、法规的有关规定，按照社会统筹与个人相结合的原则，由社会保险经办机构按照国家技术监督局发布的社会保障号码，为每个参加基本养老保险的人员建立基本养老保险个人账户。企业和个人缴纳的养老保险费逐月计入职工养老保险手册和个人账户。手册和个人账户由所在企业填写，社会保险经办机构定期审核，职工本人保管。职工离退休时，按照手册中记载的缴费工资和个人账户中的储存额（包括本金和利息），为其计发养老金。基本养老保险基金不敷使用时，由国家给予补助。职工在同一地区调动工作，不变换个人账户。职工由于各种原因停止工作和失业而间断缴纳养老保险费的，其个人账户予以保留。职工调动或中断工作前后缴费年限可以累积计算，个人账户存额不间断计息。职工在不同地区调动工作，个人账户及其储存额应随同转移。

（四）养老保险基金的支付

社会保险管理机构应当按照当地政府规定的统筹项目，向参加基本养老保险费用统筹的离退休人员按时、足额支付养老保险费用。基本养老保险基金开支的项目包括离退休职工的离退休金，物价补贴，护理费，生活困难补助费，安家补助费，丧、葬抚恤费等。补充养老保险基金、职工个人储蓄性养老保险基金归职工个人所有，社会保险管理机构在职工退休时一次性予以支付。

符合退休条件的职工退休后，享受的退休待遇有：（1）退休金。从退休的第二个月起停止发放工资，每月按标准发给退休金，直至去世为止。退休金的标准为：中华人民共和国成立后参加革命工作，连续工龄满 20 年的，按本人标准工资的 75% 发放；连续工龄满 15 年不满 20 年的，按本人标准工资的 70% 发放；连续工龄满 10 年不满 15 年的，按本人标准工资的 60% 发放。（2）医疗待遇和死亡待遇与在职期间相同。（3）其他待遇，如易地安家补助费、易地安置车旅费、住房补贴等，均按国家规定标准执行。

符合离休条件的劳动者离休后，基本政治待遇不变，生活待遇略为从优。对于 1945 年 9 月 3 日以前参加革命工作的，原工资照发，并每年增发 1 个月至 2 个月本人工资作为生活补贴，并可在医疗住房等方面享受优先照顾。

符合退职条件的工人，在退职后，其待遇按本人原标准工资发放，并按离职休养制度的规定，享受生活补贴，其政治待遇和其他保险待遇与一般退休工人相同。

第三节 医疗保险

一、医疗保险的概念和特征

医疗保险，是指对劳动者患病或非因工负伤发生困难时给予一定经济援助的一种社会保险制度。医疗保险是一个引起世界各国广泛关注的问题，在我国也成为广大劳动者和各级政府以及各用人单位关注的一个热点问题。

医疗保险制度的产生，根源于不以劳动者意志为转移的患病和意外人身伤害事实，以及由此而产生的劳动者难以承受的医疗经济负担。医疗保险的目的，就在于使劳动者因疾病或伤害而产生经济困难时，能够获得经济援助，并克服遇到的经济困难。我国医疗保险有如下特征：

1. 覆盖面广泛。根据 1998 年 12 月 24 日国务院发布的《关于建立城镇职工基本医疗保险制度的决定》，基本医疗保险的覆盖范围为：城镇所有用人单位，包括企业（国有企业、集体企业、外商投资企业、私营企业等）、事业单位、机关、社会团体、民办非企业单位及其职工，都要参加基本医疗保险。乡镇企业及其职工、城镇个体经济组织业主及其从业人员是否参加基本医疗保险，由各省、自治区、直辖市人民政府决定。同时规定了中央、省属机关、企业和事业单位及其职工都要参加所在地的基本医疗保险，执行当地统一政策和标准。所有的单位和职工都要参加基本医疗保险，一是体现了社会保险的强制性，医疗权是国家规定的劳动者的基本权益。我国原有公费医疗制度仅覆盖机关、事业单位人员，劳保医疗制度仅覆盖国有企业单位职工，而对非国有经济单位职工没有规定，不能保证这部分人的基本医疗水平，不利于多种经济成分的共同发展；二是均衡企业负担，创造公平竞争的社会环境；三是建立统一的劳动力市场，促进劳动者合理流动；四是基金统筹调剂，防范风险。

2. 基本医疗保险费由用人单位和劳动者负担。基本医疗保险费由用人单位和职工共同缴纳。根据规定，用人单位缴费率应控制在职工工资总额的6%左右，职工缴费率一般为本人工资收入的2%。随着经济发展，用人单位和职工缴费率可做相应调整。这一规定，改变了劳保医疗制度中职工医疗费用由国家和企业包揽的弊端。建立由用人单位和职工共同缴费的机制，既有利于扩大医疗保险基金来源，也有利于打破医疗保障的大锅饭，增强职工自我保障意识和医疗费用节约意识。对经营性的企业而言，基本医疗保险的社会化，将大大减轻企业的负担，创造公平的竞争环境。

由于历史的原因，我国长期实行医疗保险资金全部由国家或企业包起来的制度。这种方式从社会福利角度分析，尽管有其先进性和社会进步意义，但严重脱离我国经济发展水平和国情，使我国的医疗保险制度成为国家长期以来必须解决而又难以解决的社会问题。对此，《劳动法》虽然未作出详细的具体规定，但已经从劳动基本法地位确立了我国医疗保险基金来源多层次的结构，以及保险费用实行社会统筹的基本原则。

我国医疗保险制度立法较早，在1951年《劳动保险条例》中就建立起了劳动医疗保险制度。随着改革开放的实行，到20世纪70年代末，传统的医疗保险法律制度存在的弊病日益突出，如医疗费用由国家和企业包得太多，超出国家生产力水平；缺乏有效的医疗费用控制机制，医疗费用增长过快；医疗保险覆盖面狭窄，仅覆盖全国20%～25%的人口；管理和服务社会化程度低。自1984年开始，在政府的指导下，各地试行了一些小幅度的医疗保险改革。1998年12月14日，国务院发布了《关于建立城镇职工基本医疗保险制度的决定》。此外，劳动和社会保障部与有关部委就医疗保险改革的具体问题制定一系列操作规则，主要包括：《关于城镇职工基本医疗保险诊疗项目管理的意见》、《城镇职工基本医疗保险用药范围管理暂行办法》、《关于确定城镇职工基本医疗保险医疗服务设施范围和支付标准的意见》、《城镇职工基本医疗保险定点零售药店管理暂行办法》和《城镇职工基本医疗保险费用结算管理的意见》等。

二、医疗保险待遇的内容

根据我国现行立法的规定，医疗保险待遇有下述主要内容：

（一）医疗期待遇

职工享受医疗保险待遇，除完全丧失劳动能力者外，只限于规定的医疗期内。医疗期的长度根据职工本人连续工龄和本单位工龄分档次确定，最短不少于 3 个月，最长一般不超过 24 个月；难以治愈的疾病，经医疗机构提出，本人申请，劳动行政部门批准后，可适当延长医疗期，但延长期限最多为 6 个月。

（二）疾病津贴

疾病津贴又称病假工资。职工患病或非因工负伤，停止工作满 1 个月以上的，停发工资，由用人单位按其工龄长短给付相当于本人工资一定比例的疾病津贴，不得低于当地最低工资标准的 80%。

（三）医疗待遇

职工一般可选择在与社会保险经办机构签订医疗保险合同的定点医院就医。其保险待遇项目主要有：规定范围内的药品费用、规定的检查费用和治疗费用、规定标准的住院费用。其中，职工个人账户用于支付小额医疗费用，社会统筹基金用于支付大额医疗费用。此外，职工供养亲属患病治疗时，一般仅就某些项目（如药费、手术费等）的医疗费用给予一定比例（一般为 50%）的医疗补助。

三、基本医疗保险金的管理和使用

（一）实行属地管理

我国基本医疗保险原则上以地级以上行政区（包括地、市、州、盟）为统筹单位，也可以县（市）为统筹单位，北京、天津、上海 3 个直辖市原则上在全市范围内实行统筹。所有用人单位及其职工都要按照属地管理原则参加所在统筹地区的基本医疗保险，执行统一政策，实行基本医疗保险基金的统一筹集、使用和管理。铁路、电力、远洋运输等跨地区、生产流动性较大的企业及其职工，可以相对集中的方式异地参加统筹地区的基本医疗保险。

（二）建立基本医疗保险统筹基金和个人账户

职工个人缴纳的基本医疗保险费，全部计入个人账户。用人单位缴纳的基本医疗保险费分为两部分，一部分用于建立统筹基金，一部分划入个人账户。划入个人账户的比例一般为用人单位缴费的30%左右，具体比例由统筹地区根据个人账户的支付范围和职工年龄等因素确定。

（三）医疗保险费的支付

基本医疗保险费的支付采取统筹基金和个人账户划定各自的支付范围，分别核算、支付的办法。统筹基金的起付标准原则上控制在当地职工年平均工资的10%左右，最高支付限额原则上控制在当地职工年平均工资的4倍左右。起付标准以下的医疗费用，从个人账户中支付或由个人自付。起付标准以上、最高支付限额以下的医疗费用，主要从统筹基金中支付，个人也要负担一定比例。超过最高支付限额的医疗费用，可以通过商业医疗保险等途径解决。统筹基金的具体起付标准、最高支付限额以及在起付标准以上和最高支付限额以下医疗费用的个人负担比例，由统筹地区根据以收定支、收支平衡的原则确定。

个人账户资金来源于两部分：一是职工个人缴纳的医疗保险费，全部记入个人账户；二是用人单位缴纳的基本医疗保险费按30%左右划入个人账户，具体比例由统筹地区根据个人账户的支付情况和职工年龄等因素确定。个人账户的本金和利息归个人所有，可结转和继承。

（四）基本医疗保险基金的管理和监督机制

基本医疗保险基金纳入财政专户管理、专款专用，不得挤占挪用。社会保险经办机构负责基本医疗保险基金的筹集、管理和支付，并要建立健全预决算制度、财务会计制度和内部预审制度。社会保险经办机构的事业经费不得从基金中提取，由各级财政预算解决。

各级劳动保障和财政部门、审计部门是基本医疗保险基金的监督管理机构。统筹地区应设立由政府有关部门代表、用人单位代表、医疗机构代表、工会代表和有关专家参加的医疗保险基金监督组织，以加强对基本医疗保险基金的社会监督。

第四节 失业保险

一、失业保险的概念和特征

（一）失业保险的概念

失业保险是指国家通过建立失业保险基金，使因失业而暂时中断生活来源的劳动者在法定期间内获得失业保险金，以维持其基本生活水平的一项社会保险制度。失业保险是社会保险制度中的重要组成部分。失业保险与其他社会保险制度一样，具有强制性、保障性和社会性等特点。

（二）失业保险的特征

1. 失业保险的对象为失业劳动者。即失业保险只对有劳动能力并有劳动意愿但无劳动岗位的人提供保险。在我国，失业劳动者为城镇企业事业单位失业人员，即失业前与城镇企业事业单位有过劳动关系。从未建立劳动关系的劳动者、非城镇企业失业人员不是失业保险对象，不能享受失业保险待遇。

2. 享受失业保险待遇有一定期限。不像养老保险和工伤保险那样，劳动者可以长期享受保险待遇，失业保险只能在法定期限内享受，超过法定期限，即使劳动者仍处于失业状态，也不可再享受。如我国规定劳动者领取失业金的最长期限为24个月。

3. 失业保险费由企业和劳动者缴纳。在各项社会保险中，工伤保险和生育保险的保险费由企业缴纳，劳动者不需缴费。过去我国的待业保险制度也规定，待业保险费由企业缴纳，职工在待业期间可享受待业保险金。新的失业保险制度建立后，改变了原来劳动者个人不缴费的做法，规定劳动者要按工资的一定比例缴纳保险费，才可享受失业保险待遇。

我国在计划经济体制下由于实行国家安置就业的方针，因此长期以来失业不成其为社会的主要问题。1986年7月国务院颁布的《国有企业职工待业保险规定》，尚未使用失业概念，且适用范围有限。实行市场经济后，开始重视失业问题。《劳动法》规定了失业保险，但过于原则，缺乏可操作性。1999年1月国务院颁布了《失业保险条例》，使我国失业保险制度纳入法制轨道。

二、失业保险基金的来源及管理

根据《失业保险条例》的规定，我国失业保险基金由下列各项构成：（1）城镇企业事业单位和单位职工缴纳的失业保险费，这是基金的主要来源；（2）失业保险基金的利息，这是基金存入银行和购买国债收益部分；（3）财政补贴，由政府负担；（4）依法纳入失业保险基金的其他资金。

失业保险费的征缴范围包括：国有企业、城镇集体企业、外商投资企业、城镇私营企业和其他城镇企业及其职工，事业单位及其职工。省、自治区、直辖市人民政府根据当地实际情况，可以规定将社会团体及其专职人员、民办非企业单位及其职工以及有雇工的城镇个体工商户及其雇工纳入失业保险的范围。

城镇企业事业单位按照本单位工资总额的2%缴纳失业保险费。城镇企业事业单位职工按照本人工资的1%缴纳失业保险费，城镇企业事业单位招用的农民合同制工人本人不缴纳失业保险费。

失业保险基金在直辖市和设区的市实行全市统筹；其他地区的统筹层次由省、自治区人民政府规定。省、自治区可以建立失业保险调剂金。失业保险调剂金以统筹地区依法应当征收的失业保险费为基数，按照省、自治区人民政府规定的比例筹集。统筹地区的失业保险基金不敷使用时，由失业保险调剂金调剂、地方财政补贴。

失业保险基金用于下列支出：（1）失业保险金；（2）领取失业保险金期间的医疗补助金；（3）领取失业保险金期间死亡的失业人员的丧葬补助金和其供养的配偶、直系亲属的抚恤金；（4）领取失业保险金期间接受职业培训、职业介绍的补贴；（5）国务院规定或者批准的与失业有关的其他费用。

失业保险基金必须存入财政部门在国有商业银行开设的社会保障基金财政专户，实行收支两条线管理，由财政部门依法进行监督。

三、失业保险待遇

（一）享受失业保险待遇的对象

具备下列条件的失业人员，可以领取失业保险金：（1）按照规定参加失业保险，所在单位和本人已按照规定履行缴费义务满1年的；（2）非因本人意愿中断就业的；（3）已办理失业登记，并有求职要求的。

（二）失业保险金的领取期限

失业保险金的领取期限以职工失业前所在本单位和本人累计缴费时间为据：失业人员失业前所在单位和本人按照规定累计缴费时间满 1 年不足 5 年的，领取失业保险金的期限最长为 12 个月；累计缴费时间满 5 年不足 10 年的，领取失业保险金的期限最长为 18 个月；累计缴费时间 10 年以上的，领取失业保险金的期限最长为 24 个月。重新就业后，再次失业的，缴费时间重新计算，领取失业保险金的期限可以与前次失业应领取而尚未领取的失业保险金的期限合并计算，但是最长不得超过 24 个月。

（三）失业保险待遇的范围

失业保险待遇包括：失业救济金、医疗补助金、家属的供养费、生活补助费等。失业救济金是保障失业者基本生活的主要保险待遇，其标准依法决定。失业救济金标准的确定，同时涉及失业保险的保障和促进双重功能。标准太低不足以保障失业者的基本生活，标准太高则不足以调动失业者再就业积极性。因而，失业救济金标准的高低限应当适当。我国现行立法规定失业救济金应相当于当地民政部门规定社会救济金额的 120% ~150%，并授权省级政府在此幅度内规定本地区社会救济金标准的具体金额。

失业人员在领取失业保险金期间患病就医的，可以按照规定向社会保险经办机构申请领取医疗补助金。医疗补助金的标准由省、自治区、直辖市人民政府规定。失业人员在领取失业保险金期间死亡的，参照当地对在职职工的规定，对其家属一次性发给丧葬补助金和抚恤金。

单位招用的农民合同制工人连续工作满 1 年，本单位并已缴纳失业保险费，劳动合同期满未续订或者提前解除劳动合同的，由社会保险经办机构根据其工作时间长短，对其支付一次性生活补助。补助的办法和标准由省、自治区、直辖市人民政府规定。

（四）失业保险待遇的停止

由于失业保险的作用在于保障劳动者的基本生活和促进劳动者再就业，因而当劳动者的状况发生变化时就不得继续享受失业待遇。有关法规对失业保险金的领取作出了限制性规定，凡发生下列情形之一的，停止发给失业保险金，并同时停止享受其他失业保险待遇：（1）重新就业的；（2）应征服兵役的；（3）移居境外的；（4）享受基本养老保险待遇的；（5）被判刑收监执行或者被劳动教养的；（6）无正当理由，拒不接受当地人民政府指定的部门或者机构介绍的工作的；（7）有法律、行政法规规定的其他情形的。

第五节 工 伤 保 险

一、工伤保险的概念和特征

（一）工伤保险的概念

工伤保险，又称职业伤害赔偿保险，是指职工因工而致伤、病、残、死亡，而依法获得经济补偿和物质帮助的一种社会保险制度。工伤保险的作用在于保障职工在工作中遭受事故伤害和患职业病后及时获得医疗救治、经济补偿和职业康复的权利，也在于分散企业的工伤风险，促进工伤预防。

（二）工伤保险的特征

我国工伤保险具有如下特征

1. 遵循无过错补偿原则。即在劳动过程中发生的职业伤害，无论用人单位有无过错，职业伤害的责任在于用人单位、职工，还是第三者，受伤害者主观上有无过失均应得到法定的补偿，用人单位都应承担工伤保险责任。在我国立法中，还就用人单位承担工伤保险责任的若干特殊情况作了规定。其主要内容有：（1）用人单位分立、合并、转让的，承继单位应当承担原用人单位的工伤保险责任；原用人单位已经参加工伤保险的，承继单位应当到当地经办机构办理工伤保险变更登记。（2）用人单位实行承包经营的，工伤保险责任由职工劳动关系所在单位承担。（3）职工被借调期间受到工伤事故伤害的，由原用人单位承担工伤保险责任，但原用人单位与借调单位可以约定补偿办法。（4）职工被派遣出境工作，依据前往国家或者地区的法律应当参加当地工伤保险的，参加当地工伤保险，其国内工伤保险关系中止；不能参加当地工伤保险的，其国内工伤保险关系不中止。

2. 工伤保险适用于我国境内的各类企业、有雇工的个体工商户。我国境内的各类企业和有雇工的个体工商户，应依照《工伤保险条例》规定参加工伤保险，为与用人单位存在劳动关系（包括事实劳动关系）的各种用工形式、各种用工期限的劳动者缴纳工伤保险费。

3. 工伤保险费由用人单位承担，劳动者不需缴纳任何费用。这是工伤保险与养老保险、失业保险等其他社会保险的区别。工伤保险的费用来源不采取国家、用人单位、职工三方负担的原则。用人单位缴纳工伤保险费后，即将其对职工的补偿责任转于工伤保险机构承担，用人单位不再承担直接赔偿责任。参加工伤保险统筹，是各个用人单位所承担的工伤风险由参加工伤保险统筹的所有用人单位共同承担，如若未参加工伤保险统筹，则对职工的工伤赔偿责任，全部由用人单位承担。因此参加工伤保险，对企业而言是分散企业风险、降低劳动成本的合理选择。

4. 工伤保险待遇由法律直接规定。工伤保险待遇由法律强制规定，一旦发生职业危害，被确认为工伤，即按法律预先规定的标准给予职工相应待遇。劳动者无须通过诉讼就可及时获得工伤保险待遇，企业雇主不需应对诉讼，免去烦琐的诉讼过程，简化法律程序，提高效率。

在我国，工伤保险一直是社会保险体系的重要组成部分，新中国成立初期制定的《劳动保险条例》和后来制定的《劳动保险条例实施细则》，对工伤保险做了具体规定。1996 年 8 月，劳动部制定的《企业职工工伤保险试行办法》，不仅规定了工伤保险的原则，而且对工伤范围及其认定、劳动鉴定和工伤评残、工伤保险待遇、工伤保险基金、工伤预防和职业康复、工伤保险管理和监督检查、企业和职工责任、争议处理等事项，分列专章规定。2003 年 4 月 27 日国务院颁布了《工伤保险条例》，就工伤保险基金、工伤的认定、工伤保险待遇、监督管理和法律责任等问题作出了明确具体规定，标志着我国工伤保险立法进入一个新的阶段。

二、工伤保险事故的界定

（一）工伤的概念和范围

工伤，也称为职业伤害，是指劳动者在生产、劳动过程中，因工作、执行职务行为或从事与生产劳动有关的活动，发生意外事故而受到的伤、残、亡或患职业性疾病。包括工业事故造成的伤害，职业病造成的伤害等。

工伤与非工伤的界限，通常有：（1）时间界限。即工伤一般只限于工作时间之内所发生的急性伤害。（2）空间界限。即工伤一般只限于生产、工作区域之内所发生的急性伤害。（3）职业（业务）界限。即工伤一般只限于执行职业（业务）而发生的急性伤害。只要急性伤害是因执行职务（业务）而发生的，即使发生在工作时间或工作区域之外，也属于工作上的。（4）主观过错界限。即除了职工本人故意造成的急性伤害不应属于工伤外，发生在职工本人有过失或无过错的主观心理状态下的伤害，只要符合其他工伤条件，都应属于工伤。(5) 法定特殊界限。即立法上明确规定，在工伤的一般界限之外亦属于工伤的特殊情况。我国有关法规规定，从事抢险救灾，维护社会和人民利益而遭到的伤害，应属于工伤。

《工伤保险条例》规定，职工有下列情形之一的，应当认定为工伤：(1) 在工作时间和工作场所内，因工作原因受到事故伤害的；(2) 工作时间前后在工作场所内，从事与工作有关的预备性或者收尾性工作受到事故伤害的；(3) 在工作时间和工作场所内，因履行工作职责受到暴力等意外伤害的；(4) 患职业病的；(5) 因工外出期间，由于工作原因受到伤害或者发生事故下落不明的；(6) 在上下班途中，受到机动车事故伤害的；(7) 法律、行政法规规定应当认定为工伤的其他情形。

职工有下列情形之一的，视同工伤：(1) 在工作时间和工作岗位，突发疾病死亡或者在48小时之内经抢救无效死亡的；(2) 在抢险救灾等维护国家利益、公共利益活动中受到伤害的；(3) 职工原在军队服役，因战、因公负伤致残，已取得革命伤残军人证，到用人单位后旧伤复发的。职工有前款第(1) 项、第 (2) 项情形的，按照本条例的有关规定享受工伤保险待遇；职工有前款第 (3) 项情形的，按照本条例的有关规定享受除一次性伤残补助金以外的工伤保险待遇。

职工有下列情形之一的，不得认定为工伤或者视同工伤：(1) 因犯罪或者违反治安管理伤亡的；(2) 醉酒导致伤亡的；(3) 自残或者自杀的。

（二）职业病的概念和范围

职业病一般是指劳动者在劳动过程中接触职业性有害因素所导致的疾病。它同特定职业密切联系，与劳动卫生相对应，属于职业性有害因素对劳动者健康的慢性伤害。用人单位负有保障劳动卫生的法定义务，即依法必须采取有效措施预防职业性有害因素对劳动者健康的慢性伤害。因而与工伤一样，应对职业病患者承担赔偿责任。

职业病作为一种慢性伤害，在实践中比工伤更难认定。一般来说，各种职业都难免有一定有害因素，但具体存在何种有害因素以及有害因素的危害程度如何，均应以技术检测的结果为准。因而，职业性有害因素和职业病均应具有可检查性，用人单位保障劳动卫生的具体义务和职业病赔偿的责任范围均应置于技术检测的基础之上。所以，关于职业病的范围，各国均由有关法规直接规定或者授权政府特定部门具体确定。只有被列入法规和法定部门所规定职业病名单的疾病，才是法律上承认的职业病。我国现行的法定职业病范围，以

《职业病范围和职业病患者处理办法的规定》（1957 年卫生部颁发，1987 年卫生部、劳动人事部、财政部、全国总工会修订）中所规定的《职业病名单》，包括职业中毒、尘肺、物理因素职业病、职业性传染病、职业性皮肤病、职业性肿瘤和其他职业病等九大类，共 99 种。

（三）工伤致残程度和因工死亡范围

致残和死亡是工伤后果的两种主要形式，在认定属于工伤的基础上还应当对工伤致残程度和因工死亡范围依法予以界定。关于工伤致残程度，我国《工伤与职业病致残程度鉴定标准》按照职工伤残后丧失劳动能力程度和护理依赖程度将残废划分为 10 个等级，符合评残标准一级至四级的为全部丧失劳动能力；五级至六级的为大部分丧失劳动能力；七级至十级的为部分丧失劳动能力。关于因工死亡范围，我国规定，因工死亡是指因工伤事故和职业中毒直接导致死亡、工伤或职业病医疗期间死亡、工伤旧伤复发或职业病旧病复发死亡，以及因公致残（一级至四级）享受伤残抚恤金期间死亡。

三、工伤的认定程序

1. 职工发生事故伤害或者按照职业病防治法规定被诊断、鉴定为职业病，所在单位应当自事故伤害发生之日或者被诊断、鉴定为职业病之日起 30 日内，向统筹地区劳动保障行政部门提出工伤认定申请。遇有特殊情况，经报劳动保障行政部门同意，申请时限可以适当延长。

2. 用人单位未按规定提出工伤认定申请的，工伤职工或者其直系亲属、工会组织在事故伤害发生之日或者被诊断、鉴定为职业病之日起 1 年内，可以直接向用人单位所在地统筹地区劳动保障行政部门提出工伤认定申请。用人单位未在规定的时限内提交工伤认定申请，在此期间发生符合工伤保险条例规定的工伤待遇等有关费用由该用人单位负担。

3. 劳动保障行政部门应当自受理工伤认定申请之日起 60 日内作出工伤认定的决定，并书面通知申请工伤认定的职工或者其直系亲属和该职工所在单位。

四、劳动鉴定和工伤评残

职工发生工伤，经治疗伤情相对稳定后存在残疾、影响劳动能力的，应当进行劳动能力鉴定。劳动能力鉴定是指劳动功能障碍程度和生活自理障碍程度的等级鉴定。劳动功能障碍分为十个伤残等级，最重的为一级，最轻的为十级。生活自理障碍分为三个等级：生活完全不能自理、生活大部分不能自理和生活部分不能自理。劳动能力鉴定标准由国务院劳动保障行政部门会同国务院卫生行政部门等部门制定。

劳动能力鉴定由用人单位、工伤职工或者其直系亲属向设区的市级劳动能力鉴定委员会提出申请，并提供工伤认定决定和职工工伤医疗的有关资料。

省、自治区、直辖市劳动能力鉴定委员会和设区的市级劳动能力鉴定委员会分别由省、自治区、直辖市和设区的市级劳动保障行政部门、人事行政部门、卫生行政部门、工会组织、经办机构代表以及用人单位代表组成。

各级劳动鉴定委员会应当按照国家制定的工伤与职业病致残程度鉴定标准，对因工负伤或者患职业病的职工伤残后丧失劳动能力的程度和护理依赖程度进行等级鉴定。符合评残标准1级至4级为全部丧失劳动能力；5级至6级为大部分丧失劳动能力；7级至10级为部分丧失劳动能力。

五、工伤保险基金的筹集

工伤保险基金来源于以下几个方面：（1）用人单位缴纳的工伤保险费；（2）工伤保险费滞纳金；（3）工伤保险基金的利息；（4）法律、法规规定的其他资金。

工伤保险费根据以支定收、收支平衡的原则，确定费率。国家根据不同行业的工伤风险程度确定行业的差别费率，并根据工伤保险费使用、工伤发生率等情况在每个行业内确定若干费率档次。行业差别费率及行业内费率档次由国务院劳动保障行政部门会同国务院财政部门、卫生行政部门、安全生产监督管理部门制定，报国务院批准后公布施行。统筹地区经办机构根据用人单位工伤保险费使用、工伤发生率等情况，适用所属行业内相应的费率档次确定单位缴费费率。用人单位应当按时缴纳工伤保险费。职工个人不缴纳工伤保险费。用人单位缴纳工伤保险费的数额为本单位职工工资总额乘以单位缴费费率之积。

工伤保险基金存入社会保障基金财政专户，用于规定的工伤保险待遇、劳动能力鉴定以及法律、法规规定的用于工伤保险的其他费用的支付。任何单位或者个人不得将工伤保险基金用于投资运营、兴建或者改建办公场所、发放奖金，或者挪作其他用途。

工伤保险基金应当留有一定比例的储备金，用于统筹地区重大事故的工伤保险待遇支付；储备金不足支付的，由统筹地区的人民政府垫付。储备金占基金总额的具体比例和储备金的使用办法，由省、自治区、直辖市人民政府规定。

六、工伤保险待遇

（一）工伤医疗期间待遇

工伤医疗期，即职工因工负伤或患职业病而停工治疗并领取工伤津贴的期限。按照轻伤和重伤的不同情况确定为1~12个月，严重工伤和职业病需要延长，可以适当延长，但延长不得超过12个月。医疗期长短由指定治疗工伤医院和医疗机构提出意见，经劳动行政鉴定委员会确认并通知有关用人单位和工伤职工。工伤医疗期满后仍需治疗的，继续享受工伤医疗待遇。在工伤医疗期间的保险待遇包括两部分：

1. 医疗待遇。职工治疗工伤应当在签订服务协议的医疗机构就医，情况紧急时可以先到就近的医疗机构急救。治疗工伤所需费用符合工伤保险诊疗项目目录、工伤保险药品目录、工伤保险住院服务标准的，从工伤保险基金支付。职工住院治疗工伤的，由所在单位按照本单位因公出差伙食补助标准的70%发给住院伙食补助费；经医疗机构出具证明，报经办机构同意，工伤职工到统筹地区以外就医的，所需交通、食宿费用由所在单位按照本单位职工因公出差标准报销。工伤职工到签订服务协议的医疗机构进行康复性治疗的费用，符合有关规定的，从工伤保险基金支付。治疗工伤和职业病所需的挂号费、住院费、医疗费、药费、就医路费全额报销。需住院治疗的，按照当地因公出差伙食补助标准的2/3发给住院伙食补助费；经批准转外地治疗的，所需交通、食宿费用按照本单位职工因公出差标准报销。如同时治疗非工伤范围的疾病，其医疗费用按照医疗保险的规定执行。工伤职工因日常生活或者就业需要，经劳动能力鉴定委员会确认，可以安装假肢、矫形器、假眼、假牙和配置轮椅等辅助器具，所需费用按照国家规定的标准从工伤保险基金支付。

2. 停工留薪待遇。职工因工作遭受事故伤害或者患职业病需要暂停工作接受工伤医疗的，在停工留薪期内，原工资福利待遇不变，由所在单位按月支付。停工留薪期一般不超过12个月。伤情严重或者情况特殊，经设区的市级劳动能力鉴定委员会确认，可以适当延长，但延长不得超过12个月。生活不能自理的工伤职工在停工留薪期需要护理的，由所在单位负责。

（二）工伤致残待遇

职工因工致残被鉴定为一级至四级伤残的，保留劳动关系，退出工作岗位，享受以下待遇：（1）从工伤保险基金按伤残等级支付一次性伤残补助金，标准为：一级伤残为24个月的本人工资，二级伤残为22个月的本人工资，三级伤残为20个月的本人工资，四级伤残为18个月的本人工资；（2）从工伤保险基金按月支付伤残津贴，标准为：一级伤残为本人工资的90%，二级伤残为本人工资的85%，三级伤残为本人工资的80%，四级伤残为本人工资的75%。伤残津贴实际金额低于当地最低工资标准的，由工伤保险基金补足差额；（3）工伤职工达到退休年龄并办理退休手续后，停发伤残津贴，享受基本养老保险待遇。基本养老保险待遇低于伤残津贴的，由工伤保险基金补足差额。

职工因工致残被鉴定为五级、六级伤残的，享受以下待遇：（1）从工伤保险基金按伤残等级支付一次性伤残补助金，标准为：五级伤残为16个月的本人工资，六级伤残为14个月的本人工资；（2）保留与用人单位的劳动关系，由用人单位安排适当工作。难以安排工作的，由用人单位按月发给伤残津贴，标准为：五级伤残为本人工资的70%，六级伤残为本人工资的60%，并由用人单位按照规定为其缴纳应缴纳的各项社会保险费。伤残津贴实际金额低于当地最低工资标准的，由用人单位补足差额。

经工伤职工本人提出，该职工可以与用人单位解除或者终止劳动关系，由用人单位支付一次性工伤医疗补助金和伤残就业补助金。具体标准由省、自治区、直辖市人民政府规定。

职工因工致残被鉴定为七级至十级伤残的，享受以下待遇：（1）从工伤保险基金按伤残等级支付一次性伤残补助金，标准为：七级伤残为12个月的本人工资，八级伤残为10个月的本人工资，九级伤残为8个月的本人工资，十级伤残为6个月的本人工资；（2）劳动合同期满终止，或者职工本人提出解除劳动合同的，由用人单位支付一次性工伤医疗补助金和伤残就业补助金。具体标准由省、自治区、直辖市人民政府规定。

（三）因工死亡待遇

职工因工死亡，其直系亲属按照下列规定从工伤保险基金领取丧葬补助金、供养亲属抚恤金和一次性工亡补助金：（1）丧葬补助金为6个月的统筹地区上年度职工月平均工资。（2）供养亲属抚恤金按照职工本人工资的一定比例发给由因工死亡职工生前提供主要生活来源、无劳动能力的亲属。标准为：配偶每月40%，其他亲属每人每月30%，孤寡老人或者孤儿每人每月在上述标准的基础上增加10%。核定的各供养亲属的抚恤金之和不应高于因工死亡职工生前的工资。供养亲属的具体范围由国务院劳动保障行政部门规定。(3) 一次性工亡补助金标准为48个月至60个月的统筹地区上年度职工月平均工资。具体标准由统筹地区的人民政府根据当地经济、社会发展状况规定，报省、自治区、直辖市人民政府备案。伤残职工在停工留薪期内因工伤导致死亡的，其直系亲属享受本条第一款规定的待遇。伤残津贴、供养亲属抚恤金、生活护理费由统筹地区劳动保障行政部门根据职工平均工资和生活费用变化等情况适时调整。调整办法由省、自治区、直辖市人民政府规定。

职工因工外出期间发生事故或者在抢险救灾中下落不明的，从事故发生当月起3个月内照发工资，从第4个月起停发工资，由工伤保险基金向其供养亲属按月支付供养亲属抚恤金。生活有困难的，可以预支一次性工亡补助金的50%。职工被人民法院宣告死亡的，按照职工因工死亡的规定处理。

(四) 保险待遇的停止给付

工伤职工有丧失享受待遇条件、拒不接受劳动能力鉴定、拒绝治疗、被判刑正在收监执行等法定情形之一的，停止享受工伤保险待遇。

第六节 生育保险

一、生育保险的概念

生育保险是指保障女职工因怀孕和分娩而从社会上获得物质帮助的一种社会保险制度。生育保险的范围，从时间角度而言，包括法律规定的分娩前和分娩后的特定期限；从目的角度而言，是对女职工产期或暂时不能参加劳动，或不宜参加强体力劳动和有毒有害劳动所给予的物质帮助和休息保障；从内容角度而言，包括给予适当的医疗条件和医疗费用，产假或产假期间的工资及其产假期间的生活费等其他待遇。

国家将生育保险纳入社会保险范畴，强制企业参加生育保险，强制企业缴纳生育保险费，也就是要求企业承担一部分社会责任，以保障妇女生育期间，产前、产后的全部假期得到支持和照顾。这既体现了国家的社会政策重视劳动力的再生产和下一代的健康成长，也体现国家和社会对妇女和儿童的人文关怀，同时也保障了妇女平等就业权的实现。实行生育保险社会统筹有利于企业公平竞争。社会分工、行业特点，使各类企业女职工人数分布不均衡，不实行社会统筹会导致生育费用负担畸轻畸重，不利于公平竞争。

生育保险实施的对象在我国限于城镇企业的女职工。女职工生育期间，享受产假、医疗服务和产假期生育津贴等。我国是人口大国，计划生育是我国的基本国策，因此，生育保险的适用对象应是达到法定结婚年龄，符合计划生育政策，处于生育期的已婚女职工。对虽处于生育期，但不符合法定婚龄、违反计划生育的女职工不适用。生育保险费由企业负担，职工个人不负担。这是生育保险与养老保险、失业保险的区别。

我国生育保险在20世纪50年代初建立。政务院1951年颁布、1953年修改的《中华人民共和国劳动保险条例》对生育保险作出规定，主要适用于企业。1955年4月26日，国务院发布了《关于女工作人员生产假期的通知》，对机关、事业单位女职工生育保险作出规定。1956年发布的《工厂安全卫生规程》、1979年发布的《工业企业设计卫生标准》，对女工卫生室、孕妇休息室、幼儿园等设施作出具体规定。1988年7月，国务院发布了《女职工劳动保护规定》。1994年12月14日原劳动部发布了《企业职工生育保险试行办法》。

二、生育保险基金的筹集、支付、管理

我国生育保险基金按照“以支定收，收支基本平衡”的原则筹集，由当地人民政府根据计划内生育人数和生育津贴、生育医疗费等项费用的实际情况确定，最多不超过职工工资总额的1%。企业按照当地政府规定的费率向社会保险机构缴纳。

生育保险基金按照属地原则组织，实行社会统筹。即生育保险由以按照行政区域划分的市、区（县）为单位组织实施，在同一区域内所辖的各类企业，不分所有制性质、隶属关系，一律参加所在地的生育保险，执行当地的缴费标准和有关政策规定。

生育保险基金由劳动保障行政部门所属的社会保险经办机构负责收缴、支付和管理。生育保险基金存入社会保险经办机构在银行开设的生育保险基金专户，专款专用。银行按照城乡居民个人储蓄同期存款利息计息，所得利息转入生育保险基金。国家对生育保险基金不征税费。

生育保险基金的筹集和使用，实行财务预、决算制度，由社会保险经办机构作出年度报告，并接受同级财政审计监督。

三、生育保险待遇

（一）产假

这是国家法律、法规规定，给予女职工在生育过程中休息的期限。具体解释为女职工在分娩前和分娩后的一定时间内所享有的假期。产假的主要作用是使女职工在生育时期得到适当的休息，使其逐步恢复体力，并使婴儿得以受到母亲的精心照顾和哺育。我国在20世纪80年代以前，把怀孕、生育和产后照料婴儿的假期规定为56天。1988年公布《女职工劳动保护规定》后，对原规定作了很大的修改。现法定正常产假为90天，其中产前假期为15天，产后假期为75天。难产的，增加产假15天。若系多胞胎生育，每多生育一个婴儿增加产假15天。流产产假以4个月划界，其中不满4个月流产的，根据医务部门的证明给予15天～30天的产假；满4个月以上流产的，产假为42天。很多地区还采取了对晚婚、晚育的职工给予奖励政策，假期延长到180天。

（二）生育津贴

这是对职业妇女因生育而离开工作岗位期间，给予的生活费用。有的国家又叫生育现金补助。我国生育津贴的支付方式和支付标准分两种情况：一是在实行生育保险社会统筹的地区，支付标准按本企业上年度职工月平均工资的标准支付，期限不少于90天；二是在没有开展生育保险社会统筹的地区，生育津贴由本企业或单位支付，标准为女职工生育之前的基本工资和物价补贴，期限一般为90天。部分地区对晚婚、晚育的职业妇女实行适当延长生育津贴支付期限的鼓励政策。有的地区还对参加生育保险的企业中男职工的配偶，给予一次性津贴补助。

（三）生育医疗服务

生育医疗服务是由医院、开业医生或合格的助产士向职业妇女和男工之妻提供的妊娠、分娩和产后的医疗照顾以及必需的住院治疗。生育医疗服务是生育保险待遇之一。各国的生育保险提供给怀孕妇女的医疗服务的项目不同，一般是根据本国的经济实力和社会保险基金的承受能力，制定相应的服务范围。大多数国家为女职工提供从怀孕到产后的医疗保健及治疗。我国生育保险医疗服务项目主要包括检查、接生、手术、住院、药品、计划生育手术费用等。根据原劳动部颁布的《企业职工生育保险试行办法》的规定，女职工生育按照法律、法规的规定享受产假。产假期间的生育津贴按照本企业上年度职工月平均工资计发，由生育保险基金支付。女职工生育的检查费、接生费、手术费、住院费和药费由生育保险基金支付。超出规定的医疗服务费和药费（含自费药品和营养药品的药费）由职工个人负担。企业虚报、冒领生育津贴或生育医疗费的，社会保险经办机构应追回全部虚报、冒领金额，并由劳动行政部门给予处罚。企业欠付或拒付职工生育津贴、生育医疗费的，由劳动行政部门责令企业限期支付；对职工造成损害的，企业应承担赔偿责任。

第七节　职 工 福 利

一、职工福利的概念和特征

（一）职工福利的概念

职工福利又称集体福利，是用人单位通过举办集体福利设施、设立各种补贴、提供服务等形式为本单位职工改善生活条件的物质帮助制度。

职工福利是整个社会福利事业的一个组成部分。《劳动法》第七十六条规定："国家发展社会福利事业，兴建公共福利设施，为劳动者休息、休养和疗养提供条件。用人单位应当创造条件，改善集体福利，提高劳动者福利待遇。"这一规定表明，搞好职工福利是用人单位的一项义务和责任，职工享受福利待遇是职工的一项重要权利。在实践中，职工福利同工资、社会保险一样，对于满足职工物质文化生活需要，解除职工的后顾之忧，调动职工的劳动积极性，进而促进社会主义现代化建设事业的发展，具有十分重要的作用。

（二）职工福利的特征

1. 享受对象的特定性。一般为本单位的职工，其家属也可享受部分项目。

2. 消费的集体性。职工福利是集体性的，即必须由多数人来共同消费。其福利设施，如文化设施、健身设施等的费用，超过了个人的经济负担能力，必须集中使用，通过集体消费或共同使用福利设施如使用食堂、浴室等方式分享职工福利。这种集体性也可增强职工的凝聚力，发扬团队精神。

3. 普遍性。职工福利为职工提供的机会均等，普遍享受。职工福利的享受不以工资报酬、劳动量的多少为依据，是职工获得的普遍性的物质帮助。

二、职工福利的内容

我国当前的职工福利，大致包括集体生活福利设施、文化娱乐设施、福利补贴三个部分。

（一）集体生活福利设施

集体生活福利设施，主要是为了减轻职工生活负担和家务劳动，解决职工物质生活方面普遍存在的需要和困难而建立的服务性设施。此类设施一般包括职工食堂、托儿所、幼儿园、小学及浴池、理发室、小卖部、饮食店、疗养设施等。

（二）文化娱乐设施

举办文化娱乐设施，主要是为活跃和丰富职工文化生活，满足职工精神生活需要而设立的各种文化福利设施，如文化宫、俱乐部、图书馆、娱乐中心、职业培训中心、体育场馆以及图书资料、文体器材等。

（三）福利补贴

福利补贴，是指为解决职工及其家属的特殊困难而设立的困难补助和其他补贴。福利补贴是针对某些影响职工生活的特殊因素所采取的调剂和补充措施，一般直接以货币支付。当前，我国的福利补贴项目包括：职工生活困难补助，粮价、副食品价格补贴，取暖、防暑降温补贴，假期工资及差旅补贴，上、下班交通费补贴，书报费补贴等。

我国的福利补贴制度，是作为低工资制度的补充而建立起来的，在相当长的一段时间里，由于规范不力，补贴项目和数额缺乏统一的范围和标准，补贴总额逐年上升，所占比重过大，形成了一种不合理的低工资、高补贴现象。同时，企业在自我服务体系上搞“大而全”、“小而全”，重复投资，重复建设，造成不必要的资源浪费。这样不但导致企业负担过重，不利于企业在市场竞争中的生存和发展，也抑制了第三产业的发展。随着经济体制改革的深化和社会主义市场经济体制的建立，我国的福利补贴制度必将得到进一步的完善。

三、职工福利基金的来源和使用

根据国家有关规定，当前职工福利基金主要来自以下几个方面：（1）国家提供给各用人单位的基本建设费用，即国家对工矿企业的基建投资中就包括了对职工住宅、文化设施等非生产性建设投资资金。（2）用人单位根据规定专门设立的福利费。按照有关规定，企业每年按一定比例提取的企业基金、利润留成资金或税后留利中，都有一部分为职工福利基金。如《公司法》规定，公司分配当年税后利润时，应提取利润的5%～10%列入公司法定公益金。法定公益金用于本公司职工的集体福利。（3）工会经费中的一部分。按照《工会法》的规定，建立工会组织的全民所有制和集体所有制企业事业单位、机关按每月全部职工工资总额的2%向工会拨交经费。工会经费主要用于基层职工的教育和工会开展的其他活动，如业余文化补习和文体活动等。（4）从单位行政经费、企业管理费和事业单位的事业费中开支一部分。这部分主要用于职工的水电、取暖、交通、食堂等方面的补贴。（5）福利设施自身的营业收入。如俱乐部、体育场馆的收费等。

职工福利基金应用于如下方面：（1）职工及其供养的直系亲属的医疗费、职工因公负伤的就医路费、医务经费等；（2）职工浴池、理发室、托儿所、幼儿园等部门的工作人员工资和各项支出同各项收入相抵后的差额，以及食堂炊事用具的购置、修理费用等；（3）职工生活困难补助；（4）集体福利设施支出等。

思考题

1. 什么是社会保险？它具有哪些法律特征？
2. 社会保险与商业保险有哪些区别？
3. 我国社会保险的基本原则有哪些？
4. 我国养老保险基金来源于哪几个方面？
5. 我国医疗保险待遇包括哪些主要内容？
6. 失业保险基金用于哪些支出项目？
7. 因公伤残保险待遇如何计发？
8. 我国当前职工福利基金的主要来源是什么？

第十一章 工会与职工民主管理

第一节 工 会

一、工会的产生与发展

工会作为工人阶级的群众性组织，它的产生不是偶然的，是工人运动的必然产物。产业革命引起了无产阶级的产生，出现了劳资之间的对立。工人阶级在与资产阶级斗争的过程中，首先为了提高工资和改善劳动条件，开始自发地起来与资产阶级进行斗争。后来在马克思主义关于工人运动科学理论的指导下，工人们逐步联合起来，组织工会，以适应斗争的需要。除了经济斗争外，工人们还强烈要求以立法的形式确认工人的利益和工会的合法地位，并为此进行了不懈的政治斗争。工会最初在资本主义制度下出现并不是依照法律产生的，而是作为一种社会事实存在的。随着工人运动的不断高涨，工人队伍的不断壮大，工会组织的逐渐发展，资产阶级迫于工人阶级的压力，也出于对其阶级利益和长远利益的考虑，对工会的态度也经历了一个禁止—限制—承认的过程，其途径是通过工会立法，逐渐赋予工会合法的地位。在主要资本主义国家，关于工会的法律地位等问题的立法，大体经历了以下三个发展阶段：

（一）禁止阶段

在这一阶段，资产阶级由于害怕工会活动直接动摇其统治地位，采取立法的方法禁止成立工会。世界上最早的工会组织出现于18世纪末到19世纪初的英、法等国家，这些国家的工人阶级在与雇主斗争中成立了工人阶级自己的群众组织——工会。由于工会旗帜鲜明地维护工人阶级的利益，资产阶级不仅通过武力镇压，而且通过制定法律禁止工会的成立和工会的活动。例如，法国于1791年颁布了禁止工人结社的《夏勃利爱法案》，并在1810年的《法国刑法典》中将工人结社规定为犯罪。英国于1799年颁布的《结社法》规定，工会是非法的团体，工人若以增加工资、缩短工时、减少工作量为目的而互相结社时，皆为有罪，对违法者处以两个月以上的监禁。其他欧洲国家也颁布了类似的法律，禁止工人阶级成立工会，宣布工会为非法组织。

（二）限制阶段

由于工人运动的不断高涨，资产阶级为了缓和与工人阶级的矛盾，巩固自己的统治地位，逐渐废除了禁止成立工会的法律，代之以限制工会活动的法律。英国于1824年废除了《结社法》，并原则上承认了工人的结社权，但予以严格限制，规定在例外的情况下仍要给予处罚。法国在1848年革命高潮的压力下被迫废除了禁止集会结社的法律，通过了一项基本上承认工人组织工会权利的法律，但其中也作了一些例外的规定。在这一阶段，工人阶级虽然有了组建工会的权力，但是工会的职能和作用受到了很大的限制。

（三）承认阶段

工人运动的强大压力使得资产阶级对工会活动不得不采取放宽政策的办法，通过颁布工会法来承认工会为合法组织。英国于1871年通过了世界上第一个《工会法》，基本上承认工会是合法的组织；1876年在工会的压力下又通过了一个《工会法修正案》，明确地承认了工人的结社权，使更多的工会组织合法化。法国1884年制定的《工会法》，也正式承认工人有组织工会和参加工会活动的自由。其他资本主义国家也陆续颁布了工会法，从法律上承认了工会的合法地位，明确规定工会为法人，并赋予了工会一系列权利。

总之，由于各国历史、传统等国情不同的原因，在对待工会的态度转变上也有所不同，但基本上经历了以上三个发展阶段。在19世纪下半叶，各国相继制定专门的工会法，使工会组织和工会的活动得到了法律的保障。在国际工人运动历史上，工会的产生具有重要的意义，它标志着工人阶级开始由分散、孤立走向团结，由自发斗争走向自觉斗争。进入20世纪，特别是第二次世界大战后，工会组织及其活动得到了更大的发展，工会组织的数量和参加工会组织的人数越来越多，工会在国家政治、经济生活中都发挥着重要的作用，工会已经发展成为一个重要的具有一定政治性的社会团体。

在我国，1950年6月29日中央人民政府颁布了《中华人民共和国工会法》（以下简称《工会法》），确认了工会存在的合法地位。《工会法》的颁布和实施，极大地促进了工会在全国各地的发展。1992年4月3日第七届全国人民代表大会第五次会议通过了新的《工会法》，进一步明确了工会的合法地位。该法于2001年10月27日经第九届全国人民代表大会常务委员会第二十四次会议作了修正。

二、工会的性质

工会是工人阶级的群众组织，是工人阶级为了争取政治、经济地位而组织的群众性社会团体。我国《工会法》第二条规定："工会是职工自愿结合的工人阶级的群众组织。"从这一规定可以看出，工会这一组织具有阶级性、群众性和独立性的特点。

（一）工会的阶级性

工会是工人阶级的组织，具有鲜明的阶级性。工会的阶级性主要表现在以下两个方面：首先，从工会的人员构成看，工会是工人阶级的群众组织，工会会员只能是工人阶级的成员。《工会法》第三条规定："在中国境内的企业、事业单位、机关中以工资收入为主要生活来源的体力劳动者和脑力劳动者，不分民族、种族、性别、职业、宗教信仰、教育程度，都有依法参加和组织工会的权利。任何组织和个人不得阻挠和限制。"工会的会员既包括体力劳动者，也包括脑力劳动者。其次，从工会的任务和作用来说，工会是整个工人阶级利益的代表者和维护者。工会从它诞生之日起就为捍卫工人阶级的经济利益进行了艰苦的斗争，随着工人运动的壮大和工人阶级政党的形成，工会不仅为了捍卫工人阶级的经济利益，而且为了消灭剥削制度，夺取国家政权进行了不屈不挠的斗争。在社会主义制度下，工会更能够有效地维护工人阶级的切身利益和根本利益。是否代表和维护工人阶级的利益，是区分工会阶级性的主要标志。

（二）工会的群众性

工会具有广泛的群众性。其主要表现是：首先，工会会员的广泛性。这是工会群众性的重要标志，也是工会群众性的基础。《工会法》规定，只要是中国工人阶级的成员，都有参加和组织工会的权利。工会只有最大限度地、最广泛地团结和联合广大的工人群众，才能真正代表工人阶级的利益。其次，工会内部的民主性。在工会组织内部，各成员之间的地位和权利是平等的，而且实行会员办工会。《工会法》第九条规定："工会各级组织按照民主集中制原则建立。各级工会委员会由会员大会或者会员代表大会民主选举产生。企业主要负责人的近亲属不得作为本企业基层工会委员会成员的人选。"工会的一切活动都在群众的参与和监督之下。

阶级性和群众性是工会的两个本质属性，两者是紧密结合在一起的。工会的群众性是以阶级性为前提的，而工会的阶级性又是以群众性为基础的。只有当阶级性和群众性两者相互统一、紧密结合在一起时，才能真正体现出工会的性质。

（三）工会的独立性

工会从其产生之日起，就是一个具有独立性的组织。我国工会在政治上应当与中国共产党保持一致，要维护政府的权威和国家政治的统一，工会活动要坚持四项基本原则和坚持改革开放，这是保证工会活动健康发展的前提。但是，工会又不同于政党，不同于国家机关，工会不是党和国家的附属物。工会的独立自主的地位，来源于工会组织的群众性和自愿性，没有独立性，工会组织的群众性和自愿性就无法体现。工会具有自己的组织系统，从全国总工会到产业工会、地方工会、工会基层组织，工会有一套独立的组织系统。工会有自己的章程，有自己的经费，这些都从物质上保证了工会组织的独立性。

三、工会的法律地位

工会的法律地位是指工会作为工人阶级的群众组织在国家的政治体制中所处的位置，在社会政治、经济、文化生活中所处的地位。工会的法律地位包括两个方面的内容：一是工会存在的合法性，即法律是否承认工会存在的合法性。在现代社会，各国都制定了专门的工会法，从法律上承认工会存在的合法性。二是工会具有独立性。工会的独立性在各国法律上普遍得到确认。《工会法》第十四条规定：“中华全国总工会、地方总工会、产业工会具有社会团体法人资格。基层工会组织具备民法通则规定的法人条件的，依法取得社会团体法人资格。”

《劳动法》第七条规定：“劳动者有权依法参加和组织工会。工会代表和维护劳动者的合法权益，依法独立自主地开展活动。”在社会主义条件下，工会的法律地位概括地说，就是工会是社会主义国家政治体制的重要组成部分，是国家政治体制中不可缺少的重要团体，是劳动者合法权益的维护者和代言人。在我国社会主义政治体制中，中国共产党是无产阶级专政的领导核心，国家政权机关是无产阶级专政的执行机关。作为领导核心的中国共产党是由工人阶级的先进分子所组成，中国共产党的政治核心领导，必须得到广大人民群众的支持和拥护，这就要求中国共产党必须始终同广大人民群众保持密切的联系。工会产生的历史传统、性质特征、组织状况、工作内容、工作方法等，都决定于工会具有其他任何组织不可比拟的最能够联系广大人民群众的优越性，因此，在社会主义条件下，工会是联系党和广大人民群众最重要的桥梁和纽带。工会要自觉地接受中国共产党的领导，但工会又不同于党组织，也不同于国家政权组织。工会要按照自身的性质和特点依法独立自主地开展工作，它在社会主义条件下，具有相对独立自主的地位。

四、工会的权利和职责

工会的权利和职责是工会法律地位的体现，也是工会任务和作用所要求的。我国宪法和《工会法》等有关法律，对工会的权利和职责作了明确规定。

（一）工会的权利

1. 参与管理国家事务、经济文化事业和社会事务的权利。宪法原则要求，社会主义国家保障人民参加管理国家，管理各项经济事业和文化事业，监督国家机关工作人员。《工会法》把这一宪法原则具体规定为工会的权利。这一权利通过以下途径来实现：（1）国家机关在组织起草或者修改直接涉及职工切身利益的法律、法规、规章时，应当听取工会的意见。（2）县级以上各级人民政府制定国民经济和社会发展计划，对涉及职工利益的重大问题，应当听取同级工会的意见。（3）县级以上各级人民政府及其有关部门研究制定劳动就业、工资、劳动安全卫生、社会保险等涉及职工切身利益的政策、措施时，应当吸收同级工会参加研究，听取工会意见。（4）县级以上地方各级人民政府可以召开会议或者采取适当方式，向同级工会通报政府的重要工作部署和与工会工作有关的行政措施，研究解决工会反映的职工群众的意见和要求。

2. 对执行劳动法进行监督的权利。《劳动法》第八十八条规定："各级工会依法维护劳动者合法权益，对用人单位遵守劳动法律、法规的情况进行监督。"《工会法》第三章对此作了如下具体规定：（1）企业、事业单位违反劳动法律、法规，侵犯职工合法权益，工会有权要求企业、事业单位行政方面或者有关部门认真处理；（2）企业、事业单位违反国家有关劳动（工作）时间的规定，工会有权要求企业、事业单位行政方面予以纠正；（3）工会发现企业行政方面违章指挥、强令工人冒险作业，或者生产过程中发现明显事故隐患和职业危害，有权提出解决的建议，有权向企业行政方面建议组织职工撤离危险现场，企业行政方面必须及时作出处理决定；（4）企业、事业单位违反保护女职工特殊权益的法律、法规，工会及其女职工组织有权要求企业、事业单位行政方面予以纠正；（5）企业辞退、处分职工，工会认为不适当的，有权提出意见；（6）全民所有制和集体所有制企业在作出开除、除名职工的决定时，应当事先将理由通知工会，如果企业行政方面违反法律、法规和有关合同，工会有权要求重新研究处理；（7）工会参加企业的劳动争议调解工作；地方劳动争议仲裁组织应当有同级工会代表参加；（8）企业侵犯职工劳动权益的，工会可以提出意见调解处理；职工向人民法院起诉的，工会应当给予支持和帮助；（9）工会有权参加伤亡事故和其他严重危害职工健康问题的调查，向有关部门提出处理意见，并有权要求追究直接负责的行政领导人和有关责任人员的责任。

3. 保障职工依法参与企事业单位民主管理的权利。职工参与企事业单位民主管理是牵涉国家政权的性质和劳动者政治民主权利实现的重要问题。根据《工会法》的规定，工会依照法律规定通过职工代表大会或者其他形式，组织职工参与本单位的民主决策、民主管理和民主监督。工会有权监督企事业单位贯彻劳动法规的情况；监督企事业单位行政落实职工代表大会决议情况；监督单位行政领导的工作作风、为政清廉的情况等。工会在民主监督方面的权利，体现了现代生产力发展的客观需要。

4. 帮助、指导职工与用人单位签订劳动合同和代表职工与企业签订集体合同的权利。劳动者的合法权益在很大程度上要通过劳动合同和集体合同来体现，劳动合同和集体合同是劳动关系的基础。只有从基础上关心劳动者的合法权益，才会有稳定和谐的劳动关系。为此，《劳动法》和《工会法》都作了相应的规定：（1）集体合同由工会代表职工与企业签订；没有建立工会的企业，由职工代表与企业签订。集体合同草案应当提交职工代表大会或者全体职工讨论通过。（2）工会帮助、指导职工与企业以及实行企业化管理的事业单位签订劳动合同。

为了保障上述各项权利的实现，《工会法》还在“工会组织”、“基层工会组织”和“工会的经费和财产”的专章中，规定了从组织、经费、物质等方面切实保证工会充分地行使职权。

（二）工会的职责

1. 协助政府开展工作，巩固人民民主专政的政权和支持企业行政的经营管理。《工会法》规定，工会协助人民政府开展工作，维护工人阶级领导的、以工农联盟为基础的人民民主专政的社会主义国家政权。在社会主义条件下，政府与工会在根本利益上是一致的，它们有着相同的阶级基础，肩负着相向的历史使命，但是，他们又是性质不同的两个组织，有着不可替代的作用。工会作为工人阶级的群众组织，要组织带领职工在国家政治、科学文化等方面的建设中，支持政府、协助政府开展工作。工会只有在政治上支持政府，才能真正维护和发展工人阶级的根本利益，工会才能成为政府坚强的社会支柱。

《工会法》规定，工会要支持企业行政工作，工会与企业行政双方应当互相支持，互相合作，共同为办好社会主义企业、提高劳动生产率和经济效益发挥各自作用。工会只有支持企业行政工作，才能真正发挥广大职工群众的积极性和创造性，同时也是正确实行厂长（经理）负责制的一个有力保证。

2. 动员和组织职工参加经济建设。《工会法》规定，工会应当动员职工以主人翁态度对待劳动，爱护国家和企业财产，遵守劳动纪律，发动和组织职工努力完成生产任务和工作任务；工会应当组织职工开展社会主义劳动竞赛，开展群众性的合理化建议、技术革新和技术协作活动，提高劳动生产率和经济效益，发展社会生产力；工会应当协助企事业单位行政方面办好职工集体福利事业，做好劳动工资、劳动保护和劳动保险工作。发展社会主义经济，提高劳动生产率是工会的重要职责。

3. 教育职工提高思想政治觉悟和文化技术素质。《工会法》规定，工会应当教育职工不断提高思想道德、技术业务和科学文化素质，建设有理想、有道德、有文化、有纪律的职工队伍。加强对职工的各种政治觉悟和文化技术素质教育，是加强工会自身建设，充分发挥工会职能的一个重要保证。

《工会法》第六条规定："维护职工合法权益是工会的基本职责。工会在维护全国人民总体利益的同时，代表和维护职工的合法权益。"在社会主义国家，全国人民的总体利益和职工群众的具体利益在根本上是一致的。但是，总体利益和具体利益之间也可能存在矛盾。广大职工群众需要通过工会表达和维护自己的具体利益，党和政府也需要工会经常反映广大职工群众的意见和要求，以便更好地改进工作。因此，工会应当在维护全国人民总体利益的前提下，努力维护广大职工群众的合法权益。

第二节　职工民主管理

一、职工民主管理的概念和意义

（一）职工民主管理的概念

职工民主管理是指企业职工通过职工代表大会或者其他形式，依法参与企业生产经营决策和管理，监督企业行政领导，维护职工合法权益的一项重要制度。《劳动法》第八条规定："劳动者依照法律规定，通过职工大会、职工代表大会或者其他形式，参与民主管理或者就保护劳动者合法权益与用人单位进行平等协商。"劳动法既规定了劳动者有依法参与民主管理、进行平等协商的权利，又规定了进行民主管理和平等协商的途径和方式。

（二）职工民主管理的意义

在国有企业和集体企业中，实行民主管理具有重要的意义。在私营企业等非公有制企业中，同样应当吸收职工参与管理，尊重工会和职工的各项政治权利和经济权利。社会主义企业必须实行民主管理，这是社会主义国家生产力、生产关系和上层建筑的客观要求。我国生产力的发展，社会主义经济制度和政治制度的建立和完善，又为企业实行民主管理提供了可能性和条件。在我国，企业实行职工民主管理具有如下重大的现实意义：

1. 实行职工民主管理是现代生产力发展的客观需要。社会生产力由劳动者、劳动对象和劳动资料三个要素构成。在这三个要素中，人的要素，即劳动者占有特殊地位，是诸要素中最活跃、起决定作用的要素。劳动对象和劳动资料只有同劳动者结合起来才能形成现实的生产力。既然劳动者是最首要的生产力，调动劳动者积极性、创造性就是发展生产力的关键。而要发挥劳动者的积极性、创造性，就必须保证他们在生产中的主人翁地位和各项民主管理权利。社会生产力发展水平越高，越要求劳动者参加生产管理。只有发动广大职工参加民主管理，才能集中群众的智慧，共同办好社会主义企业。

2. 实行职工民主管理是正确实行厂长负责制的保证。厂长是企业的法定代表人，对企业的物质文明建设和精神文明建设负全面责任。实行职工民主管理能够起到对厂长行使权力的制约作用，防止厂长滥用权力或以权谋私等弊端，使厂长的决策建立在科学性、民主性的基础上，增强厂长决策的正确性。同时，在企业中实行职工民主管理，又能调动广大职工的生产积极性，保证厂长各项决策的顺利执行。

3. 实行职工民主管理是增强企业活力的客观需要。经济体制改革的中心环节是增强企业活力。要增强企业活力，必须扩大企业的经营自主权，使企业真正成为自主经营、自负盈亏的社会主义商品生产者和经营者。企业经营自主权的扩大，直接涉及职工的经济利益，在这种情况下，迫切要求企业加强职工民主管理，确立职工和企业的正确关系，保证劳动者在企业中的主人翁地位。经济体制改革的不断深入，不但决定了企业实行职工民主管理的必要性，也为企业实行职工民主管理提供了可能性。

二、职工代表大会制度

（一）职工代表大会的性质和法律地位

《中华人民共和国全民所有制工业企业法》（以下简称《企业法》）第五十一条规定："职工代表大会是企业实行民主管理的基本形式，是职工行使民主管理权力的机构。"我国社会主义企业的民主管理，是指企业职工依法参与企业的生产经营决策和管理，监督行政领导干部，以主人翁的态度共同办好企业。我国企业实行民主管理的基本形式是职工代表大会制度，同时包括企业管理委员会、车间和班组民主管理等形式。全民所有制企业的职工代表大会是职工行使民主管理权力的机构，它既不是企业的最高权力机构，也不属于企业的咨询机构。职工代表大会的性质是由企业的所有制形式和职工在企业中的地位所决定的。

关于职工代表大会的法律地位，《中共中央关于经济体制改革的决定》指出：在实行厂长负责制的同时，必须健全职工代表大会制度和各项民主管理制度，充分发挥工会组织和职工代表在审议企业重大决策、监督行政领导和维护职工合法权益等方面的权利和作用，体现工人阶级的主人翁地位。这充分说明，职工代表大会是企业内部领导机构中不可缺少的重要一环。它与企业党组织和厂长之间的关系，是在各自职责范围内，围绕企业生产经营管理这样一个总目标独立地开展工作，既相互制约，又相互配合，审议企业重大决策，维护国家、企业和职工合法权益，保证民主管理总任务的实现。

（二）职工代表大会的职权

职工代表大会的性质，决定了职工代表大会的职权。依据《企业法》有关规定，职工代表大会的职权包括：

1. 审议企业生产经营决策。《企业法》规定，职工代表大会有权听取和审议厂长关于企业的经营方针、长远规划、年度计划、基本建设方案、重大技术改造方案、职工培训计划、留用资金分配和使用方案、承包和租赁经营责任制方案的报告，提出意见和建议。职工代表大会对企业重大生产经营决策的审议权，体现了职工在企业中的主人翁地位，有利于发挥职工的积极性和创造性，增强企业活力。同时，也能够集中集体的智慧，使企业重大决策更加科学，更加完善，更加切实可行。职工代表大会听取厂长关于企业生产经营决策的报告，对决策内容进行审议，并对其提出意见和建议，如果这些意见和建议是正确的、合理的，厂长就应予以采纳。

2. 审查企业重要规章制度。《企业法》规定，职工代表大会有权审查同意或否决企业的工资调整方案、奖金分配方案、劳动保护措施、奖惩办法以及其他重要的规章制度。审查企业的重要规章制度是企业民主管理的重要内容，是职工代表大会的一项重要职权。企业重要的规章制度直接涉及职工的切身利益，重要的规章制度要经过职工代表大会审查同意，有利于保护职工的合法权益，同时也有利于广大职工自觉地遵守各项规章制度，使各项规章制度在执行中得到广大职工的支持。

3. 审议决定企业职工福利问题。《企业法》规定，职工代表大会有权审议决定职工福利基金使用方案、职工住宅分配方案和其他有关职工生活福利的重大事项。对于企业职工生活福利方面的重大问题，须经职工代表大会审议并作出决定，然后由企业行政贯彻实施。职工生活福利问题由职工代表大会决定，有利于处理好职工内部矛盾，协调好职工之间的利益关系。

4. 评议、监督企业行政领导干部。《企业法》规定，职工代表大会有权评议、监督企业各级行政领导干部，并提出奖惩和任免的建议。通过职工代表大会对企业领导干部的评议、监督、奖励、惩罚，可以督促企业领导干部正确执行党和国家的政策、法律，全心全意为人民服务。同时也有助于密切领导干部和职工群众的关系，使领导与群众同心同德，共同办好企业。

5. 选举企业厂长。《企业法》规定，职工代表大会有权根据政府主管部门的决定选举厂长，报政府主管部门批准。民主选举厂长是我国企业民主管理工作的经验总结。民主选举厂长，有利于提高厂长的群众观念，促进领导作风的转变，同时，以民主方式选举的厂长具有广泛的群众基础，其工作更能够得到广大职工群众的支持。

思考题

1. 工会的性质和法律地位是什么？
2. 工会具有哪些权利？
3. 实行职工民主管理的重大现实意义有哪些？
4. 职工代表大会有哪些职权？

第十二章　劳动监督检查

第一节　劳动监督检查概述

一、劳动监督检查的概念

劳动监督检查，是指国家授权的监督检查机关、政府有关部门、各级工会组织等，为了实现行政管理职能和法律赋予的权利，维护正常的法律秩序，对用人单位和劳动服务主体执行劳动法的情况进行监督检查或惩戒的活动。

理解劳动监督检查的含义，应把握以下几个方面：(1) 监督检查主体是依法享有劳动监督权的监督检查机关、政府有关部门、各级工会组织等。其中，劳动行政部门和工会组织在劳动监督体制中的地位尤为重要。(2) 监督检查的目的是为了实现劳动法的主旨，即保护劳动者合法权益。(3) 监督检查客体是用人单位和劳动服务主体遵守劳动法律、法规行为，即用人行为和劳动服务行为。这是因为，劳动法赋予劳动者的权益对应体现为劳动法为用人单位和劳动服务主体设定的义务，对用人单位和劳动服务主体遵守劳动法的行为进行监督，才能保证劳动者合法权益的实现。(4) 监督检查方式表现为依法行使监督权的各项措施，其中主要有：对遵守劳动法的情况进行检查，对检查中发现的违反劳动法的行为及时制止和纠正，依法追究违法行为人的法律责任等。

劳动监督检查作为一项劳动法律制度，在劳动法体系中具有特殊的地位。主要表现在：(1) 其他各项劳动法律制度主要是规定劳动关系的内容和运行规则，而劳动监督检查制度所规定的主要是如何以监督手段实现劳动关系的内容和保证劳动关系的正常运行；(2) 其他各项劳动法律制度是实施劳动监督检查时确定劳动监督检查客体合法与否以及对违法情况进行处理的法律依据，劳动监督检查制度则是实施劳动监督检查的行为规则；（3）劳动监督检查制度既独立于其他各项劳动法律制度之外，同时又是其他各项劳动法律制度的必要组成部分。可见，劳动监督制度检查具有保障整个劳动法体系全面实施的功能。

二、劳动监督检查的意义

对劳动法执行情况进行监督检查是劳动法的重要组成部分，也是确保劳动法律、法规得以贯彻实施，保障劳动关系当事人合法权益得以实现的重要措施。实践证明，健全劳动法制，加强劳动立法，做到有法可依，这是法制建设的先决条件。但有法律而无专门的监督管理机构促使其执行，及时制止、纠正违反劳动法律、法规的行为，做到有法必依，执法必严，违法必究，那么，法律、法规的规定就等于一纸空文。劳动法的监督检查制度，对保证各项劳动法律、法规的正确实施具有重要意义。

1. 加强劳动法执行的监督检查，有利于维护劳动者的合法权益，改善劳动者的生活福利，预防、减少工伤事故和职业疾病，保护劳动者在生产劳动中的生命安全和健康。这必然极大地调动广大劳动者的生产积极性，激发他们的劳动热情和创造精神，进而加速我国社会主义经济建设的发展。

2. 加强劳动法执行的监督检查，有利于预防、减少劳动争议，加强企业的凝聚力，稳定职工的生活和生产秩序，建立和谐的劳动关系，促进企业生产经营活动的正常进行和经济效益的提高。

3. 加强劳动法执行的监督检查，有利于增强用人单位的劳动法制观念，认真贯彻执行劳动法律、法规，实现依法管理劳动关系，保障劳动者真正享有权利和履行义务。同时，通过监督检查，也可以促进行政领导人员、企业管理人员增强劳动法制观念，认真执法，避免和减少用人单位与企业职工的劳动纠纷和生产事故。

4. 加强劳动法执行的监督检查，有利于促进和完善劳动立法工作。通过贯彻执行劳动法律、法规，结合实践中存在的新问题调查研究，及时修正与社会主义市场经济不配套的劳动法律规定，不断总结新的劳动机制的成功经验，完善劳动立法，建立一套有中国特色的社会主义劳动法律体系。

加强劳动法执行的监督检查是法制监督的重要组成部分。尤其是在劳动行政部门以及有关部门的职能转换过程中，必须加强对劳动法执行监督检查的专业化、经常化、制度化，消除劳动法执行中的随意性，逐步实现行政部门加强间接宏观调控的职能，把一般监督同专门监督、专门监督同群众监督、事前监督与事后监督有机地结合起来，使劳动法得到普遍地、认真地贯彻执行，进一步加强完善劳动法制。

三、我国劳动监督检查的立法概况

在我国，劳动监督检查立法一直是劳动立法的一个重要组成部分。1950年政务院财经委员会发布的《关于各省、市人民政府劳动局与当地国营企业工作关系的决定》中规定，劳动局有权监督、检查国营企业内有关劳动保护、劳动保险、工资待遇、集体合同、文化教育的劳动政策法令的执行。但在立法实践中，建国后相当长的一段时间里，国家一直把重点放在劳动安全监察上，相继制定了《矿山安全监察条例》、《锅炉压力容器安全监察暂行条例》及其《实施细则》等项法规，初步形成一套较完整的劳动安全监察制度，而其他方面的劳动监察立法则相对薄弱。自经济体制改革以来，其他方面的劳动监察立法取得了长足的发展。1993 年原劳动部制定了《劳动监察规定》，对劳动监察的一般规则和劳动安全监察以外其他方面的劳动监察的规则作了规定。1994 年 7 月颁布的《劳动法》中，设有“监督检查”专章，对劳动监督检查的机构及其职权作了明确的规定。为了切实贯彻执行《劳动法》，劳动部又相继制定了《劳动监察员管理办法》等项法规。此外，全国总工会还就劳动监督制定了专项规章，如《工会劳动法律监督试行办法》。这表明，我国劳动法监督检查的内容已不限于劳动安全的范围，而是包括对劳动工资、工作时间、休息休假、劳动合同、职业培训、社会保险、职工奖惩等进行全面的监督检查。2004 年 11 月 1 日，国务院发布了《劳动保障监察条例》（以下简称《监察条例》），进一步完善了我国劳动保障监察制度。

第二节　劳动监督检查机构的监督检查

一、劳动监督检查机构的设立和职权

（一）劳动监督检查机构的设立

为了保证劳动行政部门切实有效地行使监督检查权，县级以上各级劳动行

政部门应设置专门的劳动行政监督组织，配备专门的劳动行政监督检查人员。对此，有关的劳动法规作了专门规定。例如，《矿山安全监察条例》规定，在国务院劳动行政主管部门设矿山安全监察局，在省、自治区、直辖市劳动行政主管部门设矿山安全监察处，在矿山比较集中的地区、市劳动行政主管部门设矿山安全监察室（组），专门负责矿山安全的监督检查工作。《锅炉压力容器安全监察暂行条例》规定，在国务院劳动行政主管部门设锅炉压力容器安全监察局，在省、自治区、直辖市劳动行政主管部门设锅炉压力容器安全监察处，在工业集中的地区、市劳动行政主管部门设锅炉压力容器监察科，专门负责锅炉压力容器安全的监督检查。《劳动监察规定》也规定由县和县级以上劳动行政主管部门的劳动监察机构具体负责这一工作。

（二）劳动监督检查机构的职权

劳动行政部门监督检查的职权主要有两个方面：一是负责对劳动就业、职工工资、社会保险、职工福利、职业技能开发及法律、法规的实施进行监督检查；二是由劳动部门内设置的专门劳动保障监察机构对劳动保障方面的法律、法规实施情况进行监督检查。主要内容有：（1）对企业贯彻执行国家劳动保护方针政策、《矿山安全法》、《锅炉压力容器安全监察暂行条例》的情况进行监督检查。（2）监督检查用人单位改善劳动条件计划的实施和安全技术措施经费的使用情况。（3）参加对职业危害严重的新建、改建、扩建企业和事业单位重大技术改造工程项目的设计审查和竣工验收；参加有关劳动安全的新技术、新工艺、新设备、新材料的鉴定；参加矿山设计审查和矿山工程竣工验收。（4）对设计、制造、安装、使用、检验、修理、改造锅炉、压力容器的单位进行监督检查，制止和纠正违法行为。（5）检查企业、事业单位的安全卫生状况，发现有违法行为，危及职工安全健康的重大隐患，发出《安全监察指令书》，限期改正或限期解决，对逾期不改的，可令其停止作业，进行整顿。对不具备安全开采条件的矿井或露天矿，有权提请有关部门予以封闭。（6）参加职工伤亡事故的调查和处理。对事故原因的分析和事故责任者的处分发生分歧意见时，有权提出结论性意见。（7）对厂长、矿长和特种作业人员进行培训，并按规定进行考核和发证。（8）对违反劳动法规，造成严重后果的企业、事业单位及其责任人给予处罚。

《监察条例》明确了劳动保障监察职责与监察事项，规定了劳动保障行政部门实施劳动保障监察应当履行的四项职责：（1）宣传劳动保障法律、法规和规章，督促用人单位贯彻执行；（2）检查用人单位遵守劳动保障法律、法规和规章的情况；(3) 受理对违反劳动保障法律、法规或者规章的行为的举报、投诉；(4) 依法纠正和查处违反劳动保障法律、法规或者规章的行为。同时，该《条例》还对劳动保障监察的具体事项作了明确规定：(1) 用人单位制定内部劳动保障规章制度的情况；(2) 用人单位与劳动者订立劳动合同的情况；(3) 用人单位遵守禁止使用童工规定的情况；(4) 用人单位遵守女职工和未成年工特殊劳动保护规定的情况；(5) 用人单位遵守工作时间和休息休假规定的情况；(6) 用人单位支付劳动者工资和执行最低工资标准的情况；(7) 用人单位参加各项社会保险和缴纳社会保险费的情况；(8) 职业介绍机构、职业技能培训机构和职业技能考核鉴定机构遵守国家有关职业介绍、职业技能培训和职业技能考核鉴定的规定的情况；(9) 法律、法规规定的其他劳动保障监察事项。

二、劳动监督检查人员的任职条件和任命程序

(一) 劳动监督检查人员的任职条件

劳动行政部门的监督检查权是由其工作人员具体行使的，劳动行政监督检查人员代表劳动行政部门具体从事监督检查工作。

县级以上各级人民政府劳动行政主管部门根据工作需要配备专职劳动监察员和兼职劳动监察员。专职劳动监察员是劳动行政部门专门从事劳动监察工作的人员；兼职劳动监察员是劳动行政部门非专门从事劳动监察工作的人员，主要负责与其业务有关的单项监察。

凡担任劳动监察员者，必须具备法定任职条件。《劳动监察员管理办法》规定，劳动监察员应具备的任职条件是：(1) 认真贯彻执行国家的法律、法规和政策；(2) 熟悉劳动业务，熟练掌握和运用劳动法律、法规知识；(3) 坚持原则，作风正派，勤政廉洁；(4) 在劳动行政部门从事劳动行政业务工作 3 年以上，并经国务院劳动行政部门或者省级劳动行政部门劳动监察专业培训合格。对于特殊行业的劳动监察员，我国有关法规对其任职条件作了相应的特别规定。例如，《矿山安全监察员管理办法》规定，矿山安全监察员的任职条件是：(1) 熟悉矿山安全技术知识和矿山安全法律、法规及矿山安全规程、矿山安全技术规范；(2) 身体健康，能胜任矿山井下检查工作；(3) 具有中等以上采矿工程专业或者相关专业学历和 2 年以上矿山现场工作经历；(4) 具备担任助理工程师以上的专业技术水平和条件，并有 1 年以上矿山安全监察工作经历。

（二）劳动监督检查人员的任命程序

劳动行政部门的专职、兼职劳动监察员任命程序严格，分别由劳动监察机构提出任命建议或由有关业务工作机构推荐人选，经同级人事管理机构等审核，报劳动行政部门领导批准。经批准任命的劳动监察员由劳动监察机构颁发中华人民共和国劳动监察证。劳动监察员实行每3年进行一次考核验证制度，未按规定考核验证或经考核不能胜任劳动监察工作的，注销其劳动监察证件。

三、劳动监督检查的管辖

关于劳动行政部门的监督检查管辖权，《监察条例》作了如下规定：

（一）地域管辖

地域管辖，是指同级劳动保障行政部门在行使劳动保障监察权上的分工。根据规定，对用人单位的劳动保障监察，由用人单位用工所在地的县级或者设区的市级劳动保障行政部门管辖。这一规定表明，首先，劳动保障监察主要由县级、设区的市级劳动保障行政部门管辖。县级和设区的市级劳动保障行政部门与用人单位和劳动者联系最为直接、广泛，能够充分发挥其情况熟、地域熟、时效强的特点。其次，由用人单位用工所在地的劳动保障行政部门管辖，即用人单位在哪个行政区域用工，就由该行政区域的劳动保障行政部门实施监察管辖。这样规定既便于劳动保障行政部门对用人单位的日常检查和监察管理以及对违法行为调查取证，还可以节省劳动保障行政部门的人力、物力、财力，提高行政执法工作效率；同时，也方便劳动者对违反劳动保障法律、法规或者规章的行为的举报、投诉。

（二）级别管辖

级别管辖，是指不同级劳动保障行政部门在行使劳动保障监察权上的分工。《监察条例》规定，上级劳动保障行政部门根据工作需要可以调查处理下级劳动保障行政部门管辖的案件。

（三）指定管辖

指定管辖，是指在对劳动保障监察管辖发生争议时，由上一级劳动保障行政部门指定某个下级劳动保障行政部门管辖。在监察执法实践中，可能会出现有两个劳动保障行政部门都认为其有管辖权而产生争议的情况。为了妥善处理这种管辖权的争议，《监察条例》规定劳动保障行政部门对劳动保障监察管辖发生争议的，报请共同的上一级劳动保障行政部门指定管辖。

四、劳动监督检查的方式和措施

（一）劳动监督检查的方式

在实践中，劳动行政监督检查的工作方式主要有五种：（1）经常性地进行监督检查。对用人单位遵守劳动法的情况进行监督检查，是劳动行政部门的职责，要保障劳动法律规范准确有效地实施，监督检查工作必须做到经常化、制度化。有关工作人员应该经常到企业去检查、发现问题，以便及时处理。（2）集中力量进行突击性监督检查。这主要是针对在某一时期，某些用人单位贯彻执行劳动法普遍存在某种严重的问题，迫切需要改变这种状况，便可以组织力量进行突击性检查，利用强大的声势及时解决问题。（3）对重点单位进行监督检查。用人单位发生了伤亡事故，或者有关组织、劳动者检举、控告有违反劳动法行为的单位或个人，即应组织力量对该用人单位进行调查，及时作出处理。（4）实行年检。要求应接受检查的单位每年定期携带有关资料到劳动行政监督机构接受检查。（5）联合有关部门开展集中大检查。

上述五种方式各有其特点，应根据不同情况配合运用，使劳动监督检查工作既灵活多样，又扎扎实实地开展。

（二）劳动监督检查的措施

《监察条例》规定，劳动保障行政部门在实施劳动保障监察时有权采取以下措施：（1）进入用人单位的劳动场所进行检查；（2）就调查、检查事项询问有关人员；（3）要求用人单位提供与调查、检查事项相关的文件资料，并作出解释和说明，必要时可以发出调查询问书；（4）采取记录、录音、录像、照相或者复制等方式收集有关情况和资料；（5）委托会计师事务所对用人单位工资支付、缴纳社会保险费的情况进行审计；（6）法律、法规规定可以由劳动保障行政部门采取的其他调查、检查措施。劳动保障行政部门对事实清楚、证据确凿、可以当场处理的违反劳动保障法律、法规或者规章的行为有权当场予以纠正。

劳动监督检查机构及其工作人员在执行公务时，必须严格依法办事：（1）劳动监督检查人员进行调查、检查活动时，不得少于2人，并应当出示相关证件。（2）遵守有关法律、法规和规章，秉公执法，不徇私情。（3）进入生产场所进行实地检查时，应遵守相关的生产纪律和规章制度。（4）替被检查的单位和个人保守秘密。对于检查中知道的商业和技术秘密不得外传。

(5) 为检举和举报人员保密，对检举、举报人员反映的不宜公开的问题和被询问人的姓名等有关情况，要严守秘密。对违反上述规定事项者，应依法追究其法律责任。

五、劳动监督检查机构的处罚权

《劳动法》规定了劳动监督检查机构的处罚权，县级以上各级人民政府劳动行政主管部门对于违反劳动法律、法规的行为有权制止和纠正，并依法给予有关当事人行政处罚。

依照法律规定，劳动监督检查机构对违法行为的处罚措施主要有以下几种：(1) 警告、通报批评。这是给予违反劳动法律规范的行为人一种精神上的谴责和警戒的处罚方式，适用于情节显著轻微、并未造成实际后果的行为人。(2) 责令立即纠正。这种方式主要适用于有严重危险事故隐患的单位和其他可以及时纠正的违法行为。(3) 责令停产停业。这是对行为人从事某种行为的权利的剥夺。当行为人违反了劳动法律规范，经批评或在指定的限期内又不改正的，劳动行政部门有权责令其停产停业。(4) 罚款。这是强制行为人在一定期限内向国家缴纳一定数量货币的处罚形式，是具有经济制裁性质的行政处罚。这种形式在劳动行政处罚中运用广泛。(5) 吊销许可证。这是劳动行政部门对公民、法人或其他组织从事某种行为的权利的剥夺。当公民、法人或其他组织违反劳动法律规范，不再具备持有许可证的条件时，劳动行政部门可以予以吊销。在我国的劳动监督检查中，吊销许可证是一种重要的执法行为，涉及劳动就业、劳动力管理、职业介绍、职业培训和劳动保护等方面。

第三节　政府有关部门、工会组织等的监督检查

一、政府有关部门的监督检查

政府有关部门作为代表国家对所属部门、行业行使管理、行政监督职权的监督机构，不但要认真贯彻执行劳动法的内容，同时还要监督检查用人单位及

人员对劳动法执行的情况。政府有关部门的监督检查是我国劳动法监督检查体制中的重要方面。《劳动法》第八十七条规定：“县级以上各级人民政府有关部门在各自职责范围内，对用人单位遵守劳动法律、法规的情况进行监督。”

（一）用人单位主管部门的监督检查

用人单位的行政主管部门作为行政领导机关，有条件、有义务指导、监督用人单位遵守劳动法律、法规。用人单位的主管部门要建立、健全监督检查制度，总结评比制度；深入企业检查劳动法的执行情况；监督用人单位的劳动条件和安全卫生状况；负责组织对职工和有关人员的安全教育和培训工作；认真听取劳动部门、工会组织对所属用人单位在执行劳动法律、法规方面出现的问题，以及提出的意见或改进方案；对违法行为坚决制止和纠正，对有关责任人员给予处分等等。

（二）有关监督管理部门的监督检查

这主要是指工商、税务、审计、银行、卫生、防疫等监督管理部门结合自己的业务范围，充分利用管理职权对劳动法贯彻执行情况进行监督检查，对违反劳动法律、法规的行为，依法予以处理。如工商行政管理部门根据自己的权限范围，对企业违法行为依法吊销营业执照、责令停业整顿等。

二、国家司法机关的监督检查

国家司法机关在处理劳动争议，审理有关案件，发现违反劳动法律、法规的情况时，应及时依法予以处理。如检察机关和人民法院对严重违反劳动法构成犯罪的行为，可依法追究刑事责任。

三、工会组织的监督检查

工会是企业职工代表大会的工作机构，参与对执行劳动法律、法规情况的监督检查。工会的监督检查属于群众性的监督检查，是依法维护职工权益的重要表现。

工会对劳动法执行情况进行监督，是具有中国特色的一项劳动监督检查制度。《劳动法》第八十八条第一款规定：“各级工会依法维护劳动者的合法权益，对用人单位遵守劳动法律、法规的情况进行监督。”对用人单位遵守劳动法律、法规的情况进行监督既是《劳动法》赋予工会组织的神圣权力，也是工会工作的职责。1995 年 8 月 17 日中华全国总工会发布了《工会劳动法律监督试行办法》，对工会劳动法律监督工作的原则、权利、监督内容、机构设置、监督员条件及任命、监督工作方式等内容进行了详细规定。2001 年重新修正的《工会法》第三章“工会权利和义务”关于工会对用人单位执行劳动法律、法规的情况进行监督作出了明确规定。

工会在进行劳动法执行情况监督时，依法享有以下权利：（1）知情权。即工会具有了解用人单位执行劳动法律、法规情况的权利。（2）独立调查权。工会有权进行现场调查，了解情况、收集资料，听取各方面意见。（3）建议权。对于违反劳动法律、法规的用人单位，对职工权益造成损害的，工会并没有直接的行政处罚权，但有向相关部门建议处罚的建议权。（4）建议组织职工撤离危险现场的权利。工会在执行劳动法律、法规监督检查时，发现用人单位违章指挥、强令劳动者冒险作业，或者在生产过程中发现明显的重大事故隐患和职业危害，有权向用人单位提出建议，当发现危及职工生命安全的情况时，有权组织劳动者撤离现场。（5）参与事故调查，并向有关部门提出处理意见的权利。（6）运用舆论监督的权利等。

我国法律赋予工会劳动监督检查权具有重要意义。通过工会的监督检查，可以促使行政部门自觉贯彻执行国家劳动法律、法规和政策，及时制止和纠正违法行为，预防和避免劳动争议的发生。工会在监督检查劳动法的执行中处于十分重要的地位。

四、群众监督

《劳动法》第八十八条第二款规定：“任何组织和个人对于违反劳动法律、法规的行为有权检举和控告。”这一规定确立了对劳动法执行的群众监督。群众监督，是指劳动行政部门、政府有关部门、国家司法机关、工会组织以外的任何组织和个人对于执行劳动法律、法规的行为进行监督的法律制度。它是劳动监督检查的重要组成部分。对劳动法执行情况的监督检查直接关系到劳动者的劳动权利和物质利益，国家将对劳动法执行情况的监督检查权利不仅赋予有关国家机关，也把这一权利交给广大劳动者，从而可以使劳动者真正感到自己是国家的主人，更加关心企业的生产经营和经济效益，自觉遵守企业的规章制度和劳动纪律。同时，这也有利于进一步督促政府有关部门及其工作人员克服官僚主义，增强责任感，及时纠正违法失职行为。群众性监督不仅是对用人单位遵守劳动法律、法规情况的监督，也是对政府有关部门履行劳动监督检查职责情况的监督，其监督范围更加广泛，是监督检查之上的监督。群众监督的形式有如下几种：

（一）举报、投诉

举报、投诉制度是劳动保障监察工作的重要环节。任何组织或者个人对违反劳动保障法律、法规或者规章的行为可以向劳动保障行政部门举报。劳动者认为用人单位侵犯其劳动保障合法权益的，可以向劳动保障行政部门投诉。对举报用人单位违反劳动保障法律、法规或者规章行为的举报人，劳动保障行政部门要为其保密，并对为查处重大违法行为提供主要线索和证据的举报人，给予奖励；对劳动者认为用人单位侵犯其劳动保障合法权益的投诉，劳动保障行政部门应及时进行审查，属法定受理范围的，应依法履行保护其劳动保障权利的职责。

为提高劳动保障监察效率，引导劳动者及时正确地运用法律手段维护自身合法权益，对以下两种情况的投诉，劳动保障行政部门不予受理：一是劳动保障违法行为在2年内未被劳动保障行政部门发现，也未被举报、投诉的，劳动保障行政部门不再查处。二是对应当通过劳动争议处理程序解决的事项或者已经按照劳动争议处理程序申请调解、仲裁或者已经提起诉讼的事项，劳动保障行政部门应当告知投诉人依照劳动争议处理或者诉讼的程序办理。同时，劳动者与用人单位就赔偿发生争议的，依照国家有关劳动争议处理的规定处理。此类投诉属于应当通过劳动争议处理程序解决的事项，因此劳动保障行政部门不予受理。

（二）新闻监督

群众监督，包括新闻监督，新闻传媒在信息社会发挥着越来越突出的作用，其影响力是其他群众监督所无法比拟的。通过新闻媒体对用人单位违反劳动法律、法规，严重侵害劳动者合法权益事件的曝光，既可以直接对违法行为的当事人制造压力，同时，也可协助有关行政部门查处违法行为。

（三）社会团体等群众性组织进行的监督

共青团、妇联等组织是群众性自治组织，这些组织密切联系相关群众，能够反映群众呼声，充分代表群众利益。上述组织有权对劳动法律、法规的执行情况进行监督，充分发挥这些组织在劳动监督检查中的重要作用是十分必要的。

思 考 题

1. 劳动监督检查具有哪些重要意义？

2. 劳动保障监察的具体事项有哪些？

3.《监察条例》关于劳动保障监察管辖权是如何规定的？

4. 有关部门在实施劳动保障监察时有权采取哪些措施？

5. 劳动监督检查机构对违法行为的处罚措施主要有哪些？

6. 工会在进行劳动法执行情况监督时依法享有哪些权利？

第十三章 法律责任

第一节 违反劳动法法律责任概述

一、违反劳动法法律责任的概念

违反劳动法的法律责任，是指用人单位和劳动者等各种劳动法主体因违反劳动法而依法应当承担的法律后果。

违反劳动法的法律责任，其含义包括以下四个方面：（1）承担法律责任的是法律关系中的主体，即自然人或企业、事业等用人单位，也可能是中介组织、临时性组织和政府有关部门。政府有关部门违法的法律后果由该部门中实施违法行为的直接负责的主管人员和其他直接责任人员承担。（2）承担法律责任的核心要件即法律关系主体实施的违法行为，即有法律事实。没有违法的法律事实，就不存在承担法律责任问题。是否属于违法行为，应以国家法律规定为依据。（3）法律责任是一种消极的法律后果，即一种法律上的惩罚。（4）法律责任只能由有权的国家机关依法予以追究。它体现了法律规范具有的国家强制力。只有在法律规范中明确地规定具体的法律责任，才能保证法律关系主体权利和义务的实现。

二、法律责任的承担条件

一般而言，承担法律责任应当具备如下条件：

首先，行为人有责任能力。即行为人具有承担法律责任的行为能力，它通常包含在劳动法主体的法律资格之中，只要是具有劳动法主体资格的单位或个人，就认为具有责任能力。

其次，行为人有违反劳动法的作为或不作为。即行为人已实施违反劳动法律、法规、劳动合同、集体合同或内部劳动规则所规定的义务，表现为作为或不作为形式的行为。

再次，行为人的行为造成或足以造成一定的社会危害。其危害对象（受害者），既可能是劳动者或用人单位，也可能是国家、社会，或劳动关系当事人以外的特定单位或个人；其危害形式表现为给受害人造成一定损失，或者使受害人有遭受一定损失之危险；其危害发生，归因于违反劳动法行为，即危害后果与违反劳动法行为之间存在因果关系。

最后，行为人有过错。即行为人实施违反劳动法行为时具有故意或过失的心理状态。行为人主观上有过错，在一般情况下是其承担法律责任的必要条件，但是，法律有特别规定的除外。

三、法律责任的形式

《劳动法》第十二章规定的法律责任种类包括行政责任、民事责任和刑事责任三种。

（一）行政责任

行政责任是指用人单位行政管理人员或劳动者违反劳动法律、法规或内部劳动规章的规定，引起行政上必须承担的法律后果。因其性质属于轻微违法、失职或违反内部纪律，应依法给予行政制裁。行政制裁的形式可分为以下几种：

1. 行政处分，也称纪律处分，指对用人单位行政管理人员及其所属的工作人员、国家行政管理机关工作人员违反劳动法律、法规、规章，情节轻微，不够追究刑事责任而给予的一种行政制裁。它的种类、权限、程序由国家有关法律、法规规定。

2. 行政处罚。行政处罚是指劳动行政机关或者有关部门对用人单位违反劳动法律、法规而进行的处罚。为保证我国《劳动法》的贯彻实施，依法对违反《劳动法》的行为进行处罚，劳动部于1994年12月26日颁发了《违反〈中华人民共和国劳动法〉行政处罚办法》（以下简称《处罚办法》），其中明确规定行政处罚的形式主要有：（1）罚款。指对违法者给予的经济性惩罚。罚款的具体办法和数额，由单项劳动法律、法规或地方法规规定。罚款不能计入成本，应从用人单位留用资金中列支。执行罚款的机关应将罚款全部上缴财政。（2）责令改正。指对违法者给予的必须立即纠正其违法行为的一种强制性措施。在给予责令改正处罚时，可以并处罚款。（3）责令停产整顿。指对违法者给予一种限其在一定时间内停止生产以纠正违法行为的一种处罚，其特点是必须停止生产。《劳动法》第九十二条规定，用人单位的劳动安全设施和劳动卫生条件不符合国家规定或者未向劳动者提供必要的劳动保护用品和劳动保护设施，情节严重的，责令停产整顿。（4）吊销营业执照。指对违法者给予的终止生产经营资格的严厉处罚。它引起的直接法律后果是取消主体资格，停止一切生产经营活动，用人单位随之消亡。以上行政处罚，均应采用书面形式。

3. 治安管理处罚。治安管理处罚是指行使治安管理处罚权的国家公安机关依据《中华人民共和国治安管理处罚法》的规定，给予用人单位的一种特殊的行政处罚。它一般分为警告、罚款、行政拘留、吊销公安机关发放的许可证四种处罚。对于违反治安管理的外国人，可以附加适用限期出境或者驱逐出境。

（二）民事责任

民事责任是违法行为人依法应当承担的向违法行为相对人以给付一定财产、作出一定行为等履行债务的方式恢复其特定权益的法律责任。表现为赔偿损失、经济补偿、补发工资等劳动待遇、补缴保险费、强制继续履行合同、停止侵权行为、提供安全卫生条件等多种形式。劳动法中的民事责任，较之一般民事责任具有以下特点：

1. 以法定责任为主、约定责任为辅。违法行为人应当承担的民事责任，大多由有关法规直接规定其具体形式和标准，当事人之间关于民事责任的约定必须与法定的形式和标准相符，许多国家还禁止在劳动合同中就违约金、赔偿金的数额作出约定。

2. 劳动者和用人单位承担责任的原则不尽相同。例如，劳动者承担民事责任普遍适用过错责任原则，用人单位承担民事责任在许多场合适用无过错责任原则。又如，劳动者承担赔偿责任一般适用合理赔偿（或称酌情赔偿）原则，赔偿额可适当小于实际损失额；用人单位承担赔偿责任则适用等额（或称全额）赔偿原则，要求赔偿额与损失额相符。

3. 以责令支付作为实现民事责任的主要方式。根据《劳动法》和有关法规的规定，补发工资、支付经济补偿、赔偿损失等民事责任形式，都可由劳动行政部门以责令支付的方式来实现。这就使民事责任兼有行政责任实现方式的特色。

4. 要求采用某些特殊的民事责任形式。即某些民事责任形式为劳动法所特有，例如，向劳动者支付经济补偿金、为劳动者或其亲属提供物质帮助等。

（三）刑事责任

刑事责任是指用人单位的行政管理人员或劳动者严重违反劳动法律、法规，造成严重后果，以致触犯刑律、构成犯罪应承担的法律责任。在法律责任中，它是最严厉的一种惩罚形式。凡是违反劳动法的严重程度达到触犯刑法、构成犯罪的行为，都必须由司法机关依法追究刑事责任。在实践中，违反劳动法的犯罪行为，大多是用人单位及其管理人员违反劳动安全卫生、禁止使用童工、保护劳动者民主权利和人身自由、维护劳动监察秩序等方面法律规定且情节严重的行为；劳动者违反劳动纪律或劳动安全卫生规程且造成严重后果的行为；有关公务人员在劳动行政管理中，严重渎职或者挪用社会保险基金且情节严重的行为等。对用人单位违反劳动法的犯罪行为，应按照单位犯罪的处罚原则，追究单位及其直接负责的主管人员和其他直接责任人员的法律责任。

第二节　用人单位违反劳动法的法律责任

用人单位违反劳动法的法律责任，是指用人单位违反劳动法所导致的依法应当由用人单位及其责任人员承担的法律后果。在《劳动法》的法律责任一章中，主要规定了用人单位的法律责任（在该章17个条文中占了13条），这是由用人单位在劳动关系中所处的特殊地位决定的。为了保证劳动法的贯彻实施，有效地制裁违反劳动法的行为，《处罚办法》、《劳动合同法》等对用人单位违反劳动法的法律责任作了更为具体的规定。根据上述有关规定，用人单位违反劳动法的法律责任主要包括以下几个方面：

一、违反《劳动合同法》的法律责任

根据《劳动合同法》的规定，用人单位违反《劳动合同法》应承担法律责任的情形主要包括：

1. 用人单位直接涉及劳动者切身利益的规章制度违反法律、法规规定的，由劳动行政部门责令改正，给予警告；给劳动者造成损害的，应当承担赔偿责任。

2. 用人单位提供的劳动合同文本未载明《劳动合同法》规定的劳动合同必备条款或者用人单位未将劳动合同文本交付劳动者的，由劳动行政部门责令改正；给劳动者造成损害的，应当承担赔偿责任。

3. 用人单位自用工之日起超过1个月不满1年未与劳动者订立书面劳动合同的，应当向劳动者每月支付两倍的工资。用人单位违反规定不与劳动者订立无固定期限劳动合同的，自应当订立无固定期限劳动合同之日起向劳动者每月支付两倍的工资。

4. 用人单位违反规定与劳动者约定试用期的，由劳动行政部门责令改正；违法约定的试用期已经履行的，由用人单位以劳动者试用期满月工资为标准，按已经履行的超过法定试用期的期间向劳动者支付赔偿金。

5. 用人单位违反规定，扣押劳动者居民身份证等证件的，由劳动行政部门责令限期退还劳动者本人，并依照有关法律规定给予处罚。用人单位违反规定，以担保或者其他名义向劳动者收取财物的，由劳动行政部门责令限期退还劳动者本人，并以每人500元以上2000元以下的标准处以罚款；给劳动者造成损害的，应当承担赔偿责任。劳动者依法解除或者终止劳动合同，用人单位扣押劳动者档案或者其他物品的，依照规定处罚。

6. 用人单位有下列情形之一的，由劳动行政部门责令限期支付劳动报酬、加班费或者经济补偿；劳动报酬低于当地最低工资标准的，应当支付其差额部分；逾期不支付的，责令用人单位按应付金额50%以上100%以下的标准向劳动者加付赔偿金：（1）未按照劳动合同的约定或者国家规定及时足额支付劳动者劳动报酬的；（2）低于当地最低工资标准支付劳动者工资的；（3）安排加班不支付加班费的；（4）解除或者终止劳动合同，未依法向劳动者支付经济补偿的。

7. 由于用人单位的过错致使劳动合同被确认无效，给劳动者造成损害的，用人单位应当承担赔偿责任。

8. 用人单位违反《劳动合同法》规定解除或者终止劳动合同的，应当依照《劳动合同法》第四十七条规定的经济补偿标准的2倍向劳动者支付赔偿金。

9. 用人单位有下列情形之一的，依法给予行政处罚；构成犯罪的，依法追究刑事责任；给劳动者造成损害的，应当承担赔偿责任：（1）以暴力、威胁或者非法限制人身自由的手段强迫劳动的；（2）违章指挥或者强令冒险作业危及劳动者人身安全的；（3）侮辱、体罚、殴打、非法搜查或者拘禁劳动者的；（4）劳动条件恶劣、环境污染严重，给劳动者身心健康造成严重损害的。

10. 用人单位违反《劳动合同法》规定未向劳动者出具解除或者终止劳动合同的书面证明，由劳动行政部门责令改正；给劳动者造成损害的，应当承担赔偿责任。用人单位招用与其他用人单位尚未解除或者终止劳动合同的劳动者，给其他用人单位造成损失的，应当承担连带赔偿责任。

此外，劳务派遣单位违反《劳动合同法》规定的，由劳动行政部门和其他有关主管部门责令改正；情节严重的，以每人1000元以上5000元以下的标准处以罚款，并由工商行政管理部门吊销营业执照；给被派遣劳动者造成损害的，劳务派遣单位与用工单位承担连带赔偿责任。

对不具备合法经营资格的用人单位的违法犯罪行为，依法追究法律责任；劳动者已经付出劳动的，该单位或者其出资人应当依照《劳动合同法》有关规定向劳动者支付劳动报酬、经济补偿、赔偿金；给劳动者造成损害的，应当承担赔偿责任。

个人承包经营违反《劳动合同法》规定招用劳动者，给劳动者造成损害的，发包的组织与个人承包经营者承担连带赔偿责任。

二、违反工作时间规定的法律责任

用人单位未与工会和劳动者协商，强迫劳动者延长工作时间的，由劳动行政部门给予警告，责令改正，并可按每名劳动者每延长工作时间1小时罚款100元以下的标准处以罚款。

用人单位每日延长劳动者工作时间超过3小时或每月延长工作时间超过36小时的，由劳动行政部门给予警告，责令改正，并可按每名劳动者每超过工作时间1小时罚款100元以下的标准处以罚款。

三、侵害劳动者经济权利的法律责任

用人单位克扣或者无故拖欠劳动者工资、拒不支付劳动者延长工作时间工资报酬、低于当地最低工资标准支付劳动者工资、解除劳动者合同后未按照规定给予劳动者经济补偿的，由劳动行政部门责令支付劳动者的工资报酬、经济补偿，并可责令按相当于支付劳动者工资报酬、经济补偿总和的1~5倍支付劳动者赔偿金。

四、违反劳动安全卫生法律规范的法律责任

1. 用人单位的劳动安全设施和劳动卫生条件不符合国家规定或者未向劳动者提供必要的劳动保护用品和劳动保护设施的，由劳动行政部门或者有关部门责令改正，可以处以罚款；情节严重的，提请县级以上人民政府决定责令停产整顿。

2. 用人单位对事故隐患不采取措施，致使发生重大事故，造成劳动者生命和财产损失的，对责任人员按照刑法有关规定追究刑事责任。

3. 用人单位强令劳动者违章冒险作业，发生重大伤亡事故，造成严重后果的，对责任人员依法追究刑事责任。

为了进一步具体、明确地规定用人单位违反劳动安全卫生法规的责任，国家制定、颁布了《安全生产法》、《安全生产许可证条例》、《职业病防治法》、《使用有毒物品作业场所劳动保护条例》等一系列法律、法规，其中关于法律责任规定的主要内容有：

（一）违反《安全生产法》的法律责任

按照规定，未经依法批准，擅自生产、经营、储存危险物品的，责令停止违法行为或者予以关闭，没收违法所得；违法所得 10 万元以上的，并处违法所得 1 倍以上 5 倍以下的罚款；没有违法所得或者违法所得不足 10 万元的，单处或者并处 2 万元以上 10 万元以下的罚款；造成严重后果，构成犯罪的，依照刑法有关规定追究刑事责任。

生产经营单位主要负责人在本单位发生重大生产安全事故时，不立即组织抢救或者在事故调查处理期间擅离职守或者逃匿的，给予降职、撤职的处分，对逃匿的处 15 日以下拘留；构成犯罪的，依照刑法有关规定追究刑事责任。生产经营单位主要负责人对生产安全事故隐瞒不报、谎报或者拖延不报的，也依此规定处罚。

生产经营单位发生生产安全事故造成人员伤亡、他人财产损失的，应当依法承担赔偿责任；拒不承担或者其负责人逃匿的，由人民法院依法强制执行。生产安全事故的责任人未依法承担赔偿责任，经人民法院依法采取执行措施后，仍不能对受害人给予足额赔偿的，应当继续履行赔偿义务；受害人发现责任人有其他财产的，可以随时请求人民法院执行。

（二）违反《安全生产许可证条例》的法律责任

对未取得安全生产许可证擅自进行生产的，责令停止生产，没收违法所

得，并处10万元以上50万元以下的罚款；造成重大事故或者其他严重后果，构成犯罪的，依法追究刑事责任。对过期未办延期手续，继续进行生产的，责令停止生产，限期补办延期手续，没收违法所得，并处5万元以上10万元以下的罚款；逾期仍不办理延期手续，处10万元以上50万元以下的罚款。

（三）违反《职业病防治法》的法律责任

用人单位和医疗卫生机构未按照规定报告职业病、疑似职业病的，由卫生行政部门责令限期改正，给予警告，可以并处1万元以下的罚款；弄虚作假的，并处2万元以上5万元以下的罚款；对直接负责的主管人员和其他直接责任人员，可以依法给予降级或者撤职的处分。

用人单位违反规定，已经对劳动者生命健康造成严重损害的，由卫生行政部门责令停止产生职业病危害的作业，或者提请有关人民政府按照国务院规定的权限责令关闭，并处10万元以上30万元以下的罚款；造成重大职业病危害事故或者其他严重后果，构成犯罪的，对直接负责的主管人员和其他直接责任人员，依法追究刑事责任。

（四）违反《使用有毒物品作业场所劳动保护条例》的法律责任

该《条例》规定，用人单位有以下情形之一的，由卫生行政部门给予警告，责令限期改正，处10万元以上50万元以下的罚款；逾期不改正的，提请有关人民政府按照国务院规定的权限责令停建、予以关闭；造成严重职业中毒危害或者导致职业中毒事故发生的，对负有责任的主管人员和其他直接责任人员依照刑法关于重大安全事故罪或者其他罪的规定，依法追究刑事责任：（1）可能产生职业中毒的建设项目，未依照《职业病防治法》的规定进行职业中毒危害预评价，或者预评价未经卫生行政部门审核同意，擅自开工的；（2）职业卫生防护设施未与主体工程同时设计、同时施工、同时投入生产和使用的；（3）建设项目竣工，未进行职业中毒危害控制效果评价，或者未经卫生行政部门验收或者验收不合格，擅自投入使用的；存在高毒作业的建设项目的防护设施设计未经卫生行政部门审查同意，擅自施工的。

用人单位有以下情形之一的，由卫生行政部门给予警告，责令限期改正，处5000元以上2万元以下的罚款；逾期不改正的，责令停止使用有毒物品作业，或者提请有关人民政府按照国务院规定的权限予以关闭；造成严重职业中毒危害或者导致职业中毒事故发生的，对负有责任的主管人员和其他直接责任人员依照刑法关于重大劳动安全事故罪、危险物品肇事罪或者其他罪的规定，依法追究刑事责任：（1）使用有毒物品作业场所未与生活场所分开或者在作业场所住人的；（2）未将有害作业与无害作业分开的；（3）高毒作业场所未与其他作业场所有效隔离的；（4）从事高毒作业未按照规定配备应急救援设施或者制定事故应急救援预案的。

五、违反女工和未成年工特殊保护规定的法律责任

1. 用人单位安排女工从事矿山、井下、国家规定的第四级体力劳动强度的劳动和其他禁忌从事的劳动；安排女工在经期从事高处、低温、冷水作业和国家规定的第三级体力劳动强度的劳动；安排女工在哺乳未满1周岁的婴儿期间从事国家规定的第三级以上体力劳动强度的劳动和哺乳期禁忌从事的其他劳动及安排其延长工作时间和夜班劳动的，由劳动行政部门责令改正，并按每侵害1名女工罚款3000元以下的标准处以罚款。

2. 用人单位安排女工在怀孕期间从事国家规定的第三级以上体力劳动强度的劳动和孕期禁忌从事的劳动的；安排怀孕7个月以上的女工延长工作时间和从事夜班劳动的，由劳动行政部门责令改正，并按每侵害1名女工罚款3000元以下的标准处以罚款。

3. 用人单位安排未成年工从事矿山、井下、有毒有害、国家规定的第四级体力劳动强度的劳动和其他禁忌从事的劳动的，由劳动行政部门责令改正，并按每侵害1名未成年工罚款3000元以下的标准处以罚款。

4. 用人单位未按规定对未成年工进行健康检查的，由劳动行政部门责令限期改正；逾期不改的，按每侵害1名未成年工罚款3000元以下的标准处以罚款。

六、非法招用童工的法律责任

为切实保护未满16周岁的未成年人，我国《劳动法》第九十四条规定：“用人单位非法招用未满16周岁的未成年人的，由劳动行政部门责令改正，处以罚款；情节严重的，由工商行政管理部门吊销营业执照。”《禁止使用童工规定》对用人单位非法招用童工的行为进一步明确、具体规定了处理办法和应负的法律责任。主要内容有：

用人单位使用童工的，由劳动保障行政部门按照每使用一名童工每月处5000元罚款的标准给予处罚；在使用有毒物品的作业场所使用童工的，按照《使用有毒物品作业场所劳动保护条例》规定的罚款幅度，或者按照每使用一名童工每月处5000元罚款的标准，从重处罚。劳动保障行政部门并应当责令

用人单位限期将童工送回原居住地交其父母或者其他监护人，所需交通和食宿费用全部由用人单位承担。

用人单位经劳动保障行政部门责令限期改正，逾期仍不将童工送交其父母或者其他监护人的，从责令限期改正之日起，由劳动保障行政部门按照每使用一名童工每月处1万元罚款的标准处罚，并由工商行政管理部门吊销其营业执照或者由民政部门撤销民办非企业单位登记；用人单位是国家机关、事业单位的，由有关单位依法对直接负责的主管人员和其他直接责任人员给予降级或者撤职的行政处分或者纪律处分。

单位或者个人为不满16周岁的未成年人介绍就业的，由劳动保障行政部门按照每介绍一人处5000元罚款的标准予以处罚；职业中介机构为不满16周岁的未成年人介绍就业的，由劳动保障行政部门吊销其职业介绍许可证。

用人单位未按照规定保存录用登记材料，或者伪造录用登记材料的，由劳动保障行政部门处1万元的罚款。

无营业执照、被依法吊销营业执照的单位以及未依法登记、备案的单位使用童工或者介绍童工就业的，按以上规定的标准加一倍罚款，该非法单位由有关行政主管部门予以取缔。

童工患病或者受伤的，用人单位应当负责送到医疗机构治疗，并负担治疗期间的全部医疗和生活费用。童工伤残或者死亡的，用人单位由工商行政管理部门吊销营业执照或者由民政部门撤销民办非企业单位登记；用人单位是国家机关、事业单位的，由有关单位依法对直接负责的主管人员和其他直接责任人员给予降级或者撤职的行政处分或者纪律处分。用人单位还应当一次性地对伤残的童工、死亡童工的直系亲属给予赔偿，赔偿金额按照国家工伤保险的有关规定计算。

拐骗童工、强迫童工劳动，使用童工从事高空、井下、放射性、高毒、易燃易爆以及国家规定的第四级体力劳动强度的劳动，使用不满14周岁的童工，或者造成童工死亡或严重伤残的，依照刑法关于拐卖儿童罪、强迫劳动罪或者其他罪的规定，依法追究刑事责任。

七、侵犯劳动者人身权利的法律责任

用人单位以暴力、威胁或者非法限制人身自由的手段强迫劳动，或侮辱、体罚、殴打、非法搜查和拘禁劳动者的，由公安机关对责任人员处以15日以

下拘留、罚款或警告；构成犯罪的，对责任人员追究刑事责任。我国《刑法》第二百四十四条规定了强迫劳动罪。按照该条规定，用人单位违反劳动管理法规，以限制人身自由方法强迫职工劳动，情节严重的，对直接责任人员，处3年以下有期徒刑或者拘役，并处或者单处罚金。

八、违反社会保险规定的法律责任

用人单位无故不缴纳社会保险费的，由劳动行政部门责令其限期缴纳；逾期不缴的，除责令限期补交所欠款额外，可以按每日加收所欠款额千分之二的滞纳金。

九、无理阻挠行政监督的法律责任

用人单位无理阻挠劳动行政部门、有关部门及其工作人员行使监督权，打击报复举报人员的，由劳动行政部门处以1万元以下罚款；构成犯罪的，对责任人员追究刑事责任。根据有关规定，用人单位的下列行为属于“无理阻挠”：(1) 阻止劳动监督检查人员进入用人单位内（包括进入劳动现场）进行监督检查的； (2) 隐瞒事实真相，出具伪证，或者隐匿、毁灭证据的；(3) 拒绝提供有关资料的；(4) 拒绝在规定的时间和地点就劳动行政部门所提出问题作出解释和说明的；(5) 法律、法规和规章规定的其他情况。

对用人单位数种违法行为应分别处罚，合并执行；不能合并执行的可以从重处罚；对用人单位数次违法的可以加重处罚（可按原罚款标准的2~5倍计算罚款金额）。用人单位对行政处罚不服的，可以依照规定申请复议或起诉；复议和起诉期间不影响行政处罚决定的执行。

第三节 劳动者违反劳动法的法律责任

这是指劳动者因违反劳动法所应承担的法律后果。我国《劳动法》第一百零二条规定：“劳动者违反本法规定的条件解除劳动合同或者违反劳动合同中约定的保密事项，对用人单位造成损失的，应当依法承担赔偿责任。”《劳动合同法》第九十条也规定：“劳动者违反本法规定解除劳动合同，或者违反劳动合同中约定的保密义务或者竞业限制，给用人单位造成损失的，应当承担赔偿责任。”在实践中，劳动者违反劳动法的法律责任主要由劳动合同和作为其附件的内部劳动规则，以及集体合同规定。这种责任是一种民事责任，实行的是过错责任原则，即劳动者因违反劳动法而承担法律责任，必须以主观上有过错为要件。劳动者违反劳动法的法律责任具体包括以下几个方面：

一、擅自解除劳动合同的法律责任

劳动者违反法定或约定的劳动合同解除条件或程序，而单方解除劳动合同，违法辞职的，应根据不同情况或补办手续或继续履行合同；对用人单位造成损失的，应依法予以赔偿。根据《违反〈劳动法〉有关劳动合同规定的赔偿办法》的规定，具体赔偿内容包括：（1）用人单位招收录用其所支付的费用；（2）用人单位为其支付的培训费用，双方另有约定的按约定办理；（3）对生产、经营和工作造成的直接经济损失；（4）劳动合同约定的其他赔偿费用。

二、违反约定保密条款的法律责任

劳动者违反劳动合同关于保守用人单位商业秘密的约定，在保密期内将自己在劳动过程中所掌握的商业秘密，披露给保密范围以外的人，在保密范围以外使用，以及允许保密范围以外的人使用的，对其行为应责令停止；给用人单位造成经济损失的，按《反不正当竞争法》第二十条的规定给予赔偿；构成侵犯商业秘密罪的，应当依据《刑法》第二百一十九条规定追究刑事责任。

三、在尚未与原用人单位解除劳动合同的前提下，又与第三人签订劳动合同的法律责任

劳动者在尚未与原用人单位解除劳动合同的前提下，又与第三人签订劳动合同，以致给原用人单位造成经济损失，该劳动者应当承担直接的赔偿责任。此外，第三人应当向原用人单位依法承担连带赔偿责任。其连带赔偿的份额应不低于给原用人单位造成的经济损失总额的70%。向原用人单位赔偿的范围包括：（1）对原用人单位的生产、经营和工作造成的直接经济损失；（2）因获取原用人单位的商业秘密且给原用人单位造成了经济损失，按《反不正当竞争法》第二十条的规定执行。

四、违反劳动纪律的法律责任

劳动者违反劳动纪律，按《企业职工奖惩条例》的规定，给予行政处分和经济处罚。行政处分包括警告、记过、记大过、降级、撤职、留用察看、开除等。在给予行政处分的同时，可以给予一次性罚款。如果劳动者违法情节和社会危害性严重，构成犯罪的，应依法追究刑事责任。

第四节　政府有关部门及其工作人员等违反劳动法的法律责任

一、政府有关部门及其工作人员渎职行为的法律责任

《劳动法》第一百零三条规定："劳动行政部门或者有关部门的工作人员滥用职权、玩忽职守、徇私舞弊的，给予行政处分；构成犯罪的，依法追究刑事责任。"《劳动合同法》第九十五条规定："劳动行政部门和其他有关主管部门及其工作人员玩忽职守、不履行法定职责，或者违法行使职权，给劳动者或者用人单位造成损害的，应当承担赔偿责任；对直接负责的主管人员和其他直接责任人员，依法给予行政处分；构成犯罪的，依法追究刑事责任。"对上述人员的犯罪行为适用我国《刑法》第三百九十七条关于滥用职权罪和玩忽职守罪的规定。按照该条规定，国家机关工作人员滥用职权或者玩忽职守，致使公共财产、国家和人民利益遭受重大损失的，处 3 年以下有期徒刑或者拘役；情节特别严重的，处 3 年以上 7 年以下有期徒刑。国家机关工作人员徇私舞弊犯滥用职权罪和玩忽职守罪的，处 5 年以下有期徒刑或者拘役；情节特别严重的，处 5 年以上 10 年以下有期徒刑。

在我国，不少劳动法规中都对国家机关工作人员的法律责任作了具体规定。例如，《禁止使用童工规定》第十二条规定："国家行政机关工作人员有下列行为之一的，依法给予记大过或者降级的行政处分；情节严重的，依法给予撤职或者开除的行政处分；构成犯罪的，依照刑法关于滥用职权罪、玩忽职守罪或者其他罪的规定，依法追究刑事责任：（1）劳动保障等有关部门工作人员在禁止使用童工的监督检查工作中发现使用童工的情况，不予制止、纠

正、查处的；(2) 公安机关的人民警察违反规定发放身份证或者在身份证上登录虚假出生年月日的；(3) 工商行政管理部门的工作人员发现申请人是不满16周岁的未成年人，仍然为其从事个体经营发放营业执照的。”

二、挪用社会保险基金的法律责任

我国社会保险基金是丧失劳动能力或者职业中断的劳动者的“活命钱”，必须做到专款专用，任何组织和个人都不得挪用。《劳动法》第一百零四条规定：“国家工作人员和社会保险基金经办机构的工作人员挪用社会保险基金，构成犯罪的，依法追究刑事责任。”此类犯罪适用我国《刑法》第三百八十四条关于挪用公款罪的规定。按照该条规定，构成挪用公款罪的，处5年以下有期徒刑或者拘役；情节严重的，处5年以上有期徒刑。挪用公款数额巨大不退还的，处10年以上有期徒刑或者无期徒刑。

三、职业介绍机构从事违法职业中介的法律责任

针对当前职业介绍机构从事违法职业中介，侵犯劳动者的合法权益现象，《就业促进法》规定了职业介绍机构从事违法职业中介的法律责任：(1) 地方各级人民政府和有关部门、公共就业服务机构举办经营性的职业中介机构，从事经营性职业中介活动，向劳动者收取费用的，由上级主管机关责令限期改正，将违法收取的费用退还劳动者，并对直接负责的主管人员和其他直接责任人员依法给予处分；(2) 职业中介机构提供虚假就业信息，为无合法证照的用人单位提供职业中介服务，伪造、涂改、转让职业中介许可证的，由劳动行政部门或者其他主管部门责令改正；有违法所得的，没收违法所得，并处1万元以上5万元以下的罚款；情节严重的，吊销职业中介许可证；(3) 职业中介机构扣押劳动者居民身份证等证件的，由劳动行政部门责令限期退还劳动者，并依照有关法律规定给予处罚。职业中介机构向劳动者收取押金的，由劳动行政部门责令限期退还劳动者，并以每人500元以上2000元以下的标准处以罚款；(4) 未经许可和登记，擅自从事职业中介活动的，由劳动行政部门或者其他主管部门依法予以关闭；有违法所得的，没收违法所得，并处1万元以上5万元以下的罚款。

思考题

1. 用人单位违反《劳动合同法》应承担法律责任的情形有哪些？
2. 用人单位违反《安全生产法》应如何承担法律责任？
3. 用人单位违反女工和未成年工特殊保护规定的法律责任有哪些？
4. 用人单位非法招用童工应如何承担法律责任？
5. 劳动者违反劳动法的法律责任包括哪些方面？
6.《就业促进法》对职业介绍机构的法律责任是如何规定的？

第十四章　劳动争议的处理

第一节　劳动争议的处理概述

一、劳动争议的概念

劳动争议，也称“劳动纠纷”、“劳资争议”，是指用人单位与劳动者之间因劳动权利和劳动义务所发生的争议。劳动争议是劳动关系不协调的表现，是劳动者与用人单位之间的利益矛盾。劳动争议不同于一般的民事纠纷，劳动争议具有如下法律特征：

1. 劳动争议必须是发生在劳动法律关系主体之间的争议。也就是说，劳动争议的双方必须是用人单位和与之形成劳动关系的劳动者之间产生的纠纷。至于企业、事业单位、社会团体相互之间产生的争议，因没有形成劳动关系，所以不属于劳动争议。

2. 劳动争议的内容必须是因执行劳动法律、法规或履行劳动合同、集体合同过程中引起的有关劳动权利、劳动义务方面的冲突。

3. 劳动争议的标的必须是劳动法律关系中权利和义务共同指向的对象，不包含主体双方以其他标的为内容的争议。劳动争议标的范围包括：因企业开除、除名、辞退职工和职工辞职、自动离职发生的争议；因执行有关工资、保险、福利、培训、劳动保护的规定发生的争议；因履行劳动合同发生的争议；因认定无效劳动合同、特定条件下订立劳动合同发生的争议；因职工流动发生的争议；因用人单位裁减人员发生的争议；因经济补偿和赔偿发生的争议；因履行集体合同发生的争议；因用人单位录用职工非法收费发生的争议；法律、法规规定应当受理的劳动争议。只有发生在特定的主体之间、特定标的的争议，才属于劳动争议。

由于劳动关系主体对劳动各方面的认识不同，以及劳动领域中存在的利益差别和各种因素的影响，特别是在市场经济条件下，劳动关系发生了很大变化，出现了许多新的特点，使得劳动争议是不可避免的。因此，加强劳动争议的法律调整，完善劳动争议处理制度，对于协调我国的劳动关系，保障社会安定以及促进经济建设都有着重要的作用。

自1987年7月劳动争议处理制度恢复以来，我国的劳动争议案件持续大幅度上升，劳动争议案件的增长幅度远远超过民事纠纷的增长幅度。最近几年，集体劳动争议的规模不断扩大，因为企业关闭、破产职工安置、改制改组企业劳动关系处理、部分非国有企业恶意拖欠职工工资，特别是拖欠农民工工资等引发的集体劳动争议成为劳动争议处理工作的重点。近年来，引发劳动争议案件的原因由以前的开除、除名、辞退等行政处罚为主，转变为以追索劳动报酬、保险福利、解除劳动合同经济补偿等经济利益为主。建立一套科学的劳动争议处理体制，及时解决劳动争议，协调劳动关系，为我国的改革开放创造稳定的社会环境，是劳动法制建设的一项重要任务。

为了正确审理劳动争议案件，国务院于1993年7月6日发布了《中华人民共和国企业劳动争议处理条例》（以下简称《条例》），自1993年8月1日起施行。根据《劳动法》和《民事诉讼法》等相关法律的规定，最高人民法院于2001年4月16日公布了《关于审理劳动争议案件适用法律若干问题的解释》（以下简称《解释》），并自2001年4月30日起施行。2006年7月10日最高人民法院又通过了《关于审理劳动争议案件适用法律若干问题的解释（二）》（以下简称《解释（二）》），自2006年10月1日起施行。2007年12月29日，第十届全国人民代表大会常务委员会第三十一次会议通过了《中华人民共和国劳动争议调解仲裁法》（以下简称《劳动争议调解仲裁法》），自2008年5月1日起施行。上述法律、法规和司法解释，为及时、公正地处理劳动争议提供了重要法律依据。

二、劳动争议的范围

根据《劳动法》和《条例》的规定，我国现阶段受理劳动争议的范围是境内企业与职工之间发生的下列争议：（1）因开除、除名、辞退违纪职工和职工辞职、自动离职发生的争议；（2）因执行国家有关工资、保险、福利、培训、劳动保护的规定发生的争议；（3）因履行劳动合同发生的争议；（4）因履行集体合同发生的争议；（5）法律、法规规定的其他劳动争议。此外，根据《解释》的规定，劳动者与用人单位之间没有订立书面劳动合同，但已形成劳动关系后发生的纠纷，以及劳动者退休后，与尚未参加社会保险统筹的原用人单位因追索养老金、医疗费、工伤保险待遇和其他社会保险费而发生的纠纷，也属于劳动争议。

《劳动争议调解仲裁法》进一步明确了劳动争议的范围包括：（1）因确认劳动关系发生的争议；（2）因订立、履行、变更、解除和终止劳动合同发生的争议；（3）因除名、辞退和辞职、离职发生的争议；（4）因工作时间、休息休假、社会保险、福利、培训以及劳动保护发生的争议；（5）因劳动报酬、工伤医疗费、经济补偿或者赔偿金等发生的争议；（6）法律、法规规定的其他劳动争议。与《劳动法》和《企业劳动争议处理条例》规定的劳动争议范围相比，《劳动争议仲裁法》增加了因确认劳动关系发生的争议，因工作时间、休息休假发生的争议，以及因劳动报酬、工伤医疗费、经济补偿或者赔偿金等发生的争议。

根据《解释（二）》的规定，下列纠纷不属于劳动争议：（1）劳动者请求社会保险经办机构发放社会保险金的纠纷；（2）劳动者与用人单位因住房制度改革产生的公有住房转让纠纷；（3）劳动者对劳动能力鉴定委员会的伤残等级鉴定结论或者对职业病诊断鉴定委员会的职业病诊断鉴定结论的异议纠纷；（4）家庭或者个人与家政服务人员之间的纠纷；（5）个体工匠与帮工、学徒之间的纠纷；（6）农村承包经营户与受雇人之间的纠纷。

三、劳动争议处理的基本原则

《劳动争议调解仲裁法》第三条规定："解决劳动争议，应当根据事实，遵循合法、公正、及时、着重调解的原则，依法保护当事人的合法权益。"具体来说，劳动争议处理的原则主要有：

（一）依法处理原则

依法处理原则，即合法原则，是指劳动争议处理机构在处理劳动争议时所从事的活动，无论内容和程序都必须符合法律规定。劳动争议处理机构在处理劳动争议时，应当细致调查，分清是非，依据劳动法律、法规、规章以及劳动合同，明确责任，合理解决劳动争议。

（二）公正原则

公正原则是指当事人在适用法律上一律平等的原则。这一原则要求劳动争议调解人员、仲裁人员、审判人员在处理劳动争议时必须以事实为依据，以法律为准绳，公正执法，不偏袒任何一方。同时，对于劳动争议双方当事人，无论是企业一方还是职工一方，在处理劳动争议过程中法律地位一律平等，具有平等的权利和义务，任何一方都没有超越另一方的特权，这对于保证劳动争议获得公正解决也是十分必要的。

（三）及时处理原则

由于劳动争议发生后，直接损害一方当事人的合法权益，这不仅影响用人单位生产经营活动的正常进行，而且容易激化社会矛盾，因此，解决劳动争议必须做到及时处理，保证效率。劳动争议处理机构对于申请解决的劳动争议案件，应当依据法律、法规所规定的时限及时受理，抓紧审查和作出处理决定，按时结案，更好地维护用人单位和劳动者双方的合法权益。

（四）着重调解原则

调解，作为解决劳动争议的有效手段贯穿于劳动争议处理的全过程，其目的是在尊重当事人自愿的前提下，争取双方达成和解，结束争议。因此，除了劳动争议调解委员会处理劳动争议主要运用调解手段以外，劳动争议仲裁庭受理劳动争议案以及人民法院处理此类案件，均应遵循着重调解原则。

第二节　劳动争议的处理程序

一、劳动争议处理的概念

劳动争议处理，是指法律、法规授权的专门机构依法对劳动关系双方当事人之间发生的劳动争议进行调解、仲裁和审判的活动。依据《劳动法》和《劳动争议仲裁法》的有关规定，发生劳动争议，劳动者可以与用人单位协商，也可以请工会或者第三方共同与用人单位协商，达成和解协议。发生劳动争议，当事人不愿协商、协商不成或者达成和解协议后不履行的，可以向调解组织申请调解；不愿调解、调解不成或者达成调解协议后不履行的，可以向劳动争议仲裁委员会申请仲裁；对仲裁裁决不服的，除《劳动争议仲裁法》另有规定的外，可以向人民法院提起诉讼。

二、劳动争议的调解

劳动争议的调解是指通过劳动调解委员会对双方当事人疏导说服，促使双方相互谅解，自愿就争议事项依法达成协议，从而使劳动纠纷得到解决的方法。

（一）劳动争议调解机构

1. 企业劳动争议调解委员会。企业劳动争议调解委员会由职工代表和企业代表组成。职工代表由工会成员担任或者由全体职工推举产生，企业代表由企业负责人指定。企业劳动争议调解委员会主任由工会成员或者双方推举的人员担任。

2. 基层人民调解组织。基层人民调解组织主要有以下形式：（1）村（居）人民调解委员会；（2）乡镇、街道人民调解委员会；（3）企业事业单位根据需要设立的人民调解委员会；（4）区域性、行业性的人民调解委员会。

3. 在乡镇、街道设立的具有劳动争议调解职能的组织。劳动争议调解组织的调解员应当由公道正派、联系群众、热心调解工作，并具有一定法律知识、政策水平和文化水平的成年公民担任。

（二）劳动争议调解的程序

1. 当事人申请。当事人申请劳动争议调解可以书面申请，也可以口头申请。口头申请的，调解组织应当当场记录申请人基本情况、申请调解的争议事项、理由和时间。

2. 调解协议的达成。调解劳动争议，应当充分听取双方当事人对事实和理由的陈述，耐心疏导，帮助其达成协议。经调解达成协议的，应当制作调解协议书。调解协议书由双方当事人签名或者盖章，经调解员签名并加盖调解组织印章后生效，对双方当事人具有约束力，当事人应当履行。自劳动争议调解组织收到调解申请之日起15日内未达成调解协议的，当事人可以依法申请仲裁。

3. 调解协议的履行。达成调解协议后，一方当事人在协议约定期限内不履行调解协议的，另一方当事人可以依法申请仲裁。因支付拖欠劳动报酬、工伤医疗费、经济补偿或者赔偿金事项达成调解协议，用人单位在协议约定期限内不履行的，劳动者可以持调解协议书依法向人民法院申请支付令，人民法院应当依法发出支付令。

三、劳动争议的仲裁

劳动争议仲裁是指劳动争议仲裁委员会对劳动争议当事人双方争议的事项，依法作出裁决的活动。世界各国对于劳动争议的处理虽各不相同，但以仲裁方式来解决劳动争议，则为各个国家所普遍采用。我国对劳动争议的仲裁属于国家仲裁，即由国家授权的专门仲裁机构行使国家仲裁权，对当事人之间的争议依法进行的仲裁。

（一）劳动争议仲裁机构及其职责

1. 劳动争议仲裁机构。劳动争议仲裁机构是劳动争议仲裁委员会。劳动争议仲裁委员会是依法成立的，通过仲裁方式处理劳动争议的专门机构，它独立行使劳动争议仲裁权。根据《劳动争议调解仲裁法》的规定，劳动争议仲裁委员会按照统筹规划、合理布局和适应实际需要的原则设立。省、自治区人民政府可以决定在市、县设立；直辖市人民政府可以决定在区、县设立。直辖市、设区的市也可以设立一个或者若干个劳动争议仲裁委员会。劳动争议仲裁委员会不按行政区划层层设立。劳动争议仲裁委员会由劳动行政部门代表、工会代表和企业方面代表组成。劳动争议仲裁委员会组成人员应当是单数。

国务院劳动行政部门依照《劳动争议仲裁法》有关规定制定仲裁规则。省、自治区、直辖市人民政府劳动行政部门对本行政区域的劳动争议仲裁工作进行指导。

2. 劳动争议仲裁委员会的职责。根据《劳动争议仲裁法》规定，劳动争议仲裁委员会依法履行下列职责：（1）聘任、解聘专职或者兼职仲裁员；（2）受理劳动争议案件；（3）讨论重大或者疑难的劳动争议案件；（4）对仲裁活动进行监督。劳动争议仲裁委员会下设办事机构，负责办理劳动争议仲裁委员会的日常工作。

3. 劳动争议仲裁委员会仲裁员。劳动争议仲裁委员会应当设仲裁员名册。仲裁员应当公道正派并符合下列条件之一：（1）曾任审判员的；（2）从事法律研究、教学工作并具有中级以上职称的；（3）具有法律知识、从事人力资源管理或者工会等专业工作满 5 年的；（4）律师执业满 3 年的。

（二）劳动争议仲裁的管辖

《劳动争议调解仲裁法》规定，劳动争议仲裁委员会负责管辖本区域内发生的劳动争议。劳动争议由劳动合同履行地或者用人单位所在地的劳动争议仲裁委员会管辖。双方当事人分别向劳动合同履行地和用人单位所在地的劳动争议仲裁委员会申请仲裁的，由劳动合同履行地的劳动争议仲裁委员会管辖。上述规定充分考虑了现实中的实际情况，赋予了劳动仲裁当事人更多选择权，既可以选择劳动合同履行地也可以选择用人单位所在地申请仲裁，这不仅有利于对劳动争议当事人权益的维护，也便于查清案件的事实，有利于仲裁的进行。

（三）劳动争议仲裁的当事人

发生劳动争议的劳动者和用人单位为劳动争议仲裁案件的双方当事人。劳务派遣单位或者用工单位与劳动者发生劳动争议的，劳务派遣单位和用工单位为共同当事人。与劳动争议案件的处理结果有利害关系的第三人，可以申请参加仲裁活动或者由劳动争议仲裁委员会通知其参加仲裁活动。

当事人可以委托代理人参加仲裁活动。委托他人参加仲裁活动，应当向劳动争议仲裁委员会提交有委托人签名或者盖章的委托书，委托书应当载明委托事项和权限。丧失或者部分丧失民事行为能力的劳动者，由其法定代理人代为参加仲裁活动；无法定代理人的，由劳动争议仲裁委员会为其指定代理人。劳动者死亡的，由其近亲属或者代理人参加仲裁活动。

（四）劳动争议申请仲裁的时效期间

《劳动法》将仲裁申请的期限限定为60日，其目的本是为了尽快来解决劳动争议。但在实践中，却往往由于时效太短，一些劳动者因为超过时效期间丧失了获得法律救济的机会，并不利于保护劳动者权益。《劳动争议调解仲裁法》规定，劳动争议申请仲裁的时效期间为1年。仲裁时效期间从当事人知道或者应当知道其权利被侵害之日起计算。这一新的规定，更有利于劳动者维权。

因当事人一方向对方当事人主张权利，或者向有关部门请求权利救济，或者对方当事人同意履行义务而中断。从中断时起，仲裁时效期间重新计算。因不可抗力或者有其他正当理由，当事人不能在规定的仲裁时效期间申请仲裁的，仲裁时效中止。从中止时效的原因消除之日起，仲裁时效期间继续计算。劳动关系存续期间因拖欠劳动报酬发生争议的，劳动者申请仲裁不受上述规定的仲裁时效期间的限制；但是，劳动关系终止的，应当自劳动关系终止之日起1年内提出。即从2008年5月1日起，如果在双方的劳动关系存续期间因拖欠劳动报酬发生争议，从劳动者知道或者应当知道其权利被侵害之日起，即使超过了一年，劳动者仍然可以就追索劳动报酬申请劳动仲裁。不过，如果劳动者申请劳动仲裁时，双方的劳动关系在此前已经终止的，该申请应当自劳动关系终止之日起1年内提出。

（五）劳动争议仲裁程序

1. 劳动争议仲裁的申请。申请人申请仲裁应当提交书面仲裁申请，并按照被申请人人数提交副本。仲裁申请书应当载明下列事项：（1）劳动者的姓名、性别、年龄、职业、工作单位和住所，用人单位的名称、住所和法定代表人或者主要负责人的姓名、职务；（2）仲裁请求和所根据的事实、理由；（3）证据和证据来源、证人姓名和住所。

书写仲裁申请确有困难的，可以口头申请，由劳动争议仲裁委员会记入笔录，并告知对方当事人。

另外，当事人申请劳动争议仲裁不再收取费用。根据《条例》第三十四条规定，劳动争议当事人申请仲裁，应当按照国家有关规定交纳仲裁费，包括案件受理费和处理费。《劳动争议调解仲裁法》规定，劳动争议仲裁不收费，劳动争议仲裁委员会的经费由财政予以保障。该法实施后，《条例》的上述规定也随之自然失效。劳动争议仲裁不再收取费用，从经济上减轻了劳动争议当事人的负担，特别是对劳动者来说，更是大大降低了维权成本。

2. 劳动争议仲裁的受理。劳动争议仲裁委员会收到仲裁申请之日起 5 日内，认为符合受理条件的，应当受理，并通知申请人；认为不符合受理条件的，应当书面通知申请人不予受理，并说明理由。对劳动争议仲裁委员会不予受理或者逾期未作出决定的，申请人可以就该劳动争议事项向人民法院提起诉讼。

劳动争议仲裁委员会受理仲裁申请后，应当在 5 日内将仲裁申请书副本送达被申请人。被申请人收到仲裁申请书副本后，应当在 10 日内向劳动争议仲裁委员会提交答辩书。劳动争议仲裁委员会收到答辩书后，应当在 5 日内将答辩书副本送达申请人。被申请人未提交答辩书的，不影响仲裁程序的进行。

3. 劳动争议仲裁的开庭和裁决。劳动争议仲裁委员会裁决劳动争议案件实行仲裁庭制。仲裁庭由 3 名仲裁员组成，设首席仲裁员。简单劳动争议案件可以由 1 名仲裁员独任仲裁。劳动争议仲裁委员会应当在受理仲裁申请之日起 5 日内将仲裁庭的组成情况书面通知当事人。仲裁员有下列情形之一，应当回避，当事人也有权以口头或者书面方式提出回避申请：（1）是本案当事人或者当事人、代理人的近亲属的；（2）与本案有利害关系的；（3）与本案当事人、代理人有其他关系，可能影响公正裁决的；（4）私自会见当事人、代理人，或者接受当事人、代理人的请客送礼的。劳动争议仲裁委员会对回避申请应当及时作出决定，并以口头或者书面方式通知当事人。

仲裁庭应当在开庭5日前，将开庭日期、地点书面通知双方当事人。当事人有正当理由的，可以在开庭3日前请求延期开庭。是否延期，由劳动争议仲裁委员会决定。申请人收到书面通知，无正当理由拒不到庭或者未经仲裁庭同意中途退庭的，可以视为撤回仲裁申请。被申请人收到书面通知，无正当理由拒不到庭或者未经仲裁庭同意中途退庭的，可以缺席裁决。

仲裁庭对专门性问题认为需要鉴定的，可以交由当事人约定的鉴定机构鉴定；当事人没有约定或者无法达成约定的，由仲裁庭指定的鉴定机构鉴定。根据当事人的请求或者仲裁庭的要求，鉴定机构应当派鉴定人参加开庭。当事人经仲裁庭许可，可以向鉴定人提问。

当事人在仲裁过程中有权进行质证和辩论。质证和辩论终结时，首席仲裁员或者独任仲裁员应当征询当事人的最后意见。发生劳动争议，当事人对自己提出的主张，有责任提供证据。当事人提供的证据经查证属实的，仲裁庭应当将其作为认定事实的根据。用人单位一方在劳动争议过程中，往往占据着信息和资源的优势，特别是掌握和管理着劳动者的档案、工资发放、社会保险费缴纳等情况和材料，劳动者一般无法取得，因此在劳动争议仲裁过程中，用人单位应当承担更多的举证责任。劳动者无法提供由用人单位掌握管理的与仲裁请求有关的证据，仲裁庭可以要求用人单位在指定期限内提供。用人单位在指定期限内不提供的，应当承担不利后果。让用人单位在某些方面承担更多举证责任，实际上是在更加合理地分配举证责任，从而真正体现了劳动争议处理的公平原则。

当事人申请劳动争议仲裁后，可以自行和解。达成和解协议的，可以撤回仲裁申请。仲裁庭在作出裁决前，应当先行调解。调解达成协议的，仲裁庭应当制作调解书。调解书应当写明仲裁请求和当事人协议的结果。调解书由仲裁员签名，加盖劳动争议仲裁委员会印章，送达双方当事人。调解书经双方当事人签收后，发生法律效力。调解不成或者调解书送达前，一方当事人反悔的，仲裁庭应当及时作出裁决。

《劳动法》规定，仲裁裁决一般应在收到仲裁申请的60日内作出。《劳动争议调解仲裁法》缩短了仲裁审理的期限。《劳动争议调解仲裁法》规定，仲裁庭裁决劳动争议案件，应当自劳动争议仲裁委员会受理仲裁申请之日起45日内结束。案情复杂需要延期的，经劳动争议仲裁委员会主任批准，可以延期并书面通知当事人，但是延长期限不得超过15日。逾期未作出仲裁裁决的，当事人可以就该劳动争议事项向人民法院提起诉讼。

尽管《劳动争议调解仲裁法》较之以前的有关立法明显缩短了仲裁审理期限，但为了最大限度的让劳动争议当事人的合法权益尽快得到维护和保障，《劳动争议调解仲裁法》作出了先行裁决的规定，即仲裁庭裁决劳动争议案件时，其中一部分事实已经清楚，可以就该部分先行裁决。同时，《劳动争议调解仲裁法》还设立了先予执行制度。按照规定，仲裁庭对追索劳动报酬、工伤医疗费、经济补偿或者赔偿金的案件，根据当事人的申请，可以裁决先予执行，移送人民法院执行。仲裁庭裁决先予执行的，应当符合下列条件：（1）当事人之间权利义务关系明确；（2）不先予执行将严重影响申请人的生活。劳动者申请先予执行的，可以不提供担保。

裁决应当按照多数仲裁员的意见作出，少数仲裁员的不同意见应当记入笔录。仲裁庭不能形成多数意见时，裁决应当按照首席仲裁员的意见作出。裁决书应当载明仲裁请求、争议事实、裁决理由、裁决结果和裁决日期。裁决书由仲裁员签名，加盖劳动争议仲裁委员会印章。对裁决持不同意见的仲裁员，可以签名，也可以不签名。

当事人对一般劳动争议案件的仲裁裁决不服的，可以自收到仲裁裁决书之日起15日内向人民法院提起诉讼；期满不起诉的，裁决书发生法律效力。

4. 部分劳动争议案件的“一裁终局”制度。《劳动争议调解仲裁法》规定，下列劳动争议，除本法另有规定的以外，仲裁裁决为终局裁决，裁决书自作出之日起发生法律效力：（1）追索劳动报酬、工伤医疗费、经济补偿或者赔偿金，不超过当地月最低工资标准12个月金额的争议；（2）因执行国家的劳动标准在工作时间、休息休假、社会保险等方面发生的争议。部分劳动争议案件实行的“一裁终局”制度，非常鲜明地体现了法律对劳动者的倾斜保护。

按照《劳动法》的规定，劳动争议处理体制通常被简称为“协商、调解、一裁、两审”，其中劳动争议仲裁审理案件的期限一般为2个月，人民法院一审的审理期限一般为6个月、二审的审理期限一般为3个月。劳动争议最长需要将近1年的时间才能达到最终的解决。实践中，一些用人单位为此进行恶意诉讼以拖延时间，使劳动者不能得到及时的法律救济。《劳动争议调解仲裁法》规定了部分劳动争议仲裁案件实行“一裁终局”的制度，将使这一状况得到一定程度的改变。

劳动者对上述劳动争议的仲裁裁决不服的，可以自收到仲裁裁决书之日起15日内向人民法院提起诉讼。用人单位有证据证明上述劳动争议的仲裁裁决有下列情形之一，可以自收到仲裁裁决书之日起30日内向劳动争议仲裁委员会所在地的中级人民法院申请撤销裁决：（1）适用法律、法规确有错误的；（2）劳动争议仲裁委员会无管辖权的；（3）违反法定程序的；（4）裁决所根据的证据是伪造的；（5）对方当事人隐瞒了足以影响公正裁决的证据的；（6）仲裁员在仲裁该案时有索贿受贿、徇私舞弊、枉法裁决行为的。人民法院经组成合议庭审查核实裁决有前述情形之一的，应当裁定撤销。仲裁裁决被人民法院裁定撤销的，当事人可以自收到裁定书之日起15日内就该劳动争议事项向人民法院提起诉讼。

5. 劳动争议调解和仲裁裁决的执行。当事人对发生法律效力的调解书、裁决书，应当依照规定的期限履行。一方当事人逾期不履行的，另一方当事人可以依照民事诉讼法的有关规定向人民法院申请执行，受理申请的人民法院应当依法执行。

四、劳动争议的诉讼

劳动争议诉讼是指劳动争议当事人不服劳动争议仲裁委员会的裁决，在法定的期限内，持劳动争议仲裁裁决书向人民法院起诉，由人民法院依民事诉讼程序进行审理的法律活动。根据《劳动争议调解仲裁法》的规定，当事人对实行一裁终局以外的其他劳动争议案件的仲裁裁决不服的，可以自收到仲裁裁决书之日起15日内向人民法院提起诉讼。

（一）劳动争议案件的管辖

人民法院对劳动争议案件的管辖是指人民法院之间受理第一审劳动争议案件的具体分工。根据《解释》的规定，劳动争议案件由用人单位所在地或者劳动合同履行地的基层人民法院管辖。劳动合同履行地不明确的，由用人单位所在地的基层人民法院管辖。当事人双方就同一仲裁裁决分别向有管辖权的人民法院起诉的，后受理的人民法院应当将案件移送给先受理的人民法院。

（二）劳动争议案件的受理

人民法院受理劳动争议案件的条件是：（1）劳动关系当事人之间的劳动争议，必须先经过劳动争议仲裁委员会仲裁。当事人一方或者双方向人民法院提起诉讼时，必须持有劳动争议仲裁委员会仲裁裁决书。（2）必须是在接到仲裁决定书之日起15日内向人民法院起诉，超过15日，人民法院不予受理。（3）属于受诉人民法院管辖。

向人民法院提起诉讼的劳动争议必须同时具备上述三个条件，否则人民法院不予立案受理。没有经过劳动争议仲裁委员会仲裁的，人民法院应告知当事人向劳动争议仲裁委员会申请处理；接到仲裁裁决书超过 15 日起诉的劳动争议，人民法院应告知当事人不予受理的理由。如果当事人一方向人民法院申请强制执行的，人民法院应根据生效的仲裁裁决书或法院判决书，经过审查后予以强制执行。对于不属于本法院管辖的劳动争议案件，应告知当事人向有管辖权的人民法院起诉，或立案后移送有管辖权的人民法院审理。

此外，根据司法实践中的一些具体问题，《解释》对劳动争议案件的受理进一步作了明确规定。其内容主要包括：（1）劳动争议仲裁委员会以当事人申请仲裁的事项不属于劳动争议为由，作出不予受理的裁决，当事人不服，依法向人民法院起诉的，如属于劳动争议案件的，应当受理；虽不属于劳动争议案件，但属于人民法院主管的其他案件，应当依法受理。（2）争议仲裁委员会以当事人的仲裁申请超过 60 日期限为由，作出不予受理的裁决，当事人不服，依法向人民法院起诉的，人民法院应当受理；对确已超过仲裁申请期限，又无不可抗力或者其他正当理由的，依法驳回其诉讼请求。（3）争议仲裁委员会以申请主体不适格为由，作出不予受理的裁决，当事人不服，依法向人民法院起诉的，经审查，确属主体不适格的，裁定不予受理或者驳回起诉。（4）劳动争议仲裁委员会为纠正原仲裁裁决错误重新作出裁决，当事人不服，依法向人民法院起诉的，人民法院应当受理。（5）劳动争议仲裁委员会仲裁的事项不属于人民法院受理的案件范围，当事人不服，依法向人民法院起诉的，裁定不予受理或者驳回起诉。

（三）劳动争议诉讼的当事人

同其他民事诉讼案件一样，劳动争议诉讼案件的当事人也可以分为原告和被告，其权利义务和法律地位与一般民事诉讼案件中原告和被告的基本相同。但是，由于劳动争议案件有其自身的特点，《解释》对此专门作了一些规定，具体包括：（1）当事人双方不服劳动争议仲裁委员会作出的同一仲裁裁决，均向同一人民法院起诉的，先起诉的一方当事人为原告，但对双方的诉讼请求，人民法院应当一并作出裁决。（2）用人单位与其他单位合并的，合并前发生的劳动争议，由合并后的单位为当事人；用人单位分立为若干单位的，其分立前发生的劳动争议，由分立后的实际用人单位为当事人。用人单位分立为若干单位后，对承受劳动权利义务的单位不明确的，分立后的单位均为当事人。（3）用人单位招用尚未解除劳动合同的劳动者，原用人单位与劳动者发生的劳动争议，可以列新的用人单位为第三人。原用人单位以新的用人单位侵权为由向人民法院起诉的，新的用人单位和劳动者列为共同被告。（4）劳动者在用人单位与其他平等主体之间的承包经营期间，与发包方和承包方或者一方发生劳动争议，依法向人民法院起诉的，应当将承包方和发包方作为当事人。劳动者与起有字号的个体工商户产生的劳动争议诉讼，人民法院应当以营业执照上登记的字号为当事人，但应同时注明该字号业主的自然情况。

（四）劳动争议案件的裁决

人民法院对劳动争议案件，经审理可根据不同情况作出裁决。对此，《解释》作了如下一些规定：

1. 劳动合同被确认无效后，用人单位对劳动者付出的劳动，一般可参照本单位同期、同工种、同岗位的工资标准支付劳动报酬。由于用人单位的原因订立的无效合同，给劳动者造成损害的，应当比照违反和解除劳动合同经济补偿的支付标准，赔偿劳动者因合同无效所造成的经济损失。

2. 用人单位有下列情形之一，迫使劳动者提出解除合同的，用人单位应当支付劳动者的劳动报酬和经济补偿，并可支付赔偿金：（1）以暴力、威胁或者非法限制人身自由的手段强迫劳动的；（2）未按照劳动合同约定支付劳动报酬或者提供劳动条件的；（3）克扣或者无故拖欠工资的；（4）拒不支付劳动者延长工作时间工资报酬的；（5）低于当地最低工资标准支付劳动者工资的。

3. 劳动合同期满后，劳动者仍在原用人单位工作，原用人单位未表示异议的，视为双方同意以原条件继续履行劳动合同。一方提出终止劳动关系的，人民法院应当支持。用人单位应当与劳动者签订无固定期限劳动合同而未签订的，人民法院可以视为双方之间存在无固定期限劳动合同关系，并以原劳动合同确定双方的权利义务关系。

4. 用人单位对劳动者作出的开除、除名、辞退等处理，或者因其他原因解除劳动合同确有错误的，人民法院可以依法判决予以撤销。对于追索劳动报酬、养老金、医疗费以及工伤保险待遇、经济补偿金、培训费及其他相关费用等案件，给付数额不当的，人民法院可以予以变更。

（五）对仲裁裁决的不予执行

根据《解释》的规定，当事人申请人民法院执行劳动争议仲裁机构作出的发生法律效力的裁决书、调解书，被申请人提出证据证明劳动争议仲裁裁决书、调解书有下列情形之一，并经审查核实的，人民法院可以根据《民事诉讼法》的有关规定，裁定不予执行：（1）裁决的事项不属于劳动争议仲裁范围，或者劳动争议仲裁机构无权仲裁的；（2）适用法律确有错误的；（3）仲裁员仲裁该案时，有徇私舞弊、枉法裁决行为的；（4）人民法院认定执行该劳动争议仲裁裁决违背社会公共利益的。人民法院在不予执行的裁定书中，应当告知当事人在收到裁定书之日起 30 日内，可以就该劳动争议事项向人民法院起诉。

在人民法院审理劳动争议案件中，因用人单位作出的开除、除名、辞退、解除劳动合同、减少劳动报酬、计算劳动者工作年限等决定而发生的劳动争议，用人单位负举证责任。

用人单位根据《劳动法》第四条的规定，通过民主程序制定的规章制度，不违反国家法律、行政法规及政策规定，并已向劳动者公示的，可以作为人民法院审理劳动争议案件的依据。用人单位制定的内部规章制度与集体合同或者劳动合同约定的内容不一致，劳动者请求优先适用合同约定的，人民法院应予支持。

劳动争议诉讼是劳动争议处理的最后程序，是人民法院对劳动争议行使的最终裁判权。人民法院审理劳动争议案件，遵循《中华人民共和国民事诉讼法》的基本原则，实行两审终审制。

五、集体劳动争议的处理

集体劳动争议是指争议当事人职工一方在 30 人以上，基于同一事实经过，具有共同申诉理由的争议。集体劳动争议主要是因签订集体合同和履行集体合同过程中引发的争议，这类争议影响巨大，既涉及企业职工的切身利益，也涉及企业的整个生产经营活动能否正常进行，若不及时处理势必危及社会的稳定大局，因此，在处理此类合同纠纷时，必然不同于一般的劳动争议处理程序。

依照《劳动法》的有关规定，根据集体争议的不同性质，分别采用不同的处理方式：因签订集体合同发生集体争议，争议双方首先应当协商解决，协商解决不成的，可以由当地人民政府劳动行政部门组织有关各方协调处理。因履行集体合同发生的争议，当事人也应当协商解决，协商解决不成，向劳动争议仲裁委员会申请仲裁；对仲裁裁决不服的，可以自收到仲裁裁决书之日起 15 日内向人民法院提起诉讼。

对于申请仲裁的集体劳动争议，仲裁委员会自收到申诉书之日起应于 3 日内作出是否受理的决定。决定不予受理的，应向当事人说明不受理的理由；决定受理的，应即组成特别仲裁庭，并采用书面通知或布告形式通知当事人。特别仲裁庭应当遵照就地、就近、从速的原则，由县级以上的仲裁委员会指定 3

名以上仲裁员组成，设在发生争议的企业或附近的地方，便利当事人参与。当受理通知送达或布告公布后，当事人不得有激化矛盾的行为。特别仲裁庭处理争议应遵循调解原则，先行调解，促使双方协商一致，自愿达成协议。双方当事人经调解自愿达成协议的，制作调解书，可采用送达或布告形式；未达成调解协议的，应及时裁决。特别仲裁庭在规定期限结案后，应及时向当地人民政府汇报。

思考题

1. 《劳动争议调解仲裁法》规定的劳动争议的范围是什么？
2. 劳动争议处理的基本原则有哪些？
3. 劳动争议仲裁程序包括哪几个阶段？
4. 哪些劳动争议案件实行一裁终局制？
5. 人民法院对仲裁裁决不予执行的情形有哪些？

附录一

中华人民共和国劳动法

（1994年7月5日第八届全国人民代表大会
常务委员会第八次会议通过）

目　录

第一章　总　则

第一条　为了保护劳动者的合法权益，调整劳动关系，建立和维护适应社会主义市场经济的劳动制度，促进经济发展和社会进步，根据宪法，制定本法。

第二条　在中华人民共和国境内的企业、个体经济组织（以下统称用人单位）和与之形成劳动关系的劳动者，适用本法。

国家机关、事业组织、社会团体和与之建立劳动合同关系的劳动者，依照本法执行。

第三条　劳动者享有平等就业和选择职业的权利、取得劳动报酬的权利、休息休假的权利、获得劳动安全卫生保护的权利、接受职业技能培训的权利、享受社会保险和福利的权利、提请劳动争议处理的权利以及法律规定的其他劳动权利。

劳动者应当完成劳动任务，提高职业技能，执行劳动安全卫生规程，遵守劳动纪律和职业道德。

第四条 用人单位应当依法建立和完善规章制度，保障劳动者享有劳动权利和履行劳动义务。

第五条 国家采取各种措施，促进劳动就业，发展职业教育，制定劳动标准，调节社会收入，完善社会保险，协调劳动关系，逐步提高劳动者的生活水平。

第六条 国家提倡劳动者参加社会义务劳动，开展劳动竞赛和合理化建议活动，鼓励和保护劳动者进行科学研究、技术革新和发明创造，表彰和奖励劳动模范和先进工作者。

第七条 劳动者有权依法参加和组织工会。

工会代表和维护劳动者的合法权益，依法独立自主地开展活动。

第八条 劳动者依照法律规定，通过职工大会、职工代表大会或者其他形式，参与民主管理或者就保护劳动者合法权益与用人单位进行平等协商。

第九条 国务院劳动行政部门主管全国劳动工作。

县级以上地方人民政府劳动行政部门主管本行政区域内的劳动工作。

第二章　促进就业

第十条 国家通过促进经济和社会发展，创造就业条件，扩大就业机会。

国家鼓励企业、事业组织、社会团体在法律、行政法规规定的范围内兴办产业或者拓展经营，增加就业。

国家支持劳动者自愿组织起来就业和从事个体经营实现就业。

第十一条 地方各级人民政府应当采取措施，发展多种类型的职业介绍机构，提供就业服务。

第十二条 劳动者就业，不因民族、种族、性别、宗教信仰不同而受歧视。

第十三条 妇女享有与男子平等的就业权利。在录用职工时，除国家规定的不适合妇女的工种或者岗位外，不得以性别为由拒绝录用妇女或者提高对妇女的录用标准。

第十四条 残疾人、少数民族人员、退出现役的军人的就业，法律、法规有特别规定的，从其规定。

第十五条 禁止用人单位招用未满十六周岁的未成年人。

文艺、体育和特种工艺单位招用未满十六周岁的未成年人，必须依照国家有关规定，履行审批手续，并保障其接受义务教育的权利。

第三章　劳动合同和集体合同

第十六条 劳动合同是劳动者与用人单位确立劳动关系、明确双方权利和义务的协议。

建立劳动关系应当订立劳动合同。

第十七条　订立和变更劳动合同，应当遵循平等自愿、协商一致的原则，不得违反法律、行政法规的规定。

劳动合同依法订立即具有法律约束力，当事人必须履行劳动合同规定的义务。

第十八条　下列劳动合同无效：

（一）违反法律、行政法规的劳动合同；

（二）采取欺诈、威胁等手段订立的劳动合同。

无效的劳动合同，从订立的时候起，就没有法律约束力。确认劳动合同部分无效的，如果不影响其余部分的效力，其余部分仍然有效。

劳动合同的无效，由劳动争议仲裁委员会或者人民法院确认。

第十九条　劳动合同应当以书面形式订立，并具备以下条款：

（一）劳动合同期限；

（二）工作内容；

（三）劳动保护和劳动条件；

（四）劳动报酬；

（五）劳动纪律；

（六）劳动合同终止的条件；

（七）违反劳动合同的责任。

劳动合同除前款规定的必备条款外，当事人可以协商约定其他内容。

第二十条　劳动合同的期限分为有固定期限、无固定期限和以完成一定的工作为期限。

劳动者在同一用人单位连续工作满十年以上，当事人双方同意续延劳动合同的，如果劳动者提出订立无固定期限的劳动合同，应当订立无固定期限的劳动合同。

第二十一条　劳动合同可以约定试用期。试用期最长不得超过六个月。

第二十二条　劳动合同当事人可以在劳动合同中约定保守用人单位商业秘密的有关事项。

第二十三条　劳动合同期满或者当事人约定的劳动合同终止条件出现，劳动合同即行终止。

第二十四条　经劳动合同当事人协商一致，劳动合同可以解除。

第二十五条　劳动者有下列情形之一的，用人单位可以解除劳动合同：

（一）在试用期间被证明不符合录用条件的；

（二）严重违反劳动纪律或者用人单位规章制度的；

（三）严重失职，营私舞弊，对用人单位利益造成重大损害的；

（四）被依法追究刑事责任的。

第二十六条　有下列情形之一的，用人单位可以解除劳动合同，但是应当提前三十日以书面形式通知劳动者本人：

（一）劳动者患病或者非因工负伤，医疗期满后，不能从事原工作也不能从事由用人单位另行安排的工作的；

（二）劳动者不能胜任工作，经过培训或者调整工作岗位，仍不能胜任工作的；

（三）劳动合同订立时所依据的客观情况发生重大变化，致使原劳动合同无法履行，经当事人协商不能就变更劳动合同达成协议的。

第二十七条 用人单位濒临破产进行法定整顿期间或者生产经营状况发生严重困难，确需裁减人员的，应当提前三十日向工会或者全体职工说明情况，听取工会或者职工的意见，经向劳动行政部门报告后，可以裁减人员。

用人单位依据本条规定裁减人员，在六个月内录用人员的，应当优先录用被裁减的人员。

第二十八条 用人单位依据本法第二十四条、第二十六条、第二十七条的规定解除劳动合同的，应当依照国家有关规定给予经济补偿。

第二十九条 劳动者有下列情形之一的，用人单位不得依据本法第二十六条、第二十七条的规定解除劳动合同：

（一）患职业病或者因工负伤并被确认丧失或者部分丧失劳动能力的；

（二）患病或者负伤，在规定的医疗期内的；

（三）女职工在孕期、产期、哺乳期内的；

（四）法律、行政法规规定的其他情形。

第三十条 用人单位解除劳动合同，工会认为不适当的，有权提出意见。如果用人单位违反法律、法规或者劳动合同，工会有权要求重新处理；劳动者申请仲裁或者提起诉讼的，工会应当依法给予支持和帮助。

第三十一条 劳动者解除劳动合同，应当提前三十日以书面形式通知用人单位。

第三十二条 有下列情形之一的，劳动者可以随时通知用人单位解除劳动合同：

（一）在试用期内的；

（二）用人单位以暴力、威胁或者非法限制人身自由的手段强迫劳动的；

（三）用人单位未按照劳动合同约定支付劳动报酬或者提供劳动条件的。

第三十三条 企业职工一方与企业可以就劳动报酬、工作时间、休息休假、劳动安全卫生、保险福利等事项，签订集体合同。集体合同草案应当提交职工代表大会或者全体职工讨论通过。

集体合同由工会代表职工与企业签订；没有建立工会的企业，由职工推举的代表与企业签订。

第三十四条 集体合同签订后应当报送劳动行政部门；劳动行政部门自收到集体合同文本之日起十五日内未提出异议的，集体合同即行生效。

第三十五条 依法签订的集体合同对企业和企业全体职工具有约束力。职工个人与企业订立的劳动合同中劳动条件和劳动报酬等标准不得低于集体合同的规定。

第四章 工作时间和休息休假

第三十六条 国家实行劳动者每日工作时间不超过八小时、平均每周工作时间不超过四十四小时的工时制度。

第三十七条 对实行计件工作的劳动者，用人单位应当根据本法第三十六条规定的工时制度合理确定其劳动定额和计件报酬标准。

第三十八条 用人单位应当保证劳动者每周至少休息一日。

第三十九条 企业因生产特点不能实行本法第三十六条、第三十八条规定的，经劳动行政部门批准，可以实行其他工作和休息办法。

第四十条 用人单位在下列节日期间应当依法安排劳动者休假：

（一）元旦；

（二）春节；

（三）国际劳动节；

（四）国庆节；

（五）法律、法规规定的其他休假节日。

第四十一条 用人单位由于生产经营需要，经与工会和劳动者协商后可以延长工作时间，一般每日不得超过一小时；因特殊原因需要延长工作时间的，在保障劳动者身体健康的条件下延长工作时间每日不得超过三小时，但是每月不得超过三十六小时。

第四十二条 有下列情形之一的，延长工作时间不受本法第四十一条规定的限制：

（一）发生自然灾害、事故或者因其他原因，威胁劳动者生命健康和财产安全，需要紧急处理的；

（二）生产设备、交通运输线路、公共设施发生故障，影响生产和公众利益，必须及时抢修的；

（三）法律、行政法规规定的其他情形。

第四十三条 用人单位不得违反本法规定延长劳动者的工作时间。

第四十四条 有下列情形之一的，用人单位应当按照下列标准支付高于劳动者正常工作时间工资的工资报酬：

（一）安排劳动者延长工作时间的，支付不低于工资的百分之一百五十的工资报酬；

（二）休息日安排劳动者工作又不能安排补休的，支付不低于工资的百分之二百的工资报酬；

（三）法定休假日安排劳动者工作的，支付不低于工资的百分之三百的工资报酬。

第四十五条 国家实行带薪年休假制度。

劳动者连续工作一年以上的，享受带薪年休假。具体办法由国务院规定。

第五章 工 资

第四十六条 工资分配应当遵循按劳分配原则，实行同工同酬。

工资水平在经济发展的基础上逐步提高。国家对工资总量实行宏观调控。

第四十七条 用人单位根据本单位的生产经营特点和经济效益，依法自主确定本单位的工资分配方式和工资水平。

第四十八条 国家实行最低工资保障制度。最低工资的具体标准由省、自治区、直辖市人民政府规定，报国务院备案。

用人单位支付劳动者的工资不得低于当地最低工资标准。

第四十九条 确定和调整最低工资标准应当综合参考下列因素：

（一）劳动者本人及平均赡养人口的最低生活费用；

（二）社会平均工资水平；

（三）劳动生产率；

（四）就业状况；

（五）地区之间经济发展水平的差异。

第五十条 工资应当以货币形式按月支付给劳动者本人。不得克扣或者无故拖欠劳动者的工资。

第五十一条 劳动者在法定休假日和婚丧假期间以及依法参加社会活动期间，用人单位应当依法支付工资。

第六章 劳动安全卫生

第五十二条 用人单位必须建立、健全劳动安全卫生制度，严格执行国家劳动安全卫生规程和标准，对劳动者进行劳动安全卫生教育，防止劳动过程中的事故，减少职业危害。

第五十三条 劳动安全卫生设施必须符合国家规定的标准。

新建、改建、扩建工程的劳动安全卫生设施必须与主体工程同时设计、同时施工、同时投入生产和使用。

第五十四条 用人单位必须为劳动者提供符合国家规定的劳动安全卫生条件和必要的劳动防护用品，对从事职业危害作业的劳动者应当定期进行健康检查。

第五十五条 从事特种作业的劳动者必须经过专门培训并取得特种作业资格。

第五十六条 劳动者在劳动过程中必须严格遵守安全操作规程。

劳动者对用人单位管理人员违章指挥、强令冒险作业，有权拒绝执行；对危害生命安全和身体健康的行为，有权提出批评、检举和控告。

第五十七条 国家建立伤亡事故和职业病统计报告和处理制度。县级以上各级人民政府劳动行政部门、有关部门和用人单位应当依法对劳动者在劳动过程中发生的伤亡事故和劳动者的职业病状况，进行统计、报告和处理。

第七章 女职工和未成年工特殊保护

第五十八条 国家对女职工和未成年工实行特殊劳动保护。

未成年工是指年满十六周岁未满十八周岁的劳动者。

第五十九条　禁止安排女职工从事矿山井下、国家规定的第四级体力劳动强度的劳动和其他禁忌从事的劳动。

第六十条　不得安排女职工在经期从事高处、低温、冷水作业和国家规定的第三级体力劳动强度的劳动。

第六十一条　不得安排女职工在怀孕期间从事国家规定的第三级体力劳动强度的劳动和孕期禁忌从事的劳动。对怀孕七个月以上的女职工，不得安排其延长工作时间和夜班劳动。

第六十二条　女职工生育享受不少于九十天的产假。

第六十三条　不得安排女职工在哺乳未满一周岁的婴儿期间从事国家规定的第三级体力劳动强度的劳动和哺乳期禁忌从事的其他劳动，不得安排其延长工作时间和夜班劳动。

第六十四条　不得安排未成年工从事矿山井下、有毒有害、国家规定的第四级体力劳动强度的劳动和其他禁忌从事的劳动。

第六十五条　用人单位应当对未成年工定期进行健康检查。

第八章　职业培训

第六十六条　国家通过各种途径，采取各种措施，发展职业培训事业，开发劳动者的职业技能，提高劳动者素质，增强劳动者的就业能力和工作能力。

第六十七条　各级人民政府应当把发展职业培训纳入社会经济发展的规划，鼓励和支持有条件的企业、事业组织、社会团体和个人进行各种形式的职业培训。

第六十八条　用人单位应当建立职业培训制度，按照国家规定提取和使用职业培训经费，根据本单位实际，有计划地对劳动者进行职业培训。

从事技术工种的劳动者，上岗前必须经过培训。

第六十九条　国家确定职业分类，对规定的职业制定职业技能标准，实行职业资格证书制度，由经过政府批准的考核鉴定机构负责对劳动者实施职业技能考核鉴定。

第九章　社会保险和福利

第七十条　国家发展社会保险事业，建立社会保险制度，设立社会保险基金，使劳动者在年老、患病、工伤、失业、生育等情况下获得帮助和补偿。

第七十一条　社会保险水平应当与社会经济发展水平和社会承受能力相适应。

第七十二条　社会保险基金按照保险类型确定资金来源，逐步实行社会统筹。用人单位和劳动者必须依法参加社会保险，缴纳社会保险费。

第七十三条　劳动者在下列情形下，依法享受社会保险待遇：

（一）退休；

（二）患病、负伤；

（三）因工伤残或者患职业病；

（四）失业；

（五）生育。

劳动者死亡后，其遗属依法享受遗属津贴。

劳动者享受社会保险待遇的条件和标准由法律、法规规定。

劳动者享受的社会保险金必须按时足额支付。

第七十四条 社会保险基金经办机构依照法律规定收支、管理和运营社会保险基金，并负有使社会保险基金保值增值的责任。

社会保险基金监督机构依照法律规定，对社会保险基金的收支、管理和运营实施监督。

社会保险基金经办机构和社会保险基金监督机构的设立和职能由法律规定。

任何组织和个人不得挪用社会保险基金。

第七十五条 国家鼓励用人单位根据本单位实际情况为劳动者建立补充保险。

国家提倡劳动者个人进行储蓄性保险。

第七十六条 国家发展社会福利事业，兴建公共福利设施，为劳动者休息、休养和疗养提供条件。

用人单位应当创造条件，改善集体福利，提高劳动者的福利待遇。

第十章 劳动争议

第七十七条 用人单位与劳动者发生劳动争议，当事人可以依法申请调解、仲裁、提起诉讼，也可以协商解决。

调解原则适用于仲裁和诉讼程序。

第七十八条 解决劳动争议，应当根据合法、公正、及时处理的原则，依法维护劳动争议当事人的合法权益。

第七十九条 劳动争议发生后，当事人可以向本单位劳动争议调解委员会申请调解；调解不成，当事人一方要求仲裁的，可以向劳动争议仲裁委员会申请仲裁。当事人一方也可以直接向劳动争议仲裁委员会申请仲裁。对仲裁裁决不服的，可以向人民法院提起诉讼。

第八十条 在用人单位内，可以设立劳动争议调解委员会。劳动争议调解委员会由职工代表、用人单位代表和工会代表组成。劳动争议调解委员会主任由工会代表担任。

劳动争议经调解达成协议的，当事人应当履行。

第八十一条 劳动争议仲裁委员会由劳动行政部门代表、同级工会代表、用人单位方面的代表组成。劳动争议仲裁委员会主任由劳动行政部门代表担任。

第八十二条 提出仲裁要求的一方应当自劳动争议发生之日起六十日内向劳动争议仲裁委员会提出书面申请。仲裁裁决一般应在收到仲裁申请的六十日内作出。对仲裁裁决无异议的，当事人必须履行。

第八十三条　劳动争议当事人对仲裁裁决不服的，可以自收到仲裁裁决书之日起十五日内向人民法院提起诉讼。一方当事人在法定期限内不起诉又不履行仲裁裁决的，另一方当事人可以申请人民法院强制执行。

第八十四条　因签订集体合同发生争议，当事人协商解决不成的，当地人民政府劳动行政部门可以组织有关各方协商处理。

因履行集体合同发生争议，当事人协商解决不成的，可以向劳动争议仲裁委员会申请仲裁；对仲裁裁决不服的，可以自收到仲裁裁决书之日起十五日内向人民法院提起诉讼。

第十一章　监督检查

第八十五条　县级以上各级人民政府劳动行政部门依法对用人单位遵守劳动法律、法规的情况进行监督检查，对违反劳动法律、法规的行为有权制止，并责令改正。

第八十六条　县级以上各级人民政府劳动行政部门监督检查人员执行公务，有权进入用人单位了解执行劳动法律、法规的情况，查阅必要的资料，并对劳动场所进行检查。

县级以上各级人民政府劳动行政部门监督检查人员执行公务，必须出示证件，秉公执法并遵守有关规定。

第八十七条　县级以上各级人民政府有关部门在各自职责范围内，对用人单位遵守劳动法律、法规的情况进行监督。

第八十八条　各级工会依法维护劳动者的合法权益，对用人单位遵守劳动法律、法规的情况进行监督。

任何组织和个人对于违反劳动法律、法规的行为有权检举和控告。

第十二章　法律责任

第八十九条　用人单位制定的劳动规章制度违反法律、法规规定的，由劳动行政部门给予警告，责令改正；对劳动者造成损害的，应当承担赔偿责任。

第九十条　用人单位违反本法规定，延长劳动者工作时间的，由劳动行政部门给予警告，责令改正，并可以处以罚款。

第九十一条　用人单位有下列侵害劳动者合法权益情形之一的，由劳动行政部门责令支付劳动者的工资报酬、经济补偿，并可以责令支付赔偿金；

（一）克扣或者无故拖欠劳动者工资的；

（二）拒不支付劳动者延长工作时间工资报酬的；

（三）低于当地最低工资标准支付劳动者工资的；

（四）解除劳动合同后，未依照本法规定给予劳动者经济补偿的。

第九十二条　用人单位的劳动安全设施和劳动卫生条件不符合国家规定或者未向劳动

者提供必要的劳动防护用品和劳动保护设施的，由劳动行政部门或者有关部门责令改正，可以处以罚款；情节严重时，提请县级以上人民政府决定责令停产整顿；对事故隐患不采取措施，致使发生重大事故，造成劳动者生命和财产损失的，对责任人员比照《刑法》第一百八十七条的规定追究刑事责任。

第九十三条 用人单位强令劳动者违章冒险作业，发生重大伤亡事故，造成严重后果的，对责任人员依法追究刑事责任。

第九十四条 用人单位非法招用未满十六周岁的未成年人的，由劳动行政部门责令改正，处以罚款；情节严重的，由工商行政管理部门吊销营业执照。

第九十五条 用人单位违反本法对女职工和未成年工的保护规定，侵害其合法权益的，由劳动行政部门责令改正，处以罚款；对女职工或者未成年工造成损害的，应当承担赔偿责任。

第九十六条 用人单位有下列行为之一的，由公安机关对责任人员处以十五日以下拘留、罚款或者警告；构成犯罪的，对责任人员依法追究刑事责任：

（一）以暴力、威胁或者非法限制人身自由的手段强迫劳动的；

（二）侮辱、体罚、殴打、非法搜查和拘禁劳动者的。

第九十七条 由于用人单位的原因订立的无效合同，对劳动者造成损害的，应当承担赔偿责任。

第九十八条 用人单位违反本法规定的条件解除劳动合同或者故意拖延不订立劳动合同的，由劳动行政部门责令改正；对劳动者造成损害的，应当承担赔偿责任。

第九十九条 用人单位招用尚未解除劳动合同的劳动者，对原用人单位造成经济损失的，该用人单位应当依法承担连带赔偿责任。

第一百条 用人单位无故不缴纳社会保险费的，由劳动行政部门责令其限期缴纳；逾期不缴的，可以加收滞纳金。

第一百零一条 用人单位无理阻挠劳动行政部门、有关部门及其工作人员行使监督检查权，打击报复举报人员的，由劳动行政部门或者有关部门处以罚款；构成犯罪的，对责任人员依法追究刑事责任。

第一百零二条 劳动者违反本法规定的条件解除劳动合同或者违反劳动合同中约定的保密事项，对用人单位造成经济损失的，应当依法承担赔偿责任。

第一百零三条 劳动行政部门或者有关部门的工作人员滥用职权、玩忽职守、徇私舞弊，构成犯罪的，依法追究刑事责任；不构成犯罪的，给予行政处分。

第一百零四条 国家工作人员和社会保险基金经办机构的工作人员挪用社会保险基金，构成犯罪的，依法追究刑事责任。

第一百零五条 违反国家规定侵害劳动者合法权益，其他法律、行政法规已规定处罚的，依照该法律、行政法规的规定处罚。

第十三章 附 则

第一百零六条 省、自治区、直辖市人民政府根据本法和本地区的实际情况，规定劳动合同制度的实施步骤，报国务院备案。

第一百零七条 本法自 1995 年 1 月 1 日起施行。

附录二

中华人民共和国劳动合同法

（2007年6月29日第十届全国人民代表大会
常务委员会第二十八次会议通过）

目　　录

第一章　总　　则

第一条　为了完善劳动合同制度，明确劳动合同双方当事人的权利和义务，保护劳动者的合法权益，构建和发展和谐稳定的劳动关系，制定本法。

第二条　中华人民共和国境内的企业、个体经济组织、民办非企业单位等组织（以下称用人单位）与劳动者建立劳动关系，订立、履行、变更、解除或者终止劳动合同，适用本法。

国家机关、事业单位、社会团体和与其建立劳动关系的劳动者，订立、履行、变更、解除或者终止劳动合同，依照本法执行。

第三条　订立劳动合同，应当遵循合法、公平、平等自愿、协商一致、诚实信用的原则。

依法订立的劳动合同具有约束力，用人单位与劳动者应当履行劳动合同约定的义务。

第四条　用人单位应当依法建立和完善劳动规章制度，保障劳动者享有劳动权利、履行劳动义务。

用人单位在制定、修改或者决定有关劳动报酬、工作时间、休息休假、劳动安全卫生、保险福利、职工培训、劳动纪律以及劳动定额管理等直接涉及劳动者切身利益的规章制度或者重大事项时，应当经职工代表大会或者全体职工讨论，提出方案和意见，与工会或者职工代表平等协商确定。

在规章制度和重大事项决定实施过程中，工会或者职工认为不适当的，有权向用人单位提出，通过协商予以修改完善。

用人单位应当将直接涉及劳动者切身利益的规章制度和重大事项决定公示，或者告知劳动者。

第五条　县级以上人民政府劳动行政部门会同工会和企业方面代表，建立健全协调劳动关系三方机制，共同研究解决有关劳动关系的重大问题。

第六条　工会应当帮助、指导劳动者与用人单位依法订立和履行劳动合同，并与用人单位建立集体协商机制，维护劳动者的合法权益。

第二章　劳动合同的订立

第七条　用人单位自用工之日起即与劳动者建立劳动关系。用人单位应当建立职工名册备查。

第八条　用人单位招用劳动者时，应当如实告知劳动者工作内容、工作条件、工作地点、职业危害、安全生产状况、劳动报酬，以及劳动者要求了解的其他情况；用人单位有权了解劳动者与劳动合同直接相关的基本情况，劳动者应当如实说明。

第九条　用人单位招用劳动者，不得扣押劳动者的居民身份证和其他证件，不得要求劳动者提供担保或者以其他名义向劳动者收取财物。

第十条　建立劳动关系，应当订立书面劳动合同。

已建立劳动关系，未同时订立书面劳动合同的，应当自用工之日起一个月内订立书面劳动合同。

用人单位与劳动者在用工前订立劳动合同的，劳动关系自用工之日起建立。

第十一条　用人单位未在用工的同时订立书面劳动合同，与劳动者约定的劳动报酬不明确的，新招用的劳动者的劳动报酬按照集体合同规定的标准执行；没有集体合同或者集体合同未规定的，实行同工同酬。

第十二条　劳动合同分为固定期限劳动合同、无固定期限劳动合同和以完成一定工作任务为期限的劳动合同。

第十三条　固定期限劳动合同，是指用人单位与劳动者约定合同终止时间的劳动合同。

用人单位与劳动者协商一致，可以订立固定期限劳动合同。

第十四条 无固定期限劳动合同，是指用人单位与劳动者约定无确定终止时间的劳动合同。

用人单位与劳动者协商一致，可以订立无固定期限劳动合同。有下列情形之一，劳动者提出或者同意续订、订立劳动合同的，除劳动者提出订立固定期限劳动合同外，应当订立无固定期限劳动合同：

（一）劳动者在该用人单位连续工作满十年的；

（二）用人单位初次实行劳动合同制度或者国有企业改制重新订立劳动合同时，劳动者在该用人单位连续工作满十年且距法定退休年龄不足十年的；

（三）连续订立二次固定期限劳动合同，且劳动者没有本法第三十九条和第四十条第一项、第二项规定的情形，续订劳动合同的。

用人单位自用工之日起满一年不与劳动者订立书面劳动合同的，视为用人单位与劳动者已订立无固定期限劳动合同。

第十五条 以完成一定工作任务为期限的劳动合同，是指用人单位与劳动者约定以某项工作的完成为合同期限的劳动合同。

用人单位与劳动者协商一致，可以订立以完成一定工作任务为期限的劳动合同。

第十六条 劳动合同由用人单位与劳动者协商一致，并经用人单位与劳动者在劳动合同文本上签字或者盖章生效。

劳动合同文本由用人单位和劳动者各执一份。

第十七条 劳动合同应当具备以下条款：

（一）用人单位的名称、住所和法定代表人或者主要负责人；

（二）劳动者的姓名、住址和居民身份证或者其他有效身份证件号码；

（三）劳动合同期限；

（四）工作内容和工作地点；

（五）工作时间和休息休假；

（六）劳动报酬；

（七）社会保险；

（八）劳动保护、劳动条件和职业危害防护；

（九）法律、法规规定应当纳入劳动合同的其他事项。

劳动合同除前款规定的必备条款外，用人单位与劳动者可以约定试用期、培训、保守秘密、补充保险和福利待遇等其他事项。

第十八条 劳动合同对劳动报酬和劳动条件等标准约定不明确，引发争议的，用人单位与劳动者可以重新协商；协商不成的，适用集体合同规定；没有集体合同或者集体合同未规定劳动报酬的，实行同工同酬；没有集体合同或者集体合同未规定劳动条件等标准的，适用国家有关规定。

第十九条 劳动合同期限三个月以上不满一年的，试用期不得超过一个月；劳动合同期限一年以上不满三年的，试用期不得超过二个月；三年以上固定期限和无固定期限的劳动合同，试用期不得超过六个月。

同一用人单位与同一劳动者只能约定一次试用期。

以完成一定工作任务为期限的劳动合同或者劳动合同期限不满三个月的，不得约定试用期。

试用期包含在劳动合同期限内。劳动合同仅约定试用期的，试用期不成立，该期限为劳动合同期限。

第二十条 劳动者在试用期的工资不得低于本单位相同岗位最低档工资或者劳动合同约定工资的百分之八十，并不得低于用人单位所在地的最低工资标准。

第二十一条 在试用期中，除劳动者有本法第三十九条和第四十条第一项、第二项规定的情形外，用人单位不得解除劳动合同。用人单位在试用期解除劳动合同的，应当向劳动者说明理由。

第二十二条 用人单位为劳动者提供专项培训费用，对其进行专业技术培训的，可以与该劳动者订立协议，约定服务期。

劳动者违反服务期约定的，应当按照约定向用人单位支付违约金。违约金的数额不得超过用人单位提供的培训费用。用人单位要求劳动者支付的违约金不得超过服务期尚未履行部分所应分摊的培训费用。

用人单位与劳动者约定服务期的，不影响按照正常的工资调整机制提高劳动者在服务期间的劳动报酬。

第二十三条 用人单位与劳动者可以在劳动合同中约定保守用人单位的商业秘密和与知识产权相关的保密事项。

对负有保密义务的劳动者，用人单位可以在劳动合同或者保密协议中与劳动者约定竞业限制条款，并约定在解除或者终止劳动合同后，在竞业限制期限内按月给予劳动者经济补偿。劳动者违反竞业限制约定的，应当按照约定向用人单位支付违约金。

第二十四条 竞业限制的人员限于用人单位的高级管理人员、高级技术人员和其他负有保密义务的人员。竞业限制的范围、地域、期限由用人单位与劳动者约定，竞业限制的约定不得违反法律、法规的规定。

在解除或者终止劳动合同后，前款规定的人员到与本单位生产或者经营同类产品、从事同类业务的有竞争关系的其他用人单位，或者自己开业生产或者经营同类产品、从事同类业务的竞业限制期限，不得超过二年。

第二十五条 除本法第二十二条和第二十三条规定的情形外，用人单位不得与劳动者约定由劳动者承担违约金。

第二十六条 下列劳动合同无效或者部分无效：

（一）以欺诈、胁迫的手段或者乘人之危，使对方在违背真实意思的情况下订立或者变更劳动合同的；

（二）用人单位免除自己的法定责任、排除劳动者权利的；

（三）违反法律、行政法规强制性规定的。

对劳动合同的无效或者部分无效有争议的，由劳动争议仲裁机构或者人民法院确认。

第二十七条 劳动合同部分无效，不影响其他部分效力的，其他部分仍然有效。

第二十八条 劳动合同被确认无效，劳动者已付出劳动的，用人单位应当向劳动者支付劳动报酬。劳动报酬的数额，参照本单位相同或者相近岗位劳动者的劳动报酬确定。

第三章 劳动合同的履行和变更

第二十九条 用人单位与劳动者应当按照劳动合同的约定，全面履行各自的义务。

第三十条 用人单位应当按照劳动合同约定和国家规定，向劳动者及时足额支付劳动报酬。

用人单位拖欠或者未足额支付劳动报酬的，劳动者可以依法向当地人民法院申请支付令，人民法院应当依法发出支付令。

第三十一条 用人单位应当严格执行劳动定额标准，不得强迫或者变相强迫劳动者加班。用人单位安排加班的，应当按照国家有关规定向劳动者支付加班费。

第三十二条 劳动者拒绝用人单位管理人员违章指挥、强令冒险作业的，不视为违反劳动合同。

劳动者对危害生命安全和身体健康的劳动条件，有权对用人单位提出批评、检举和控告。

第三十三条 用人单位变更名称、法定代表人、主要负责人或者投资人等事项，不影响劳动合同的履行。

第三十四条 用人单位发生合并或者分立等情况，原劳动合同继续有效，劳动合同由承继其权利和义务的用人单位继续履行。

第三十五条 用人单位与劳动者协商一致，可以变更劳动合同约定的内容。变更劳动合同，应当采用书面形式。

变更后的劳动合同文本由用人单位和劳动者各执一份。

第四章 劳动合同的解除和终止

第三十六条 用人单位与劳动者协商一致，可以解除劳动合同。

第三十七条 劳动者提前三十日以书面形式通知用人单位，可以解除劳动合同。劳动者在试用期内提前三日通知用人单位，可以解除劳动合同。

第三十八条 用人单位有下列情形之一的，劳动者可以解除劳动合同：

（一）未按照劳动合同约定提供劳动保护或者劳动条件的；

（二）未及时足额支付劳动报酬的；

（三）未依法为劳动者缴纳社会保险费的；

（四）用人单位的规章制度违反法律、法规的规定，损害劳动者权益的；

（五）因本法第二十六条第一款规定的情形致使劳动合同无效的；

（六）法律、行政法规规定劳动者可以解除劳动合同的其他情形。

用人单位以暴力、威胁或者非法限制人身自由的手段强迫劳动者劳动的，或者用人单位违章指挥、强令冒险作业危及劳动者人身安全的，劳动者可以立即解除劳动合同，不需事先告知用人单位。

第三十九条　劳动者有下列情形之一的，用人单位可以解除劳动合同：

（一）在试用期间被证明不符合录用条件的；

（二）严重违反用人单位的规章制度的；

（三）严重失职，营私舞弊，给用人单位造成重大损害的；

（四）劳动者同时与其他用人单位建立劳动关系，对完成本单位的工作任务造成严重影响，或者经用人单位提出，拒不改正的；

（五）因本法第二十六条第一款第一项规定的情形致使劳动合同无效的；

（六）被依法追究刑事责任的。

第四十条　有下列情形之一的，用人单位提前三十日以书面形式通知劳动者本人或者额外支付劳动者一个月工资后，可以解除劳动合同：

（一）劳动者患病或者非因工负伤，在规定的医疗期满后不能从事原工作，也不能从事由用人单位另行安排的工作的；

（二）劳动者不能胜任工作，经过培训或者调整工作岗位，仍不能胜任工作的；

（三）劳动合同订立时所依据的客观情况发生重大变化，致使劳动合同无法履行，经用人单位与劳动者协商，未能就变更劳动合同内容达成协议的。

第四十一条　有下列情形之一，需要裁减人员二十人以上或者裁减不足二十人但占企业职工总数百分之十以上的，用人单位提前三十日向工会或者全体职工说明情况，听取工会或者职工的意见后，裁减人员方案经向劳动行政部门报告，可以裁减人员：

（一）依照企业破产法规定进行重整的；

（二）生产经营发生严重困难的；

（三）企业转产、重大技术革新或者经营方式调整，经变更劳动合同后，仍需裁减人员的；

（四）其他因劳动合同订立时所依据的客观经济情况发生重大变化，致使劳动合同无法履行的。

裁减人员时，应当优先留用下列人员：

（一）与本单位订立较长期限的固定期限劳动合同的；

（二）与本单位订立无固定期限劳动合同的；

（三）家庭无其他就业人员，有需要扶养的老人或者未成年人的。

用人单位依照本条第一款规定裁减人员，在六个月内重新招用人员的，应当通知被裁减的人员，并在同等条件下优先招用被裁减的人员。

第四十二条 劳动者有下列情形之一的，用人单位不得依照本法第四十条、第四十一条的规定解除劳动合同：

（一）从事接触职业病危害作业的劳动者未进行离岗前职业健康检查，或者疑似职业病病人在诊断或者医学观察期间的；

（二）在本单位患职业病或者因工负伤并被确认丧失或者部分丧失劳动能力的；

（三）患病或者非因工负伤，在规定的医疗期内的；

（四）女职工在孕期、产期、哺乳期的；

（五）在本单位连续工作满十五年，且距法定退休年龄不足五年的；

（六）法律、行政法规规定的其他情形。

第四十三条 用人单位单方解除劳动合同，应当事先将理由通知工会。用人单位违反法律、行政法规规定或者劳动合同约定的，工会有权要求用人单位纠正。用人单位应当研究工会的意见，并将处理结果书面通知工会。

第四十四条 有下列情形之一的，劳动合同终止：

（一）劳动合同期满的；

（二）劳动者开始依法享受基本养老保险待遇的；

（三）劳动者死亡，或者被人民法院宣告死亡或者宣告失踪的；

（四）用人单位被依法宣告破产的；

（五）用人单位被吊销营业执照、责令关闭、撤销或者用人单位决定提前解散的；

（六）法律、行政法规规定的其他情形。

第四十五条 劳动合同期满，有本法第四十二条规定情形之一的，劳动合同应当续延至相应的情形消失时终止。但是，本法第四十二条第二项规定丧失或者部分丧失劳动能力劳动者的劳动合同的终止，按照国家有关工伤保险的规定执行。

第四十六条 有下列情形之一的，用人单位应当向劳动者支付经济补偿：

（一）劳动者依照本法第三十八条规定解除劳动合同的；

（二）用人单位依照本法第三十六条规定向劳动者提出解除劳动合同并与劳动者协商一致解除劳动合同的；

（三）用人单位依照本法第四十条规定解除劳动合同的；

（四）用人单位依照本法第四十一条第一款规定解除劳动合同的；

（五）除用人单位维持或者提高劳动合同约定条件续订劳动合同，劳动者不同意续订的情形外，依照本法第四十四条第一项规定终止固定期限劳动合同的；

（六）依照本法第四十四条第四项、第五项规定终止劳动合同的；

（七）法律、行政法规规定的其他情形。

第四十七条　经济补偿按劳动者在本单位工作的年限，每满一年支付一个月工资的标准向劳动者支付。六个月以上不满一年的，按一年计算；不满六个月的，向劳动者支付半个月工资的经济补偿。

劳动者月工资高于用人单位所在直辖市、设区的市级人民政府公布的本地区上年度职工月平均工资三倍的，向其支付经济补偿的标准按职工月平均工资三倍的数额支付，向其支付经济补偿的年限最高不超过十二年。

本条所称月工资是指劳动者在劳动合同解除或者终止前十二个月的平均工资。

第四十八条　用人单位违反本法规定解除或者终止劳动合同，劳动者要求继续履行劳动合同的，用人单位应当继续履行；劳动者不要求继续履行劳动合同或者劳动合同已经不能继续履行的，用人单位应当依照本法第八十七条规定支付赔偿金。

第四十九条　国家采取措施，建立健全劳动者社会保险关系跨地区转移接续制度。

第五十条　用人单位应当在解除或者终止劳动合同时出具解除或者终止劳动合同的证明，并在十五日内为劳动者办理档案和社会保险关系转移手续。

劳动者应当按照双方约定，办理工作交接。用人单位依照本法有关规定应当向劳动者支付经济补偿的，在办结工作交接时支付。

用人单位对已经解除或者终止的劳动合同的文本，至少保存二年备查。

第五章　特别规定

第一节　集体合同

第五十一条　企业职工一方与用人单位通过平等协商，可以就劳动报酬、工作时间、休息休假、劳动安全卫生、保险福利等事项订立集体合同。集体合同草案应当提交职工代表大会或者全体职工讨论通过。

集体合同由工会代表企业职工一方与用人单位订立；尚未建立工会的用人单位，由上级工会指导劳动者推举的代表与用人单位订立。

第五十二条　企业职工一方与用人单位可以订立劳动安全卫生、女职工权益保护、工资调整机制等专项集体合同。

第五十三条　在县级以下区域内，建筑业、采矿业、餐饮服务业等行业可以由工会与企业方面代表订立行业性集体合同，或者订立区域性集体合同。

第五十四条　集体合同订立后，应当报送劳动行政部门；劳动行政部门自收到集体合同文本之日起十五日内未提出异议的，集体合同即行生效。

依法订立的集体合同对用人单位和劳动者具有约束力。行业性、区域性集体合同对当地本行业、本区域的用人单位和劳动者具有约束力。

第五十五条　集体合同中劳动报酬和劳动条件等标准不得低于当地人民政府规定的最

低标准；用人单位与劳动者订立的劳动合同中劳动报酬和劳动条件等标准不得低于集体合同规定的标准。

第五十六条 用人单位违反集体合同，侵犯职工劳动权益的，工会可以依法要求用人单位承担责任；因履行集体合同发生争议，经协商解决不成的，工会可以依法申请仲裁、提起诉讼。

第二节 劳务派遣

第五十七条 劳务派遣单位应当依照公司法的有关规定设立，注册资本不得少于五十万元。

第五十八条 劳务派遣单位是本法所称用人单位，应当履行用人单位对劳动者的义务。劳务派遣单位与被派遣劳动者订立的劳动合同，除应当载明本法第十七条规定的事项外，还应当载明被派遣劳动者的用工单位以及派遣期限、工作岗位等情况。

劳务派遣单位应当与被派遣劳动者订立二年以上的固定期限劳动合同，按月支付劳动报酬；被派遣劳动者在无工作期间，劳务派遣单位应当按照所在地人民政府规定的最低工资标准，向其按月支付报酬。

第五十九条 劳务派遣单位派遣劳动者应当与接受以劳务派遣形式用工的单位（以下称用工单位）订立劳务派遣协议。劳务派遣协议应当约定派遣岗位和人员数量、派遣期限、劳动报酬和社会保险费的数额与支付方式以及违反协议的责任。

用工单位应当根据工作岗位的实际需要与劳务派遣单位确定派遣期限，不得将连续用工期限分割订立数个短期劳务派遣协议。

第六十条 劳务派遣单位应当将劳务派遣协议的内容告知被派遣劳动者。

劳务派遣单位不得克扣用工单位按照劳务派遣协议支付给被派遣劳动者的劳动报酬。

劳务派遣单位和用工单位不得向被派遣劳动者收取费用。

第六十一条 劳务派遣单位跨地区派遣劳动者的，被派遣劳动者享有的劳动报酬和劳动条件，按照用工单位所在地的标准执行。

第六十二条 用工单位应当履行下列义务：

（一）执行国家劳动标准，提供相应的劳动条件和劳动保护；

（二）告知被派遣劳动者的工作要求和劳动报酬；

（三）支付加班费、绩效奖金，提供与工作岗位相关的福利待遇；

（四）对在岗被派遣劳动者进行工作岗位所必需的培训；

（五）连续用工的，实行正常的工资调整机制。

用工单位不得将被派遣劳动者再派遣到其他用人单位。

第六十三条 被派遣劳动者享有与用工单位的劳动者同工同酬的权利。用工单位无同类岗位劳动者的，参照用工单位所在地相同或者相近岗位劳动者的劳动报酬确定。

第六十四条 被派遣劳动者有权在劳务派遣单位或者用工单位依法参加或者组织工会，

维护自身的合法权益。

第六十五条　被派遣劳动者可以依照本法第三十六条、第三十八条的规定与劳务派遣单位解除劳动合同。

被派遣劳动者有本法第三十九条和第四十条第一项、第二项规定情形的，用工单位可以将劳动者退回劳务派遣单位，劳务派遣单位依照本法有关规定，可以与劳动者解除劳动合同。

第六十六条　劳务派遣一般在临时性、辅助性或者替代性的工作岗位上实施。

第六十七条　用人单位不得设立劳务派遣单位向本单位或者所属单位派遣劳动者。

第三节　非全日制用工

第六十八条　非全日制用工，是指以小时计酬为主，劳动者在同一用人单位一般平均每日工作时间不超过四小时，每周工作时间累计不超过二十四小时的用工形式。

第六十九条　非全日制用工双方当事人可以订立口头协议。

从事非全日制用工的劳动者可以与一个或者一个以上用人单位订立劳动合同；但是，后订立的劳动合同不得影响先订立的劳动合同的履行。

第七十条　非全日制用工双方当事人不得约定试用期。

第七十一条　非全日制用工双方当事人任何一方都可以随时通知对方终止用工。终止用工，用人单位不向劳动者支付经济补偿。

第七十二条　非全日制用工小时计酬标准不得低于用人单位所在地人民政府规定的最低小时工资标准。

非全日制用工劳动报酬结算支付周期最长不得超过十五日。

第六章　监督检查

第七十三条　国务院劳动行政部门负责全国劳动合同制度实施的监督管理。

县级以上地方人民政府劳动行政部门负责本行政区域内劳动合同制度实施的监督管理。

县级以上各级人民政府劳动行政部门在劳动合同制度实施的监督管理工作中，应当听取工会、企业方面代表以及有关行业主管部门的意见。

第七十四条　县级以上地方人民政府劳动行政部门依法对下列实施劳动合同制度的情况进行监督检查：

（一）用人单位制定直接涉及劳动者切身利益的规章制度及其执行的情况；

（二）用人单位与劳动者订立和解除劳动合同的情况；

（三）劳务派遣单位和用工单位遵守劳务派遣有关规定的情况；

（四）用人单位遵守国家关于劳动者工作时间和休息休假规定的情况；

（五）用人单位支付劳动合同约定的劳动报酬和执行最低工资标准的情况；

（六）用人单位参加各项社会保险和缴纳社会保险费的情况；

（七）法律、法规规定的其他劳动监察事项。

第七十五条 县级以上地方人民政府劳动行政部门实施监督检查时，有权查阅与劳动合同、集体合同有关的材料，有权对劳动场所进行实地检查，用人单位和劳动者都应当如实提供有关情况和材料。

劳动行政部门的工作人员进行监督检查，应当出示证件，依法行使职权，文明执法。

第七十六条 县级以上人民政府建设、卫生、安全生产监督管理等有关主管部门在各自职责范围内，对用人单位执行劳动合同制度的情况进行监督管理。

第七十七条 劳动者合法权益受到侵害的，有权要求有关部门依法处理，或者依法申请仲裁、提起诉讼。

第七十八条 工会依法维护劳动者的合法权益，对用人单位履行劳动合同、集体合同的情况进行监督。用人单位违反劳动法律、法规和劳动合同、集体合同的，工会有权提出意见或者要求纠正；劳动者申请仲裁、提起诉讼的，工会依法给予支持和帮助。

第七十九条 任何组织或者个人对违反本法的行为都有权举报，县级以上人民政府劳动行政部门应当及时核实、处理，并对举报有功人员给予奖励。

第七章 法律责任

第八十条 用人单位直接涉及劳动者切身利益的规章制度违反法律、法规规定的，由劳动行政部门责令改正，给予警告；给劳动者造成损害的，应当承担赔偿责任。

第八十一条 用人单位提供的劳动合同文本未载明本法规定的劳动合同必备条款或者用人单位未将劳动合同文本交付劳动者的，由劳动行政部门责令改正；给劳动者造成损害的，应当承担赔偿责任。

第八十二条 用人单位自用工之日起超过一个月不满一年未与劳动者订立书面劳动合同的，应当向劳动者每月支付二倍的工资。

用人单位违反本法规定不与劳动者订立无固定期限劳动合同的，自应当订立无固定期限劳动合同之日起向劳动者每月支付二倍的工资。

第八十三条 用人单位违反本法规定与劳动者约定试用期的，由劳动行政部门责令改正；违法约定的试用期已经履行的，由用人单位以劳动者试用期满月工资为标准，按已经履行的超过法定试用期的期间向劳动者支付赔偿金。

第八十四条 用人单位违反本法规定，扣押劳动者居民身份证等证件的，由劳动行政部门责令限期退还劳动者本人，并依照有关法律规定给予处罚。

用人单位违反本法规定，以担保或者其他名义向劳动者收取财物的，由劳动行政部门责令限期退还劳动者本人，并以每人五百元以上二千元以下的标准处以罚款；给劳动者造成损害的，应当承担赔偿责任。

劳动者依法解除或者终止劳动合同，用人单位扣押劳动者档案或者其他物品的，依照前款规定处罚。

第八十五条　用人单位有下列情形之一的，由劳动行政部门责令限期支付劳动报酬、加班费或者经济补偿；劳动报酬低于当地最低工资标准的，应当支付其差额部分；逾期不支付的，责令用人单位按应付金额百分之五十以上百分之一百以下的标准向劳动者加付赔偿金：

（一）未按照劳动合同的约定或者国家规定及时足额支付劳动者劳动报酬的；

（二）低于当地最低工资标准支付劳动者工资的；

（三）安排加班不支付加班费的；

（四）解除或者终止劳动合同，未依照本法规定向劳动者支付经济补偿的。

第八十六条　劳动合同依照本法第二十六条规定被确认无效，给对方造成损害的，有过错的一方应当承担赔偿责任。

第八十七条　用人单位违反本法规定解除或者终止劳动合同的，应当依照本法第四十七条规定的经济补偿标准的二倍向劳动者支付赔偿金。

第八十八条　用人单位有下列情形之一的，依法给予行政处罚；构成犯罪的，依法追究刑事责任；给劳动者造成损害的，应当承担赔偿责任：

（一）以暴力、威胁或者非法限制人身自由的手段强迫劳动的；

（二）违章指挥或者强令冒险作业危及劳动者人身安全的；

（三）侮辱、体罚、殴打、非法搜查或者拘禁劳动者的；

（四）劳动条件恶劣、环境污染严重，给劳动者身心健康造成严重损害的。

第八十九条　用人单位违反本法规定未向劳动者出具解除或者终止劳动合同的书面证明，由劳动行政部门责令改正；给劳动者造成损害的，应当承担赔偿责任。

第九十条　劳动者违反本法规定解除劳动合同，或者违反劳动合同中约定的保密义务或者竞业限制，给用人单位造成损失的，应当承担赔偿责任。

第九十一条　用人单位招用与其他用人单位尚未解除或者终止劳动合同的劳动者，给其他用人单位造成损失的，应当承担连带赔偿责任。

第九十二条　劳务派遣单位违反本法规定的，由劳动行政部门和其他有关主管部门责令改正；情节严重的，以每人一千元以上五千元以下的标准处以罚款，并由工商行政管理部门吊销营业执照；给被派遣劳动者造成损害的，劳务派遣单位与用工单位承担连带赔偿责任。

第九十三条　对不具备合法经营资格的用人单位的违法犯罪行为，依法追究法律责任；劳动者已经付出劳动的，该单位或者其出资人应当依照本法有关规定向劳动者支付劳动报酬、经济补偿、赔偿金；给劳动者造成损害的，应当承担赔偿责任。

第九十四条　个人承包经营违反本法规定招用劳动者，给劳动者造成损害的，发包的组织与个人承包经营者承担连带赔偿责任。

第九十五条　劳动行政部门和其他有关主管部门及其工作人员玩忽职守、不履行法定职责，或者违法行使职权，给劳动者或者用人单位造成损害的，应当承担赔偿责任；对直接负责的主管人员和其他直接责任人员，依法给予行政处分；构成犯罪的，依法追究刑事责任。

第八章 附 则

第九十六条 事业单位与实行聘用制的工作人员订立、履行、变更、解除或者终止劳动合同，法律、行政法规或者国务院另有规定的，依照其规定；未作规定的，依照本法有关规定执行。

第九十七条 本法施行前已依法订立且在本法施行之日存续的劳动合同，继续履行；本法第十四条第二款第三项规定连续订立固定期限劳动合同的次数，自本法施行后续订固定期限劳动合同时开始计算。

本法施行前已建立劳动关系，尚未订立书面劳动合同的，应当自本法施行之日起一个月内订立。

本法施行之日存续的劳动合同在本法施行后解除或者终止，依照本法第四十六条规定应当支付经济补偿的，经济补偿年限自本法施行之日起计算；本法施行前按照当时有关规定，用人单位应当向劳动者支付经济补偿的，按照当时有关规定执行。

第九十八条 本法自2008年1月1日起施行。

附录三

中华人民共和国劳动争议调解仲裁法

（2007 年 12 月 29 日第十届全国人民代表大会
常务委员会第三十一次会议通过）

目　录

第一章　总　　则

第一条　为了公正及时解决劳动争议，保护当事人合法权益，促进劳动关系和谐稳定，制定本法。

第二条　中华人民共和国境内的用人单位与劳动者发生的下列劳动争议，适用本法：

（一）因确认劳动关系发生的争议；

（二）因订立、履行、变更、解除和终止劳动合同发生的争议；

（三）因除名、辞退和辞职、离职发生的争议；

（四）因工作时间、休息休假、社会保险、福利、培训以及劳动保护发生的争议；

（五）因劳动报酬、工伤医疗费、经济补偿或者赔偿金等发生的争议；

（六）法律、法规规定的其他劳动争议。

第三条　解决劳动争议，应当根据事实，遵循合法、公正、及时、着重调解的原则，依法保护当事人的合法权益。

第四条　发生劳动争议，劳动者可以与用人单位协商，也可以请工会或者第三方共同与用人单位协商，达成和解协议。

第五条 发生劳动争议，当事人不愿协商、协商不成或者达成和解协议后不履行的，可以向调解组织申请调解；不愿调解、调解不成或者达成调解协议后不履行的，可以向劳动争议仲裁委员会申请仲裁；对仲裁裁决不服的，除本法另有规定的外，可以向人民法院提起诉讼。

第六条 发生劳动争议，当事人对自己提出的主张，有责任提供证据。与争议事项有关的证据属于用人单位掌握管理的，用人单位应当提供；用人单位不提供的，应当承担不利后果。

第七条 发生劳动争议的劳动者一方在十人以上，并有共同请求的，可以推举代表参加调解、仲裁或者诉讼活动。

第八条 县级以上人民政府劳动行政部门会同工会和企业方面代表建立协调劳动关系三方机制，共同研究解决劳动争议的重大问题。

第九条 用人单位违反国家规定，拖欠或者未足额支付劳动报酬，或者拖欠工伤医疗费、经济补偿或者赔偿金的，劳动者可以向劳动行政部门投诉，劳动行政部门应当依法处理。

第二章 调 解

第十条 发生劳动争议，当事人可以到下列调解组织申请调解：

（一）企业劳动争议调解委员会；

（二）依法设立的基层人民调解组织；

（三）在乡镇、街道设立的具有劳动争议调解职能的组织。

企业劳动争议调解委员会由职工代表和企业代表组成。职工代表由工会成员担任或者由全体职工推举产生，企业代表由企业负责人指定。企业劳动争议调解委员会主任由工会成员或者双方推举的人员担任。

第十一条 劳动争议调解组织的调解员应当由公道正派、联系群众、热心调解工作，并具有一定法律知识、政策水平和文化水平的成年公民担任。

第十二条 当事人申请劳动争议调解可以书面申请，也可以口头申请。口头申请的，调解组织应当当场记录申请人基本情况、申请调解的争议事项、理由和时间。

第十三条 调解劳动争议，应当充分听取双方当事人对事实和理由的陈述，耐心疏导，帮助其达成协议。

第十四条 经调解达成协议的，应当制作调解协议书。

调解协议书由双方当事人签名或者盖章，经调解员签名并加盖调解组织印章后生效，对双方当事人具有约束力，当事人应当履行。

自劳动争议调解组织收到调解申请之日起十五日内未达成调解协议的，当事人可以依法申请仲裁。

第十五条　达成调解协议后，一方当事人在协议约定期限内不履行调解协议的，另一方当事人可以依法申请仲裁。

第十六条　因支付拖欠劳动报酬、工伤医疗费、经济补偿或者赔偿金事项达成调解协议，用人单位在协议约定期限内不履行的，劳动者可以持调解协议书依法向人民法院申请支付令。人民法院应当依法发出支付令。

第三章　仲　　裁

第一节　一般规定

第十七条　劳动争议仲裁委员会按照统筹规划、合理布局和适应实际需要的原则设立。省、自治区人民政府可以决定在市、县设立；直辖市人民政府可以决定在区、县设立。直辖市、设区的市也可以设立一个或者若干个劳动争议仲裁委员会。劳动争议仲裁委员会不按行政区划层层设立。

第十八条　国务院劳动行政部门依照本法有关规定制定仲裁规则。省、自治区、直辖市人民政府劳动行政部门对本行政区域的劳动争议仲裁工作进行指导。

第十九条　劳动争议仲裁委员会由劳动行政部门代表、工会代表和企业方面代表组成。劳动争议仲裁委员会组成人员应当是单数。

劳动争议仲裁委员会依法履行下列职责：

（一）聘任、解聘专职或者兼职仲裁员；

（二）受理劳动争议案件；

（三）讨论重大或者疑难的劳动争议案件；

（四）对仲裁活动进行监督。

劳动争议仲裁委员会下设办事机构，负责办理劳动争议仲裁委员会的日常工作。

第二十条　劳动争议仲裁委员会应当设仲裁员名册。

仲裁员应当公道正派并符合下列条件之一：

（一）曾任审判员的；

（二）从事法律研究、教学工作并具有中级以上职称的；

（三）具有法律知识、从事人力资源管理或者工会等专业工作满五年的；

（四）律师执业满三年的。

第二十一条　劳动争议仲裁委员会负责管辖本区域内发生的劳动争议。

劳动争议由劳动合同履行地或者用人单位所在地的劳动争议仲裁委员会管辖。双方当事人分别向劳动合同履行地和用人单位所在地的劳动争议仲裁委员会申请仲裁的，由劳动合同履行地的劳动争议仲裁委员会管辖。

第二十二条　发生劳动争议的劳动者和用人单位为劳动争议仲裁案件的双方当事人。

劳务派遣单位或者用工单位与劳动者发生劳动争议的，劳务派遣单位和用工单位为共同当事人。

第二十三条 与劳动争议案件的处理结果有利害关系的第三人，可以申请参加仲裁活动或者由劳动争议仲裁委员会通知其参加仲裁活动。

第二十四条 当事人可以委托代理人参加仲裁活动。委托他人参加仲裁活动，应当向劳动争议仲裁委员会提交有委托人签名或者盖章的委托书，委托书应当载明委托事项和权限。

第二十五条 丧失或者部分丧失民事行为能力的劳动者，由其法定代理人代为参加仲裁活动；无法定代理人的，由劳动争议仲裁委员会为其指定代理人。劳动者死亡的，由其近亲属或者代理人参加仲裁活动。

第二十六条 劳动争议仲裁公开进行，但当事人协议不公开进行或者涉及国家秘密、商业秘密和个人隐私的除外。

第二节 申请和受理

第二十七条 劳动争议申请仲裁的时效期间为一年。仲裁时效期间从当事人知道或者应当知道其权利被侵害之日起计算。

前款规定的仲裁时效，因当事人一方向对方当事人主张权利，或者向有关部门请求权利救济，或者对方当事人同意履行义务而中断。从中断时起，仲裁时效期间重新计算。

因不可抗力或者有其他正当理由，当事人不能在本条第一款规定的仲裁时效期间申请仲裁的，仲裁时效中止。从中止时效的原因消除之日起，仲裁时效期间继续计算。

劳动关系存续期间因拖欠劳动报酬发生争议的，劳动者申请仲裁不受本条第一款规定的仲裁时效期间的限制；但是，劳动关系终止的，应当自劳动关系终止之日起一年内提出。

第二十八条 申请人申请仲裁应当提交书面仲裁申请，并按照被申请人人数提交副本。

仲裁申请书应当载明下列事项：

（一）劳动者的姓名、性别、年龄、职业、工作单位和住所，用人单位的名称、住所和法定代表人或者主要负责人的姓名、职务；

（二）仲裁请求和所根据的事实、理由；

（三）证据和证据来源、证人姓名和住所。

书写仲裁申请确有困难的，可以口头申请，由劳动争议仲裁委员会记入笔录，并告知对方当事人。

第二十九条 劳动争议仲裁委员会收到仲裁申请之日起五日内，认为符合受理条件的，应当受理，并通知申请人；认为不符合受理条件的，应当书面通知申请人不予受理，并说明理由。对劳动争议仲裁委员会不予受理或者逾期未作出决定的，申请人可以就该劳动争议事项向人民法院提起诉讼。

第三十条 劳动争议仲裁委员会受理仲裁申请后，应当在五日内将仲裁申请书副本送达被申请人。

被申请人收到仲裁申请书副本后，应当在十日内向劳动争议仲裁委员会提交答辩书。劳动争议仲裁委员会收到答辩书后，应当在五日内将答辩书副本送达申请人。被申请人未提交答辩书的，不影响仲裁程序的进行。

第三节 开庭和裁决

第三十一条 劳动争议仲裁委员会裁决劳动争议案件实行仲裁庭制。仲裁庭由三名仲裁员组成，设首席仲裁员。简单劳动争议案件可以由一名仲裁员独任仲裁。

第三十二条 劳动争议仲裁委员会应当在受理仲裁申请之日起五日内将仲裁庭的组成情况书面通知当事人。

第三十三条 仲裁员有下列情形之一，应当回避，当事人也有权以口头或者书面方式提出回避申请：

（一）是本案当事人或者当事人、代理人的近亲属的；

（二）与本案有利害关系的；

（三）与本案当事人、代理人有其他关系，可能影响公正裁决的；

（四）私自会见当事人、代理人，或者接受当事人、代理人的请客送礼的。

劳动争议仲裁委员会对回避申请应当及时作出决定，并以口头或者书面方式通知当事人。

第三十四条 仲裁员有本法第三十三条第四项规定情形，或者有索贿受贿、徇私舞弊、枉法裁决行为的，应当依法承担法律责任。劳动争议仲裁委员会应当将其解聘。

第三十五条 仲裁庭应当在开庭五日前，将开庭日期、地点书面通知双方当事人。当事人有正当理由的，可以在开庭三日前请求延期开庭。是否延期，由劳动争议仲裁委员会决定。

第三十六条 申请人收到书面通知，无正当理由拒不到庭或者未经仲裁庭同意中途退庭的，可以视为撤回仲裁申请。

被申请人收到书面通知，无正当理由拒不到庭或者未经仲裁庭同意中途退庭的，可以缺席裁决。

第三十七条 仲裁庭对专门性问题认为需要鉴定的，可以交由当事人约定的鉴定机构鉴定；当事人没有约定或者无法达成约定的，由仲裁庭指定的鉴定机构鉴定。

根据当事人的请求或者仲裁庭的要求，鉴定机构应当派鉴定人参加开庭。当事人经仲裁庭许可，可以向鉴定人提问。

第三十八条 当事人在仲裁过程中有权进行质证和辩论。质证和辩论终结时，首席仲裁员或者独任仲裁员应当征询当事人的最后意见。

第三十九条 当事人提供的证据经查证属实的，仲裁庭应当将其作为认定事实的根据。

劳动者无法提供由用人单位掌握管理的与仲裁请求有关的证据，仲裁庭可以要求用人单位在指定期限内提供。用人单位在指定期限内不提供的，应当承担不利后果。

第四十条 仲裁庭应当将开庭情况记入笔录。当事人和其他仲裁参加人认为对自己陈述的记录有遗漏或者差错的，有权申请补正。如果不予补正，应当记录该申请。

笔录由仲裁员、记录人员、当事人和其他仲裁参加人签名或者盖章。

第四十一条 当事人申请劳动争议仲裁后，可以自行和解。达成和解协议的，可以撤回仲裁申请。

第四十二条 仲裁庭在作出裁决前，应当先行调解。

调解达成协议的，仲裁庭应当制作调解书。

调解书应当写明仲裁请求和当事人协议的结果。调解书由仲裁员签名，加盖劳动争议仲裁委员会印章，送达双方当事人。调解书经双方当事人签收后，发生法律效力。

调解不成或者调解书送达前，一方当事人反悔的，仲裁庭应当及时作出裁决。

第四十三条 仲裁庭裁决劳动争议案件，应当自劳动争议仲裁委员会受理仲裁申请之日起四十五日内结束。案情复杂需要延期的，经劳动争议仲裁委员会主任批准，可以延期并书面通知当事人，但是延长期限不得超过十五日。逾期未作出仲裁裁决的，当事人可以就该劳动争议事项向人民法院提起诉讼。

仲裁庭裁决劳动争议案件时，其中一部分事实已经清楚，可以就该部分先行裁决。

第四十四条 仲裁庭对追索劳动报酬、工伤医疗费、经济补偿或者赔偿金的案件，根据当事人的申请，可以裁决先予执行，移送人民法院执行。

仲裁庭裁决先予执行的，应当符合下列条件：

（一）当事人之间权利义务关系明确；

（二）不先予执行将严重影响申请人的生活。

劳动者申请先予执行的，可以不提供担保。

第四十五条 裁决应当按照多数仲裁员的意见作出，少数仲裁员的不同意见应当记入笔录。仲裁庭不能形成多数意见时，裁决应当按照首席仲裁员的意见作出。

第四十六条 裁决书应当载明仲裁请求、争议事实、裁决理由、裁决结果和裁决日期。裁决书由仲裁员签名，加盖劳动争议仲裁委员会印章。对裁决持不同意见的仲裁员，可以签名，也可以不签名。

第四十七条 下列劳动争议，除本法另有规定的外，仲裁裁决为终局裁决，裁决书自作出之日起发生法律效力：

（一）追索劳动报酬、工伤医疗费、经济补偿或者赔偿金，不超过当地月最低工资标准十二个月金额的争议；

（二）因执行国家的劳动标准在工作时间、休息休假、社会保险等方面发生的争议。

第四十八条 劳动者对本法第四十七条规定的仲裁裁决不服的，可以自收到仲裁裁决书之日起十五日内向人民法院提起诉讼。

第四十九条 用人单位有证据证明本法第四十七条规定的仲裁裁决有下列情形之一，

可以自收到仲裁裁决书之日起三十日内向劳动争议仲裁委员会所在地的中级人民法院申请撤销裁决：

（一）适用法律、法规确有错误的；

（二）劳动争议仲裁委员会无管辖权的；

（三）违反法定程序的；

（四）裁决所根据的证据是伪造的；

（五）对方当事人隐瞒了足以影响公正裁决的证据的；

（六）仲裁员在仲裁该案时有索贿受贿、徇私舞弊、枉法裁决行为的。

人民法院经组成合议庭审查核实裁决有前款规定情形之一的，应当裁定撤销。

仲裁裁决被人民法院裁定撤销的，当事人可以自收到裁定书之日起十五日内就该劳动争议事项向人民法院提起诉讼。

第五十条　当事人对本法第四十七条规定以外的其他劳动争议案件的仲裁裁决不服的，可以自收到仲裁裁决书之日起十五日内向人民法院提起诉讼；期满不起诉的，裁决书发生法律效力。

第五十一条　当事人对发生法律效力的调解书、裁决书，应当依照规定的期限履行。一方当事人逾期不履行的，另一方当事人可以依照民事诉讼法的有关规定向人民法院申请执行。受理申请的人民法院应当依法执行。

第四章　附　　则

第五十二条　事业单位实行聘用制的工作人员与本单位发生劳动争议的，依照本法执行；法律、行政法规或者国务院另有规定的，依照其规定。

第五十三条　劳动争议仲裁不收费。劳动争议仲裁委员会的经费由财政予以保障。

第五十四条　本法自2008年5月1日起施行。

附录四

中华人民共和国就业促进法

（2007 年 8 月 30 日第十届全国人民代表大会
常务委员会第二十九次会议通过）

目　录

第一章　总　　则

第一条　为了促进就业，促进经济发展与扩大就业相协调，促进社会和谐稳定，制定本法。

第二条　国家把扩大就业放在经济社会发展的突出位置，实施积极的就业政策，坚持劳动者自主择业、市场调节就业、政府促进就业的方针，多渠道扩大就业。

第三条　劳动者依法享有平等就业和自主择业的权利。

劳动者就业，不因民族、种族、性别、宗教信仰等不同而受歧视。

第四条　县级以上人民政府把扩大就业作为经济和社会发展的重要目标，纳入国民经济和社会发展规划，并制定促进就业的中长期规划和年度工作计划。

第五条　县级以上人民政府通过发展经济和调整产业结构、规范人力资源市场、完善就业服务、加强职业教育和培训、提供就业援助等措施，创造就业条件，扩大就业。

第六条　国务院建立全国促进就业工作协调机制，研究就业工作中的重大问题，协调推动全国的促进就业工作。国务院劳动行政部门具体负责全国的促进就业工作。

省、自治区、直辖市人民政府根据促进就业工作的需要，建立促进就业工作协调机制，协调解决本行政区域就业工作中的重大问题。

县级以上人民政府有关部门按照各自的职责分工，共同做好促进就业工作。

第七条　国家倡导劳动者树立正确的择业观念，提高就业能力和创业能力；鼓励劳动者自主创业、自谋职业。

各级人民政府和有关部门应当简化程序，提高效率，为劳动者自主创业、自谋职业提供便利。

第八条　用人单位依法享有自主用人的权利。

用人单位应当依照本法以及其他法律、法规的规定，保障劳动者的合法权益。

第九条　工会、共产主义青年团、妇女联合会、残疾人联合会以及其他社会组织，协助人民政府开展促进就业工作，依法维护劳动者的劳动权利。

第十条　各级人民政府和有关部门对在促进就业工作中作出显著成绩的单位和个人，给予表彰和奖励。

第二章　政策支持

第十一条　县级以上人民政府应当把扩大就业作为重要职责，统筹协调产业政策与就业政策。

第十二条　国家鼓励各类企业在法律、法规规定的范围内，通过兴办产业或者拓展经营，增加就业岗位。

国家鼓励发展劳动密集型产业、服务业，扶持中小企业，多渠道、多方式增加就业岗位。

国家鼓励、支持、引导非公有制经济发展，扩大就业，增加就业岗位。

第十三条　国家发展国内外贸易和国际经济合作，拓宽就业渠道。

第十四条　县级以上人民政府在安排政府投资和确定重大建设项目时，应当发挥投资和重大建设项目带动就业的作用，增加就业岗位。

第十五条　国家实行有利于促进就业的财政政策，加大资金投入，改善就业环境，扩大就业。

县级以上人民政府应当根据就业状况和就业工作目标，在财政预算中安排就业专项资金用于促进就业工作。

就业专项资金用于职业介绍、职业培训、公益性岗位、职业技能鉴定、特定就业政策和社会保险等的补贴，小额贷款担保基金和微利项目的小额担保贷款贴息，以及扶持公共就业服务等。就业专项资金的使用管理办法由国务院财政部门和劳动行政部门规定。

第十六条　国家建立健全失业保险制度，依法确保失业人员的基本生活，并促进其实现就业。

第十七条 国家鼓励企业增加就业岗位，扶持失业人员和残疾人就业，对下列企业、人员依法给予税收优惠：

（一）吸纳符合国家规定条件的失业人员达到规定要求的企业；

（二）失业人员创办的中小企业；

（三）安置残疾人员达到规定比例或者集中使用残疾人的企业；

（四）从事个体经营的符合国家规定条件的失业人员；

（五）从事个体经营的残疾人；

（六）国务院规定给予税收优惠的其他企业、人员。

第十八条 对本法第十七条第四项、第五项规定的人员，有关部门应当在经营场地等方面给予照顾，免除行政事业性收费。

第十九条 国家实行有利于促进就业的金融政策，增加中小企业的融资渠道；鼓励金融机构改进金融服务，加大对中小企业的信贷支持，并对自主创业人员在一定期限内给予小额信贷等扶持。

第二十条 国家实行城乡统筹的就业政策，建立健全城乡劳动者平等就业的制度，引导农业富余劳动力有序转移就业。

县级以上地方人民政府推进小城镇建设和加快县域经济发展，引导农业富余劳动力就地就近转移就业；在制定小城镇规划时，将本地区农业富余劳动力转移就业作为重要内容。

县级以上地方人民政府引导农业富余劳动力有序向城市异地转移就业；劳动力输出地和输入地人民政府应当互相配合，改善农村劳动者进城就业的环境和条件。

第二十一条 国家支持区域经济发展，鼓励区域协作，统筹协调不同地区就业的均衡增长。

国家支持民族地区发展经济，扩大就业。

第二十二条 各级人民政府统筹做好城镇新增劳动力就业、农业富余劳动力转移就业和失业人员就业工作。

第二十三条 各级人民政府采取措施，逐步完善和实施与非全日制用工等灵活就业相适应的劳动和社会保险政策，为灵活就业人员提供帮助和服务。

第二十四条 地方各级人民政府和有关部门应当加强对失业人员从事个体经营的指导，提供政策咨询、就业培训和开业指导等服务。

第三章 公平就业

第二十五条 各级人民政府创造公平就业的环境，消除就业歧视，制定政策并采取措施对就业困难人员给予扶持和援助。

第二十六条 用人单位招用人员、职业中介机构从事职业中介活动，应当向劳动者提供平等的就业机会和公平的就业条件，不得实施就业歧视。

第二十七条　国家保障妇女享有与男子平等的劳动权利。

用人单位招用人员，除国家规定的不适合妇女的工种或者岗位外，不得以性别为由拒绝录用妇女或者提高对妇女的录用标准。

用人单位录用女职工，不得在劳动合同中规定限制女职工结婚、生育的内容。

第二十八条　各民族劳动者享有平等的劳动权利。

用人单位招用人员，应当依法对少数民族劳动者给予适当照顾。

第二十九条　国家保障残疾人的劳动权利。

各级人民政府应当对残疾人就业统筹规划，为残疾人创造就业条件。

用人单位招用人员，不得歧视残疾人。

第三十条　用人单位招用人员，不得以是传染病病原携带者为由拒绝录用。但是，经医学鉴定传染病病原携带者在治愈前或者排除传染嫌疑前，不得从事法律、行政法规和国务院卫生行政部门规定禁止从事的易使传染病扩散的工作。

第三十一条　农村劳动者进城就业享有与城镇劳动者平等的劳动权利，不得对农村劳动者进城就业设置歧视性限制。

第四章　就业服务和管理

第三十二条　县级以上人民政府培育和完善统一开放、竞争有序的人力资源市场，为劳动者就业提供服务。

第三十三条　县级以上人民政府鼓励社会各方面依法开展就业服务活动，加强对公共就业服务和职业中介服务的指导和监督，逐步完善覆盖城乡的就业服务体系。

第三十四条　县级以上人民政府加强人力资源市场信息网络及相关设施建设，建立健全人力资源市场信息服务体系，完善市场信息发布制度。

第三十五条　县级以上人民政府建立健全公共就业服务体系，设立公共就业服务机构，为劳动者免费提供下列服务：

（一）就业政策法规咨询；

（二）职业供求信息、市场工资指导价位信息和职业培训信息发布；

（三）职业指导和职业介绍；

（四）对就业困难人员实施就业援助；

（五）办理就业登记、失业登记等事务；

（六）其他公共就业服务。

公共就业服务机构应当不断提高服务的质量和效率，不得从事经营性活动。

公共就业服务经费纳入同级财政预算。

第三十六条　县级以上地方人民政府对职业中介机构提供公益性就业服务的，按照规定给予补贴。

国家鼓励社会各界为公益性就业服务提供捐赠、资助。

第三十七条 地方各级人民政府和有关部门不得举办或者与他人联合举办经营性的职业中介机构。

地方各级人民政府和有关部门、公共就业服务机构举办的招聘会，不得向劳动者收取费用。

第三十八条 县级以上人民政府和有关部门加强对职业中介机构的管理，鼓励其提高服务质量，发挥其在促进就业中的作用。

第三十九条 从事职业中介活动，应当遵循合法、诚实信用、公平、公开的原则。

用人单位通过职业中介机构招用人员，应当如实向职业中介机构提供岗位需求信息。

禁止任何组织或者个人利用职业中介活动侵害劳动者的合法权益。

第四十条 设立职业中介机构应当具备下列条件：

（一）有明确的章程和管理制度；

（二）有开展业务必备的固定场所、办公设施和一定数额的开办资金；

（三）有一定数量具备相应职业资格的专职工作人员；

（四）法律、法规规定的其他条件。

设立职业中介机构，应当依法办理行政许可。经许可的职业中介机构，应当向工商行政部门办理登记。

未经依法许可和登记的机构，不得从事职业中介活动。

国家对外商投资职业中介机构和向劳动者提供境外就业服务的职业中介机构另有规定的，依照其规定。

第四十一条 职业中介机构不得有下列行为：

（一）提供虚假就业信息；

（二）为无合法证照的用人单位提供职业中介服务；

（三）伪造、涂改、转让职业中介许可证；

（四）扣押劳动者的居民身份证和其他证件，或者向劳动者收取押金；

（五）其他违反法律、法规规定的行为。

第四十二条 县级以上人民政府建立失业预警制度，对可能出现的较大规模的失业，实施预防、调节和控制。

第四十三条 国家建立劳动力调查统计制度和就业登记、失业登记制度，开展劳动力资源和就业、失业状况调查统计，并公布调查统计结果。

统计部门和劳动行政部门进行劳动力调查统计和就业、失业登记时，用人单位和个人应当如实提供调查统计和登记所需要的情况。

第五章 职业教育和培训

第四十四条 国家依法发展职业教育，鼓励开展职业培训，促进劳动者提高职业技能，增强就业能力和创业能力。

第四十五条　县级以上人民政府根据经济社会发展和市场需求，制定并实施职业能力开发计划。

第四十六条　县级以上人民政府加强统筹协调，鼓励和支持各类职业院校、职业技能培训机构和用人单位依法开展就业前培训、在职培训、再就业培训和创业培训；鼓励劳动者参加各种形式的培训。

第四十七条　县级以上地方人民政府和有关部门根据市场需求和产业发展方向，鼓励、指导企业加强职业教育和培训。

职业院校、职业技能培训机构与企业应当密切联系，实行产教结合，为经济建设服务，培养实用人才和熟练劳动者。

企业应当按照国家有关规定提取职工教育经费，对劳动者进行职业技能培训和继续教育培训。

第四十八条　国家采取措施建立健全劳动预备制度，县级以上地方人民政府对有就业要求的初高中毕业生实行一定期限的职业教育和培训，使其取得相应的职业资格或者掌握一定的职业技能。

第四十九条　地方各级人民政府鼓励和支持开展就业培训，帮助失业人员提高职业技能，增强其就业能力和创业能力。失业人员参加就业培训的，按照有关规定享受政府培训补贴。

第五十条　地方各级人民政府采取有效措施，组织和引导进城就业的农村劳动者参加技能培训，鼓励各类培训机构为进城就业的农村劳动者提供技能培训，增强其就业能力和创业能力。

第五十一条　国家对从事涉及公共安全、人身健康、生命财产安全等特殊工种的劳动者，实行职业资格证书制度，具体办法由国务院规定。

第六章　就业援助

第五十二条　各级人民政府建立健全就业援助制度，采取税费减免、贷款贴息、社会保险补贴、岗位补贴等办法，通过公益性岗位安置等途径，对就业困难人员实行优先扶持和重点帮助。

就业困难人员是指因身体状况、技能水平、家庭因素、失去土地等原因难以实现就业，以及连续失业一定时间仍未能实现就业的人员。就业困难人员的具体范围，由省、自治区、直辖市人民政府根据本行政区域的实际情况规定。

第五十三条　政府投资开发的公益性岗位，应当优先安排符合岗位要求的就业困难人员。被安排在公益性岗位工作的，按照国家规定给予岗位补贴。

第五十四条　地方各级人民政府加强基层就业援助服务工作，对就业困难人员实施重点帮助，提供有针对性的就业服务和公益性岗位援助。

地方各级人民政府鼓励和支持社会各方面为就业困难人员提供技能培训、岗位信息等服务。

第五十五条 各级人民政府采取特别扶助措施，促进残疾人就业。

用人单位应当按照国家规定安排残疾人就业，具体办法由国务院规定。

第五十六条 县级以上地方人民政府采取多种就业形式，拓宽公益性岗位范围，开发就业岗位，确保城市有就业需求的家庭至少有一人实现就业。

法定劳动年龄内的家庭人员均处于失业状况的城市居民家庭，可以向住所地街道、社区公共就业服务机构申请就业援助。街道、社区公共就业服务机构经确认属实的，应当为该家庭中至少一人提供适当的就业岗位。

第五十七条 国家鼓励资源开采型城市和独立工矿区发展与市场需求相适应的产业，引导劳动者转移就业。

对因资源枯竭或者经济结构调整等原因造成就业困难人员集中的地区，上级人民政府应当给予必要的扶持和帮助。

第七章 监督检查

第五十八条 各级人民政府和有关部门应当建立促进就业的目标责任制度。县级以上人民政府按照促进就业目标责任制的要求，对所属的有关部门和下一级人民政府进行考核和监督。

第五十九条 审计机关、财政部门应当依法对就业专项资金的管理和使用情况进行监督检查。

第六十条 劳动行政部门应当对本法实施情况进行监督检查，建立举报制度，受理对违反本法行为的举报，并及时予以核实处理。

第八章 法律责任

第六十一条 违反本法规定，劳动行政等有关部门及其工作人员滥用职权、玩忽职守、徇私舞弊的，对直接负责的主管人员和其他直接责任人员依法给予处分。

第六十二条 违反本法规定，实施就业歧视的，劳动者可以向人民法院提起诉讼。

第六十三条 违反本法规定，地方各级人民政府和有关部门、公共就业服务机构举办经营性的职业中介机构，从事经营性职业中介活动，向劳动者收取费用的，由上级主管机关责令限期改正，将违法收取的费用退还劳动者，并对直接负责的主管人员和其他直接责任人员依法给予处分。

第六十四条 违反本法规定，未经许可和登记，擅自从事职业中介活动的，由劳动行政部门或者其他主管部门依法予以关闭；有违法所得的，没收违法所得，并处一万元以上五万元以下的罚款。

第六十五条 违反本法规定，职业中介机构提供虚假就业信息，为无合法证照的用人单位提供职业中介服务，伪造、涂改、转让职业中介许可证的，由劳动行政部门或者其他主管部门责令改正；有违法所得的，没收违法所得，并处一万元以上五万元以下的罚款；情节严重的，吊销职业中介许可证。

第六十六条　违反本法规定，职业中介机构扣押劳动者居民身份证等证件的，由劳动行政部门责令限期退还劳动者，并依照有关法律规定给予处罚。

违反本法规定，职业中介机构向劳动者收取押金的，由劳动行政部门责令限期退还劳动者，并以每人五百元以上二千元以下的标准处以罚款。

第六十七条　违反本法规定，企业未按照国家规定提取职工教育经费，或者挪用职工教育经费的，由劳动行政部门责令改正，并依法给予处罚。

第六十八条　违反本法规定，侵害劳动者合法权益，造成财产损失或者其他损害的，依法承担民事责任；构成犯罪的，依法追究刑事责任。

第九章　附　　则

第六十九条　本法自2008年1月1日起施行。

参考文献

1. 关怀主编:《劳动法学》，法律出版社 1996 年版。

2. 李景森、贾俊玲主编:《劳动法学》，北京大学出版社 1995 年版。

3. 关怀主编:《中华人民共和国劳动法导读》，法律出版社 1994 年版。

4. 刘耕主编:《新编劳动法教程》，南开大学出版社 1994 年版。

5. 郑国生、肖汉奇主编:《劳动法实用教程》，中国法制出版社 1995 年版。

6. 李景森、王昌硕主编:《劳动法学》，中国人民大学出版社 1996 年版。

7. 吴超民、王全兴、张国文著:《中国劳动法》，中国经济出版社 1994 年版。

8. 史探经著:《劳动法》，经济科学出版社 1990 年版。

9. 侯文学主编:《劳动法概论》，兰州大学出版社 1988 年版。

10. 施竞成主编:《劳动法原理》，复旦大学出版社 1992 年版。

11. 王全兴主编:《中国劳动法》，中国政法大学出版社 1995 年版。

12. 夏积智主编:《劳动立法学概论》，中国劳动出版社 1991 年版。

13. 刘继臣著:《集体合同制度》，中国工人出版社 1990 年版。

14. 中国劳动法学研究会编:《劳动法论文集》，法律出版社 1985 年版。

15. 信春鹰主编:《中华人民共和国劳动合同法释义》，法律出版社 2007 年版。